编委会

主　编：罗昌智

副主编：林朝霞　陈秋英　黄玉妹　贺　莹

撰稿人（以姓氏笔画为序）：

于国华　孔苏颜　邢　峥　仲晓玲

刘小新　苏　南　苏鼎方　吴彦浚

陈秋英　张玉佩　林朝霞　林咏能

罗昌智　贺　莹　袁志宏　黄玉妹

董泽平　颜莉虹

- 福建省社会科学研究基地重大项目资助
- 福建省社科重大项目《闽台共同文化市场实践研究》
（2014JDZ038）终期成果

闽台共同文化市场实践研究

A Study on the Common Cultural Markets
Between Fujian and Taiwan

罗昌智 • 主编

图书在版编目(CIP)数据

闽台共同文化市场实践研究/罗昌智主编.—厦门:厦门大学出版社,2017.11
ISBN 978-7-5615-6752-4

Ⅰ.①闽… Ⅱ.①罗… Ⅲ.①文化产业-产业合作-文化市场-研究-福建、台湾 Ⅳ.①G127.57 ②G127.58

中国版本图书馆 CIP 数据核字(2017)第 263533 号

出 版 人	蒋东明
责任编辑	王鹭鹏
封面设计	李嘉彬
技术编辑	朱 楷

出版发行	厦门大学出版社
社 址	厦门市软件园二期望海路 39 号
邮政编码	361008
总 编 办	0592-2182177 0592-2181406(传真)
营销中心	0592-2184358 0592-2181365
网 址	http://www.xmupress.com
邮 箱	xmup@xmupress.com
印 刷	厦门市万美兴印刷设计有限公司

开本 720 mm×1 000 mm 1/16
印张 14.25
插页 2
字数 238 千字
版次 2017 年 11 月第 1 版
印次 2017 年 11 月第 1 次印刷
定价 50.00 元

本书如有印装质量问题请直接寄承印厂调换

厦门大学出版社
微信二维码

厦门大学出版社
微博二维码

前　言

随着两岸产业合作的进一步深入,经贸关系的不断改善,闽台两地文化交流呈现全方位、多层次的新局面,文化产业的交流与合作在不断优化的宏观环境中现有产业合作基础上顺利展开,交流频繁化、合作密切化,各产业展开多渠道、多形式对接,合作综合效益不断增加。闽台文化产业对接全面展开具有两个明显的特征:一是两地文化产业合作的领域多元化,二是福建多地与台湾文化产业合作关系不断深化。

充分利用大陆广阔的文化市场,积极借鉴台湾文化产业丰富的国际市场拓展经验,建立两岸共同文化市场,日益成为两岸文化产业业界发展共识。不少学者提出,两岸文化共同市场是当前实现两岸文化产业合作与文化融合的最佳形式。2013年10月,第九届两岸经贸文化论坛期间,台湾"两岸共同市场基金会"荣誉董事长萧万长针对两岸文创交流的困境,提出建立"两岸文创产业合作共同服务平台",推动签署《两岸文化创意产业协议》以消弭两岸文创发展限制,促进两岸文创企业参与全球经营发展。上海交通大学国家文化产业创新与发展研究基地办公室主任胡惠林发表主题为"创新两岸文化产业合作,发展机制建共同市场"的演讲,倡议两岸以实现中华民族伟大复兴的共识为基础,加快创新两岸文化产业合作发展机制,构建两岸共同文化市场。与此相应,闽台共同文化市场构建更是受到关注。2014年3月9日,全国政协十二届二次会议期间,全国政协委员、台盟福建省委主委、福州市政协副主席郑建闽作了题为"关于构建'闽台共同文化区'的建议"的发言,建议充分发挥福建"五缘"优势,建设台湾海峡两岸文化副区,以闽南文化为特色建成"闽台共同文化区"。

但就整体而言,两岸共同文化市场的理论研究与两岸共同文化市场的发展实践尚有一定距离,一些重点、关键领域还存在盲区,如,两岸共同文化市场建构的体制瓶颈怎样突破;怎样克服两岸政治制度与意识形态的根本差别对两岸共同文化市场的影响;闽台文化市场协同发展的体制与机制如何建立;闽台共同文化市场构建的路径与模式怎样优化。这些问题都是闽台共同文化市场建构与发展的关键,亟待深入研究。

建立两岸文化合作机制的最终目标是推动两岸文化共同体形成,其作用与影响主要表现在制度建设、文化共同市场与社会文化融合三个方面。因此,研究闽台共同文化市场建构过程中的诸多实践性问题,意义重大:

首先,没有市场就没有文化创意产业。推进闽台共同文化市场的双向对等开放,创建闽台文化贸易和投资体制,是促进闽台文化共同发展与繁荣的需要。

其次,闽台文化创意产业合作已从原先的单一模式合作向整体性、系统性合作发展,对接全面展开,呈现出多层次、多领域合作的态势。建构闽台共同文化市场必将深化海峡两岸尤其是闽台文化领域合作发展,推进两岸和平事业。

最后,建构闽台共同文化市场有助于破解闽台文化创意产业合作发展瓶颈。实现机制化、制度化,建构共同文化市场是闽台文化合作发展的对接点和突破点。

因此,加强"闽台共同文化市场实践研究",解决闽台文化创意产业协同创新发展中的诸多症结问题,对促进闽台文化创意产业交流与合作有重要的学术意义与实践价值。

为此,本书紧紧围绕闽台共同文化市场现状调查、闽台共同文化市场决策分析两个核心问题以及闽台文化市场协同发展典型案例研究,就闽台共同文化市场构建的实践展开讨论。其着力点为:

第一,闽台共同文化市场建构的基础、环境与现状。闽台区域文化圈,在各自经济转型升级的内在需求、增强文化"软实力"等多种现实原因的驱动之下,均应积极探讨文化市场共建的可能性与可行性,促进两岸文化共同发展。但是,闽台对等开放文化市场的协商迟迟未能展开;两岸文化政策体系差异较大;大陆和台湾均双向存在对文化创意产业领域管制强度不同的市场准入及产品准入管制规范,等等。本书着力于闽台文化市场环境研究、闽台文化市场协同发展现状研究、闽台文化发展政策比较研究,针对闽台文化市场当前亟须突破的瓶颈,提供解决问题的对策。

第二,构建闽台共同文化市场的决策分析。闽台文化交流与合作已加速,建立闽台文化创意产业协同创新机制迫在眉睫,闽台文化交流与合作应尽快实现机制化、制度化、规范化。当前,有两大难题亟待突破:一是制度空间调适,二是产业合作瓶颈凸显。为此,本书重点关注推动签署《闽台文化市场共建协议》,清除阻碍建立和形成统一文化市场的各种壁垒,实现闽台文化市场"双向三通"——通人、通文、通市;从闽台文化创意产业合作到建立闽台创意经济圈;从"厦—金"直航到建立"厦—台"文化自由贸易区;推进"闽台文化生态保护实验区"规划建设;加强闽台民间组织合作,设立闽台文化创意产业合作共同服务平台;加强人才交流,共建文化智库,广泛开展学术交流;共建闽台文化产业集聚区,从"文化往来"到"共同打造文化产业链",实现闽台文化创意产业多层次全方位对接;打造文化航母,参与全球竞争才是共赢之策。

第三,通过分析闽台文化市场协同发展典型案例,以助构建闽台共同文化市场。闽台共同文化市场如何建构,文化产业如何深度合作,重点在于文化贸易开放、文化市场开发、示范区合作、文化产业人才合作。就产业实践而言,闽台合作过程中必须确定产业内合作重点领域与区域,树立市场合作的标杆,再"以一带十"扩大合作规模。由企业、民间社团、产业园区、商家等共同参与市场开发合作,形成突破的合力。针对理论研究多,活动频繁,但项目落地少的症结,本书以典型案例、项目对接研究为基础,为闽台文化市场协同创新提供示例。

整体上,本书立足闽台文化市场实践,以"协同创新"为出发点,以案例研究为落脚点,注重实践研究,突出方向性、对策性。在成果创新与实践应用上,主要表现为两个方面:一是将研究目标设定为闽台共同文化市场建构研究,旨在研究闽台共同文化市场协同创新的机制与路径;二是注重闽台文化产业发展环境,闽台文化产业协同创新机制,闽台文化交流与合作机制化、制度化与规范化,闽台共同文化市场建构的路径与模式等关键问题研究,对闽台共同文化市场建构的现实条件、主导理念、载体建设、发展阶段与步骤等实践中的问题及其对策等进行实证研究。

目 录

第一章 闽台共同文化市场现状调查报告 ……………………………… 1
    第一节 闽台共同文化市场环境研究 ……………………………… 1
    第二节 闽台文化市场协同发展现状 ……………………………… 21
    第三节 闽台文化发展政策比较研究 ……………………………… 31
    第四节 台北市文创产业政策历史演变与经验 …………………… 41

第二章 闽台文化市场协同发展案例研究 ……………………………… 68
    第一节 闽台文化创意园区合作案例研究 ………………………… 68
    第二节 闽台非遗与古镇保护及产业化案例研究 ………………… 96
    第三节 闽台文化企业与业态协同发展案例研究 ………………… 117

第三章 闽台共同文化市场决策分析报告 ……………………………… 135
    第一节 闽台共同文化市场协同发展的体制与机制创新 ………… 135
    第二节 闽台共同文化市场构建路径研究 ………………………… 143
    第三节 闽台共同文化市场构建模式研究 ………………………… 162

第四章 文化创意产业发展的台湾经验 ………………………………… 170
    第一节 台湾新媒体的产业样态与发展现状 ……………………… 170
    第二节 台湾表演艺术产业的现状与愿景 ………………………… 177
    第三节 台湾设计产业发展现状与未来策略 ……………………… 185
    第四节 台湾城市发展文化创意产业的网络化路径 ……………… 197
    第五节 台湾文化创意产业的众筹模式 …………………………… 206

第一章 闽台共同文化市场现状调查报告

两岸同文同种的先天优势,闽台经济较大的互补性,都是推动闽台建立共同文化市场的基础。在闽台文化产业合作上,福建的优势更加明显。一是闽台间有难以割舍的"五缘"联系,即亲缘、地缘、血缘、神缘、业缘;二是政策上有"先行先试"的便利。"五缘"联系有力地推动了广大台胞对"根""祖""脉"的认同,"先行先试"的优惠政策给闽台文化产业合作共赢带来良机。随着两岸文化交流的持续升温,福建与台湾文化产业界开始携手打造文化产业链,共同推动文化产业发展繁荣。如今,文化产业对接已经成为闽台合作的新亮点,但存在的问题也不容忽视,如,双方政府文化产业统一协调机制尚未建立,人才招聘和培养机制不完善,缺乏多元化的资金投入机制,缺少互动的宣传合作机制,资源整合共创品牌机制不健全。应借着国家文化发展战略实施的机遇,加快建立闽台文化共同市场,进一步推动中华民族文化发展繁荣。

第一节 闽台共同文化市场环境研究

福建与台湾拥有相同的"亲缘""地缘""血缘""神缘""业缘",闽台不仅拥有同源而相随的民间信仰和宗教祭祀节日习俗,也有相同的喜庆表演类节目习俗,更有相近的社会交往娱乐类传统节日习俗,这些闽台共同的文化资源加深了两岸文化认同,为建立闽台共同文化市场奠定了坚实的基础。

一、闽台共同文化资源

福建是台胞的主要祖籍地,根据统计,台湾民众中约83.1%的人拥有福建祖籍,所以汉文化在台湾的传播,也是福建文化移植到台湾的结果。如台湾人大多讲福建方言,闽南话几乎成为台湾通用的方言;闽南地区的服饰文化、饮食习惯、婚丧喜庆、建筑风格和岁时节庆风俗基本上在台湾得以保留;台湾的戏剧歌舞、儿童游戏等文化娱乐和妈祖、保生大帝等宗教信仰,也都是从福建传去的[①]。所以,福建与台湾拥有丰富的共同文化资源。

(一)闽台共同节日习俗文化资源

海峡两岸民俗文化的地域性、群体性和传承性充分体现两岸的文化认同,共同生活的地域及同根同源的血脉关系也使得两岸的民俗文化有共同的传承。

1. 闽台宗教祭祀节日习俗同源而相承

自古以来,福建与中原地区不同,有丰富的民间信仰。随着闽人移居台湾,福建的民间信仰也进入台湾。但由于海峡相隔,从福建传入台湾的民间信仰发生变化,但从根源看,台湾的诸多民间信仰与福建民间信仰具有同源性,其中最具代表性的有妈祖信仰、保生大帝信仰和城隍信仰。

(1)闽台妈祖信仰。台湾民众对妈祖的信仰,可以追溯到南宋乾道年间,当时大陆移台民众就把妈祖作为保护神带到台湾,他们相信妈祖可以护佑他们战胜海峡风浪和入台垦殖,妈祖信仰普及全岛,成为现今占台湾民众70%的民间信仰。妈祖文化已成为岛内超越族群、阶层、区域的主流民间文化。在台湾,妈祖代表"根",代表家乡,许多台胞都把妈祖当作与故土紧紧联结的重要感情纽带。出于寻根的目的,许多历史悠久的妈祖庙都有到湄洲谒祖的经历。由于政治的原因,台湾1945年后的谒祖活动曾一度中断,不过,许多著名古庙,如鹿港天后宫,就在海边向祖庙举行"遥谒"典礼。自从台湾当局宣布开放台湾民众赴大陆探亲,台湾信徒不断来湄洲岛朝拜妈祖,"妈祖热"席卷全岛,他们公开组团,直航湄洲进香,盛况空前。为满足台湾广大信众朝拜妈祖金身的强烈愿望,1997年1月24日,湄洲妈祖金身飞赴台湾,巡游102天,行

---

① 唐文基、林国平:《闽台文化的形成及其特征》,《福建师范大学学报》(哲学社会科学版)1995年第4期。

程万里,巡游 19 个县、市,朝拜妈祖的台湾信众更达千万人次,被台湾媒体称为"创世纪的宗教盛事"。近年来,以"湄洲妈祖祭"为引领的文化活动,吸引了两岸大量信众参加,这已成为两岸文化交流的重头戏。台湾学者张询认为:湄洲进香不只是表面地向往湄洲一地,向妈祖瞻礼可说是台湾人对自己的乡土及文化的回归与瞻仰①。

两岸妈祖信仰的民间交流,特别是台湾民众对湄洲妈祖的崇敬,反映了处于同一文化圈的民众在独具地域特色的宗教信仰上的文化认同。时至今日,两岸的妈祖祭祀活动与其说是宗教活动,倒不如说是独具两岸特色的闽台民俗文化现象②。

(2)闽台保生大帝信仰。继妈祖之后,北宋时期闽南民间的另一位神祇——吴夲——保生大帝,也深受闽台人民的敬仰和崇拜。明末清初,大批福建民众移居台湾,把保生大帝信仰带入台湾,其逐渐成为台湾民众日常生活中重要的神明。郑成功时期,郑成功的部属在台湾兴建了许多奉祀保生大帝的庙宇,这些庙宇的兴建也正是源于信众对原乡神明的认同。每逢农历三月十一日保生大帝诞辰祭典之际,台湾不少宫庙都要举行"上白礁谒祖大典",以此表达民众对保生大帝的虔诚与信仰③。由于海峡两岸交通断绝,保生大帝信众无法回祖庙谒祖,便改在台南市学甲区将军溪畔遥祭白礁祖庙,三百多年来从未间断过。在保生大帝登陆的地方,台湾民众隔海遥拜白礁慈济宫祖庙,以表达他们追本思源的感情。台湾学甲慈济宫门口至今依然竖立着一块石碑,刻有"我台人士祖籍均系中国移来",其中的碑文提到:"三百多年来,学甲地方及台湾各地信徒,为遥拜大陆福建白礁慈济宫保生大帝祖庙及追念大陆祖先,代代相传于每年农历三月十一日举行弘扬中华民族精神之上白礁谒祖祭典而闻名遐迩。愿吾人共同勖勉,使中华民族精神更发扬光大,千秋万世永垂

---

①② 陈凤:《闽台传统节日习俗的文化特质及文化认同》,《西昌学院学报》(社会科学版)2012 年第 3 期。

③ 保生大帝诞辰是农历三月十五日,但学界慈济宫的上白礁谒祖祭典,是农历三月十一日。

天壤之间。"①

（3）闽台城隍信仰。晋代时福州建有最早的城隍庙，到了明清时期，城隍信仰成为福建各地最普遍的信仰。在福建古老的城市中，除了较大的府城外，以前是没有城墙的，但自从倭寇入侵后，福建城市居民为了保护自己的安全，在各处修筑城墙。每一个县城都有城墙，许多集镇也有城墙。明清时期福建城墙的普及，使得作为城墙建筑必备附属设施之一的城隍庙，也随着城墙在各城市的崛起而出现在八闽大地上，同样出现于清代的台湾各城。城隍之神被视为当地民间神灵的管理者，有权管理当地的各种杂神。因而，城隍香火也有等级，为了维护城隍神的权威，低一级的如县城的城隍香火要到府城请接，府城的城隍香火则要到高一级的省城请接。福州城隍庙地位高于全省其他地方的城隍庙，成为城隍香火的来源之地。城隍香火从福州传到台南府，从台南府又传到各县镇。迄今为止，台湾各地的城隍庙还常到福州城隍庙请香联谊。

除了妈祖、保生大帝与城隍神外，在台湾还有众多从福建传入并有一定规模信众的民间宗教信仰。根据台湾当局对台湾地区寺庙的主祀神进行的调查，在前20名的主神中，就有16位是从福建传入的，分别是福德正神、王爷、天上圣母、观音、玄天上帝、关帝、保生大帝、清水祖师、开漳圣王、广泽尊王、三官大帝、神农大帝、玉皇大帝、释迦牟尼、文昌帝君、城隍。台湾民间信仰的信众在历史上频繁回大陆祖庙进香谒祖，这恰恰说明台湾民众对大陆原乡神明的认同，也反映他们对同一地缘文化圈的宗教与文化认同。

2.闽台喜庆表演类节日习俗同源而相承

春节、清明、端午、中秋等中华民族的传统民俗节日，在闽台地区一样流传，其民俗表现形式并无太大差异，台湾与福建独特的地域文化使得闽台地区的这些传统民俗节日与中原地区有地域性的差异，这进一步突显闽台节日民俗的同根性。如郑成功倡导反清复明，不容置"清"于"明"之上，于是下令废止清明节祭祖扫墓，改为上巳节进行。清明时节，福建和

---

① 陈凤：《闽台传统节日习俗的文化特质及文化认同》，《西昌学院学报》（社会科学版）2012年第3期。

台湾两地都吃特色食品"清明粿"。端午节吃粽子,闽南厦门、泉州、漳州一带的粽子,原料和配料与其他省份有很大的不同,而台湾的粽子,无论做法或用料,都富有典型的闽南特色。中秋节,台湾和福建流传着同一种有趣的民俗活动——博饼,这是民族英雄郑成功收复台湾时期创立的活动,在闽南地区和台湾广为流传。这些都揭示闽台文化的同源性。

此外,戏剧与民间音乐在福建和台湾地区也非常丰富。闽台两地有五缘关系,福建的民间音乐和地方戏剧传遍台湾各地,不断繁衍发展,成为台湾同胞思念故土的感情寄托。从闽南传入台湾的主要戏剧有歌仔戏、四平戏、木偶戏、高甲戏、梨园戏、布袋戏,在漫长的岁月中,这些音乐与戏剧不但演化成为台湾本土独特的音乐戏剧,而且在两地不断的交流与融合中形成极为密切的关系。

总的说来,在闽台节俗漫长的交融过程中,闽台逐渐形成有共同的文化特征但又有一定差异的区域文化,且更具包容性,这是中华文化的优秀组成部分[①]。

3.闽台社会交往娱乐类传统节日习俗同种而相近

闽台的许多传统节日以社交为目的,它们有很强的参与性、游乐性和竞技性,其中最具特色的要数"跳鼓阵"和年俗活动"攻炮城"。跳鼓阵源于闽南漳州的曲艺"大鼓凉伞",有鲜明的舞蹈艺术特色,而后在台湾发展,两者有着相同的文化基因。攻炮城是融娱乐与竞技于一体的群众性年俗活动,由古代军营活动演化而来,也是具有相同风俗的闽南和台湾民间正月里不可缺少的游戏项目,深受两岸民众喜爱。

此外,台湾的狮阵、龙阵、十二婆祖阵等娱乐类民俗活动也源于大陆,每年春节至元宵期间极为盛行,这些民俗活动如今在台湾又有所发展和演变,成为台湾独特的娱乐类民俗文化活动。这些民俗活动充分说明两岸民俗同根同源,台湾民俗文化是中国传统文化的一部分,它们是海峡两岸割不断的血脉渊

---

① 陈凤:《闽台传统节日习俗的文化特质及文化认同》,《西昌学院学报》(社会科学版)2012年第3期。

源的活见证①。

(二)基于闽台交流平台的表演艺术形成新的共同文化资源

近年来,闽台表演艺术产业交流进一步丰富了两岸共同的文化资源,两岸在表演、创作、人才培养上进行广泛合作,共同打造文化品牌,推动了闽台文化交流持续地向深度与广度发展。在闽台表演艺术文化交流方面,两岸已经构建了十多个平台,以此生产新的共同文化资源。海峡两岸木偶节、海峡两岸歌手大赛、海峡两岸歌仔戏艺术节、泉州国际南音大会唱、"海峡情梨园百花春"戏曲晚会、福建文化节、全球闽南语歌曲创作演唱大赛、海峡两岸民间艺术节、"妈祖之光"电视综艺晚会、海峡两岸舞蹈艺术文化交流活动等大型活动已成为两岸共同打造的文化品牌,经过长期的经营与运作,这些活动已经成为两岸交流的重要机制与通道。

福建与台湾之间语言相同、血缘相亲、民俗相近、宗教相似,可供开发的共同文化资源极其丰富;妈祖文化、闽南文化、客家文化等是两地老百姓共同的心灵家园和精神财富;一些特色文化创意,只有闽台两地民众才能感同身受。闽台两地文化相似,文化交往源远流长,两地交流合作不断深化,民间文化交流日益热络,共同打造文化品牌,创建合作项目,形成新的共同文化资源。

二、闽台文化市场环境

从宏观层面上看,闽台文化市场面临着政治与政策环境的约束以及闽台贸易额下降带来的挑战,但闽台文化产业的稳定发展为闽台共同文化市场的发展奠定了良好的经济基础。同时,闽台的社会环境和技术环境也为闽台共同文化的发展提供了良好的条件。

(一)政治环境与政策环境

两岸的政治环境,极大地影响着两岸经贸往来,对文化市场的影响也极为明显。

---

① 陈凤:《闽台传统节日习俗的文化特质及文化认同》,《西昌学院学报》(社会科学版)2012年第3期。

2016年11月7日,台湾相关部门公布10月出口统计数据,10月出口金额达267.5亿美元,创近两年新高。但2016年前10月出口金额比去年同期减少108亿美元,衰退4.5%,全年出口衰退,应已是定局。

众所周知,台湾为小型开放经济体,进出口占其GDP(地区生产总值)比重很大,对大陆和香港的进出口,更是重中之重。近十年来台湾对大陆和香港的进出口占比一直维持在40%上下,且这一数据相当稳定。因而,一旦台湾对大陆和香港的进出口贸易大幅衰退,台湾经济必将受到极大影响。展望2016年台湾的经济,着实令人担心。

对于这一现象,台当局表示是由国际形势多变,经济景气的不确定性大大提高造成的。实际上,在马英九担任台湾地区领导人期间,台湾岛内面临各种困局,台湾当局拿不出具体的作为,导致台湾在大陆市场的优势逐年快速消失,竞争力进一步降低。2016年台湾地区更换领导人之后,过半民众认为台湾经济变坏。

相对比而言,大陆目前正大力推动"中国制造2025",努力在十年内成为制造强国,台湾若再不寻求与大陆之间的合作,扭转劣势,经济将进一步变坏。

台湾当局应关注两岸贸易形势的变化,加快推进《海峡两岸经济合作框架协议》(ECFA)的后续协商,减少不必要的贸易障碍,努力创造更多的政策条件与环境,通过两岸间广泛的经济合作,尤其是产业合作,开创两岸经济与贸易往来的新局面[①]。

从福建来说,在政策方面,存在文化产业政策法规体系不健全,文化资源未能得到有效配置的问题。福建传统的文化管理模式与尚未完善的文化政策体系造成文化资源难以系统开发,规模化发展和大市场运作难以形成,文化产业链条无法有效贯通,文化领域的优惠政策难以真正落实。这将对闽台共同文化市场的发展带来一定的障碍。可喜的是,近年来,福建省内有些地市已经有较好的政策推动文化创意产业的升级与发展,比如厦门市将发展创意产业与推进产业升级、城市建设和改造相结合,与中国国际园艺博览会、中国国际

---

① 孙金诚:《台需正视两岸贸易形势新变化》,《人民政协报》2015年5月30日。

投资贸易洽谈会和马拉松比赛相结合;鼓励创建创意产业基地和园区,推动文化创意产业集群化,着力建设区域性文艺演出中心、动漫和网络游戏研发制作中心、古玩艺术品交易中心、广告会展中心,努力使厦门成为海峡西岸经济区具有重要影响的文化创意之都。这些举措将有助于两岸共同文化市场的构建。

在台湾方面,台湾地区行政管理机构文化建设委员会为整备文化创意产业发展环境,通过产业遗址活化和再利用来激发文化创意产业的活力。台湾相关部门重视以空间活化利用其成果助推创意产业的发展,提出"规划设置创意文化园区",停止使用的生产基地——台北酒厂旧址、嘉义酒厂旧址、台中酒厂旧址、台南仓库群与花莲酒厂旧址等将作为"公卖局"的文化产业园区,将此五大创意文化园区打造为创意产业发展的重点示范基地[①]。这些政策举措也为闽台共同文化市场打造奠定基础。

(二)经济环境

统计数据显示,福建的文化产业近年来有较快的增长,然而台湾与大陆,台湾与福建之间的经济交流有较明显的下降趋势,这向打造闽台共同文化市场提出挑战。

2015年,福建省文化产业平稳较快增长,实现增加值1 180亿元,占GDP比重达5.4%,比上年提高0.4个百分点。整个"十一五"期间,福建省文化产业增加值年均增长29.8%,比GDP年均增速高12.8个百分点。文化产业呈现出强劲的发展势头,但是发展水平不高,尚未成为支柱产业,与到2016年文化产业增加值占生产总值8%的目标还有较大的距离。

商务部最新统计显示,2015年台湾与大陆货物贸易进出口额为1 112.6亿美元,下降11.2%。其中,台湾对大陆出口671.3亿美元,下降13.1%,占台湾出口额的25.4%,下降0.7个百分点;台湾从大陆进口441.3亿美元,下降8.0%,占台湾进口额的19.4%,增加1.8个百分点。台湾与大陆的贸易顺差230.0亿美元,下降21.5%。台湾成为大陆第七大贸易伙伴和第六大进口来源地,与此同时,台商投资仍明显上升。2015年1—12月,大陆共批准台商投

---

① 王邦娟:《海峡两岸创意产业发展比较及启示》,《金融经济》2012年第18期。

资项目2 962个,同比上升27.8%,实际使用台资金额15.4亿美元,同比下降23.8%。若涵盖通过英属维尔京、开曼群岛、萨摩亚、毛里求斯和巴巴多斯等自由港汇入的台资,大陆实际使用台资金额44.1亿美元。截至2015年12月底,大陆累计批准台资项目95 298个,实际使用台资626.9亿美元。按实际使用外资统计,台资占大陆累计实际吸收境外投资总额的3.8%。2016年第一季度,大陆经济上扬,台湾经济继续下挫和保持长期低迷,让台湾更多企业看好大陆前景与"钱景",扩大在大陆投资比例,一些打算走出台湾的高技术台资企业未来首选地可能就是大陆[1]。可喜的是,德国IFO经济研究院发布的2017年第2季度全球经济气候指标显示,台湾经济有望好转。

从福建统计局公布的数据可知,2015年,福建对台湾出口为232.16亿元,比上年同期减少1.1%;福建对台湾进口461.43亿元,比上年同期减少12.8%;台商对福建投资11.0亿美元,比上年同期减少6.0%。可见,两岸贸易额下降了,但台商投资仍在上升。但从福建来看,闽台贸易额和台商投资均出现下降趋势。这为闽台文化共同发展带来有挑战性的经济环境,但也有利于闽台两地进行产业升级,增加文化市场份额。

台商对大陆投资的减少,主要由台资的投资转移导致。台资的投资转移主要包括以下三种情况:第一种,将新增投资转向大陆中西部地区;第二种,从珠三角、长三角等沿海地区撤资转向东南亚地区;第三种,在大陆以外建立新的生产地点,将增资部分投向东南亚地区或回流台湾。总体来看,投资转移主要集中于第一种情况,因此,总投资的上升趋势不会发生改变,大陆仍是台资的最佳投资地[2]。

从福建的情况来看,近年来,福建数字动漫、数字电视、数字出版、网络广播影视等新兴文化业态快速发展。2009—2012年,福建省每年安排1亿元扶持省内动漫游戏等软件产业;2014年,中央拨1亿元支持福建文化产业发展;2015年,中央财政下达1.57亿元支持福建文化产业发展,比上年增加5 655

---

[1] 高扬:《6.7%增速让台湾业界看好大陆"钱景"》,《人民政协报》2016年4月23日。
[2] 赵蓓文:《新形势下台商大陆投资的新特点、新趋势》,《台海研究》2013年第2期。

万元,增长56.2%。中央和地方的财政支持,使得新兴文化业态迅速成长,获取一批拥有自主知识产权的关键技术。比如,网龙网络有限公司是大陆领先的网络游戏和互联网应用的开发商、运营商,网龙公司自主研发的《魔域》《征服》等产品已行销全球六大语言区,网龙公司成为美国市场上最大的中国网游运营商、中国第二大网络游戏出口商,在阿拉伯语市场居于领先地位。2016年,网龙公司的《英魂之刃》和《魔域》继续得到玩家的青睐,为收益和分类利润均实现同比增长的主要动力。2016年福建全省动漫游戏产业总产值超过260亿元,同比增长23.8%,其中咪咕动漫、网龙网络有限公司、IGG等三家企业收入均超过20亿元,龙头企业实力持续增强。近年来,福建动漫游戏企业从原先的闷头搞原创,到创意版权多种用途开发经营,再到如今的布局全产业链,福建省游戏企业在海外市场表现抢眼,促进了福建动漫产业的发展,为闽台共同文化市场的发展奠定基础。

2016年1月15日,福建省文化投资机构功夫资本在泉州宣布,福建省首支动漫产业基金在泉州成立,首期募集到1亿元资金,投资6家企业。2016年6月,闽台文化创意园全部竣工并交付使用。闽台文化创意园项目建设规划周期五年,主要打造影视产业集群,作为闽台侨文化展示平台。目前,闽台文化影视基地正开展首期工程建设,将建设两个摄影棚,三条民国风格和南洋风情的街道,它将成为发展闽台共同文化市场的基础。

(三)社会环境

当前,福建省正处于人均GDP不断跨越向前的阶段,城乡居民精神消费需求快速增长,影视、动漫、体育、数字内容、文化旅游等领域的消费热点不断涌现,文化产业的成长性与可持续性明显增强。这为闽台共同文化市场创造了良好的社会环境。同时,台湾有关方面统计显示,八年来,大陆赴台游客总计超过1 000万人次,2015年一年就超过418万人次,为促进台湾经济发展做出重要贡献。台湾居民赴大陆人数超过536.6万人次。两岸居民的广泛交流有效促进经济结构调整和产业转型升级,特别是后金融危机时代,文化产业作为扩大内需、促进消费的重要支撑力,将真正成为福建和台湾经济转型升级的新引擎。遗憾的是,2016年台湾地区新领导人上台后,赴台大陆游客大减,

2017年前4个月人数较去年同期减少一半,这为两岸共同文化市场开拓带来新的挑战。

福建文化资源丰富、底蕴深厚、特色鲜明,客家文化、闽南文化、妈祖文化、船政文化、红土地文化、畲族文化、朱子文化等特色文化都是中华文化的一部分[①]。在全球化背景下,福建文化产业"走出去"的步伐将会加快。闽台可以通过打造国际知名文化品牌,加强福建文化产业的外向度,力争在国内外占有更大的市场份额,这必将助推闽台共同文化市场的构建。

然而,从福建文化产业的发展情况来看,目前福建文化产业高端复合型人才较为缺乏,文化人才政策仍需健全。福建省的文化产业从业人员主要集中于制造流通等领域,文化经纪代理、文化资本运营、媒体产业经营管理等高端复合型人才较为缺乏,文化人才的引进、培养、激励与保障等机制仍需进一步健全,这向闽台构建共同文化市场提出挑战。

(四)技术环境

信息技术的突破和运用,催生各类以网络为载体、以数字内容为特征的新兴文化业态,加速了文化行业间的融合。材料科技、装备工艺等高新技术的发展,将极大地提高传统文化产业的科技含量,促使产业链和价值链延伸,推动传统文化产业转型升级。与此同时,高新技术的运用和新业态的出现,也加剧了文化产业内部不同渠道间的竞争,传统文化业态的生存压力不断增大。为此,福建省将策划重大文化产业项目,推动有实力的文化龙头企业跨地区、跨行业、跨所有制兼并重组,延伸文化产业链;支持一批文化产业重点园区(基地)、重点企业发展,推进形成一批文化创意产业聚集区,培育研发设计、产品生产、推广销售等文化创意产业链;依托海峡项目成果交易会、文博会等平台,集中推介一批科技含量高、带动力强的文化创意成果,促进文化创意产学研对接[②],创造更优的文化市场技术环境。闽企功夫动漫

[①] 张燕清、龚高健:《福建文化产业发展现状、趋势及对策》,《福州党校学报》2012年第2期。

[②] 张燕清、龚高健:《福建文化产业发展现状、趋势及对策》,《福州党校学报》2012年第2期。

(中国)有限公司探索出一条"产业动漫"的发展之路,短短数年时间内育成集制作、播放、销售和授权于一体的动漫生态,助推传统企业转型升级,实现双赢。如今,在大陆大获成功的功夫动漫决定与台湾业界企业、行业协会合作,尝试复制这种模式,试水台湾市场。技术的发展,是闽台构建共同文化市场的基础。

尽管如此,福建文化市场的技术环境与台湾有较大的差距,这与大陆整体的技术水平较低有较大的关系,此前大陆动漫业存在定位于低幼群体、原创性不够、存在抄袭现象、缺乏传播平台、市场认知度不高等问题。台湾动漫市场起步早,1955年就开始制作动漫,开始的时候,台湾动漫大多改编自中国传统故事,在原创方面开了个好头。20世纪80年代后期,台湾动漫产业逐渐变成以代工外来动漫来维持,这种代工模式导致台湾原创动漫市场被外来动漫侵蚀,难于重回原创舞台。不过,这一发展历程使得台湾动漫产业整体水平要高于大陆。近年来闽企动漫在台湾市场上试水,把大陆动漫产业良好的发展模式与资源引入台湾,促进闽台共同文化市场的发展。

三、闽台共同文化市场体制瓶颈

闽台共同文化市场面临大陆和台湾两方面的体制瓶颈,闽台共同文化市场的发展受到影响。比如,大陆对台湾电影有配额限制,台湾电视剧、综艺节目进入大陆要接受内容审查和引进配额限制,台湾资本进入大陆、台湾企业在大陆设立分公司等受到限制,这在一定程度上制约了两岸的合作与交流。台湾对大陆影视作品也实行配额限制,这也不利于两岸共同文化市场的合作与交流。

当前台湾方面对两岸经济等方面的融合缺乏信任和认同,这严重影响两岸已签署协议的实施,如两岸服务贸易协议虽已签署,但仍未在台湾通过,无法发挥其应有的巨大效用。由于台湾方面的反弹,两岸制度性经济合作的效用并未充分发挥,前景充满困难和不定。

(一)ECFA等相关协议对两岸经贸的促进作用不如预期

一方面,受到国际经济环境的影响,ECFA(海峡两岸经济合作框架)对两岸贸易促进的作用不如预期大。经历了2008年国际金融危机以及后来的欧债危机,2009年两岸经贸数据触底,仅为996.2亿美元,下降20%。两岸的产业分工以欧美市场为导向,这两次危机都导致欧美市场需求大幅度缩减,致使两岸贸易额退减。2010年,随着国际形势的好转以及两岸ECFA的签订,两岸贸易逐步企稳回升,贸易额达到1 446亿美元,增长了45%。2011年,两岸贸易额达到1 651亿美元,2012、2013年,两岸贸易额增速明显放缓,呈现小幅度的缩减;2015年,两岸贸易额出现下降态势。具体数据见图1-1。另外据统计,ECFA早期收获(货物贸易早期收获、服务贸易早期收获)清单的利用率不高,只有约17%的早收计划产品实现零关税,低于预期。不过,从2013年1月1日开始,ECFA货贸协议的早收产品已经全部享受零关税。截至2016年9月,大陆对台湾累计减免关税约212.5亿元人民币,台湾对大陆累计减免关税约3.7亿美元。

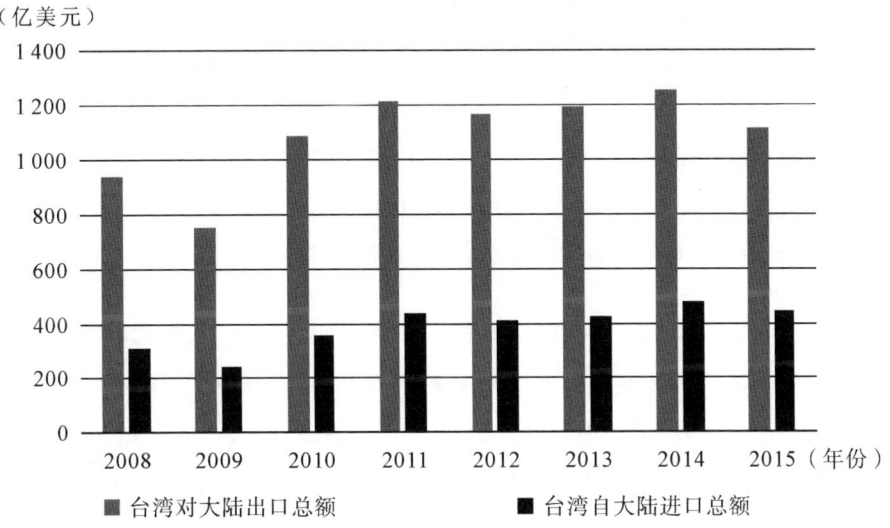

图1-1 两岸贸易数据(2008—2015年)

数据来源:根据中华人民共和国商务部网站相关数据整理。

另一方面,台湾对大陆的投资遇到内外双重压力,除了要面临国际经济环境恶化的影响,还面临大陆产业转型升级的压力。从数据上看,台商对大陆的投资于2009年触底,2010年实现反弹,金额为24.8亿美元,增长31.7%。2011—2013年,数据出现反复,除了2012年对大陆投资额实现30%的增长外,2011年和2013年均出现下跌,2013年跌幅更达到26.7%。截至2015年1月,台湾方面共批准陆资赴台项目408项,大陆已有230家非金融企业到台湾设立公司或机构,投资金额5.9亿美元。总体来看,台湾向大陆开放的投资领域有限,时间较短,和台资企业在大陆投资相比,陆资对台投资潜力很大。具体数据见图1-2。

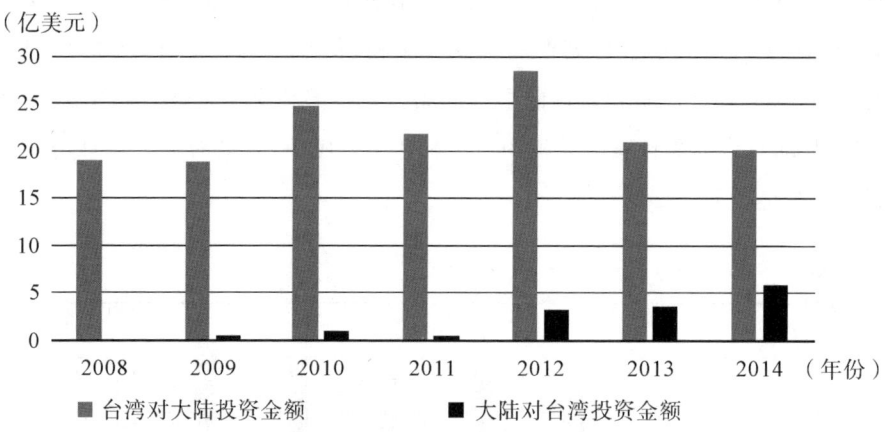

图1-2 两岸投资数据(2008—2014年)

数据来源:根据中华人民共和国国家统计局网站相关数据整理。

2008年以来,大陆推动经济结构调整和产业转型升级,努力将之前以出口为主的经济结构转变为以内需和服务业为主的经济结构。同时,近几年大陆劳动力成本上升,劳动力短缺,人民币升值,资金紧缩,产业转型,竞争加剧等因素,迫使部分台商转而投资东南亚等新兴市场,有的台商加快"返台投资"步伐,部分台商在大陆就地转型。转移或转型都并不容易,一是部分台商经营状况稳定,并无转型的迫切需求,即使部分台商有意转型,但因缺乏专业知识等而不敢轻易转型;另外,若将产业转移至大陆中西部地区,由于大陆中西部地区存在生产生活配套欠缺、市场开拓相对困难等因素,阻力很大。如果响应台湾当局号召"返台投资",台商同样要面临劳动力、厂房、土地等诸多问题。

因此政府要制定好配套的产业转型升级政策,确保台商成功转型和推动两岸经贸持续发展。

2017年之前的数据表明,ECFA等相关协议对两岸经贸的促进作用不如预期。但2017年6月27日,台湾《中时电子报》的社论指出,2017年前5个月,台湾对大陆(含香港)出口金额高达484亿美元,较去年同期大增16%,是增长最多的出口市场,这正是ECFA的效应。社论还提出台湾挣脱经贸边缘化困境要靠ECFA。

(二)政治互信缺失阻碍两岸制度性经济合作的深入展开

《海峡两岸服务贸易协议》至今仍未在台湾通过。这反映出两岸在相互认同和互信方面有严重缺失,不解决这一根本性问题,两岸的经济合作将始终徘徊不前甚至可能出现倒退。

(三)陆资赴台投资存在诸多限制,阻碍了两岸经贸关系正常化的实现

2009年4月26日,在两岸海协会和海基会第三次会谈中,双方就陆资赴台投资达成共识,约定尽快出台相关规定和配套措施,循序渐进地扩大陆资赴台投资领域。2009年5月17日,商务部、国台办正式发布《关于大陆企业赴台湾地区投资或设立非企业法人有关事项的通知》,明确了陆资入台的办理程序。同年6月30日,台湾经济事务主管部门正式公布"大陆地区人民来台投资许可办法"和"大陆地区之营利事业在台设立分公司或办事处许可办法",公布开放制造业、服务业和公共建设三大产业类别共100项,标志着陆资入台投资的正式启动。2009年全年陆资赴台投资金额为0.37亿美元。2011年3月2日台湾开放第二阶段,陆资入台项目42项。2012年3月20日,台开放第三阶段陆资入台投资项目,包括制造业、服务业、公共建设在内共161个项目。2012年全年,陆资入台金额升至3.28亿美元。2013年,台湾当局计划出台第四波陆资入台项目,但由于受到两岸服务贸易在台湾岛内引起反弹的影响而暂时搁置。近年来,台湾经济事务主管部门投审会经常拒绝大陆企业赴台投资的申请,如2015年,紫光曾表示入股台湾第二大封测厂商硅品,被台拒绝;再比如2016年年底,台湾民众相当熟悉的大陆网站爱奇艺申请赴台投资,投审会经审议后以爱奇艺并非单纯资讯服务业、大陆未开放台湾影视内容进入及台湾未开放大陆视频网站来台等三大理由拒绝其申请,这一事件再次引起各方的关注。

与台资进入大陆相比,陆资入台无论在投资数额还是投资件数上都微不足道。总体上来说,陆资入台进展缓慢,规模甚小。截至2015年1月,大陆累计批准台资项目9.2万个,实际使用台资613.2亿美元。按实际使用外资统计,台资占大陆累计实际吸收境外投资总额的3.9%。台湾方面共批准陆资赴台项目408项,大陆已有230家非金融企业到台湾设立公司或机构,投资金额5.9亿美元。总体来看,和台资企业在大陆投资相比,台湾向大陆开放的投资领域有限,时间较短,限制较多。如果台湾放宽规定,未来对台投资潜力很大。两岸相互投资数额悬殊的原因,一方面是由于台湾岛内政治环境复杂,陆资入台投资前景不明朗,陆商缺乏对台投资的信心,故不敢轻易赴台投资;另一方面,台湾方面对陆资赴台施加限制多,成为阻碍陆资赴台的主要原因。首先是台湾当局对陆资入岛设置门槛太高,配套政策措施不完善,让赴台员工数及申领工作签证等方面存在较大困难;其次,台湾开放的投资行业类别与陆资期望的不甚相符,从制造业看,目前虽然几乎全部对陆资开放,但是对陆资感兴趣的只有集成电路、液晶,面板机器组件、半导体封装机测试、互联网、金属切削工具、电子及半导体及生产用机械设备等项目尚无热切的希望,台湾订立了严苛的投资条件,使陆资望洋兴叹。

(四)两岸产业合作程度不深,逐步呈现竞争大于合作趋势

2011年,两岸两会第七次会谈出台《关于加强两岸产业合作的共同意见》,双方提出要发挥两岸产业互补优势,深化两岸产业合作层次,促进两岸产业转型升级,但总体上两岸目前的产业合作仍处于浅表性的低层次合作。尤其是近年来大陆实施的以创新驱动推动产业升级,提高在全球价值链中的地位的计划,使得两岸产业逐步呈现出竞争大于合作的态势,两岸产业合作有待进一步深化和整合。

近年来,随着大陆实施经济结构调整和产业转型升级政策,政府扶植了一批资金、技术密集型产业,如太阳能、LED、面板、半导体等产业,这些产业在较短时间内都建立起了相对完整的产业链,以价格优势占领国际出口市场。

2017年的相关数据显示,我国大陆、台湾地区和日韩的液晶面板产量,已形成三足鼎立之势,三者的份额都维持在30%左右。在产品质量、可靠性方面,三者没有太大的差异,两岸在液晶面板产业的竞争可能多于合作。

显然,随着大陆相关产业的做大做强,台湾的主要产业必将遭到强烈冲击,两岸间的产业合作模式将由垂直分工模式转变为竞争替代模式,竞争将更加激烈[1]。

(五)缺乏良好的外部环境

缺乏良好的外部环境,不利于文化创意企业的后续发展。无论是在全国其他地方还是在福建,不少企业缺乏创新愿望与激情,业务以代工、模仿为主,难以形成浓厚的创意氛围。此外,文化创意产业属于知识密集型产业,人才是发展的关键因素。据统计,纽约创意产业人才占就业人口总数的12%,伦敦为14%,东京为15%,福建的创意人才不足就业人口的千分之一,高端的原创型人才和文化创意产业经营管理人才严重不足。知识产权保护问题严重,法规体系建设滞后,执法力度弱,维权成本较高,盗版、仿冒等现象仍旧存在,这些将成为建立闽台共同文化市场的瓶颈。

(六)管理和服务不到位,投资软环境尚需改善

首先,福建省文化创意产业发展的管理体制尚不明确,文化创意产业属高端服务业、新兴服务业,涉及科技、经济、文化、产业、宣传等多个部门。产业主管部门尚未确定,直接导致发展规划缺位,产业链不能有效整合。其次,福建省的文化创意产业投资软环境明显落后于江苏、上海等地,不能适应闽台合作发展的要求。据台湾电机电子工业同业公会发布的资料,在2009年度由台商推荐的大陆投资环境前十名之中,福建无一城市入列。厦门岛外排在"极力推荐"等级的第12名;厦门岛内排在"极力推荐"等级的第20名;福州市区排在"值得推荐"等级;福州马尾、泉州、漳州、莆田等地均排在"勉予推荐"等级。而在台商"极力推荐"等级的22个大陆城市中,位于长三角的就有14个城市,占

---

[1] 王媛媛:《当前两岸制度性经济合作之成就、问题及出路》,《亚太经济》2014年第6期。

63.64%①。2014—2015年,情况有所改观,台湾地区电机电子工业同业公会2015年公布的《2014年中国大陆投资环境与风险调查报告》显示,厦门岛外和岛内分列"综合实力"第3位和第11位,分别比2013年上升3位和5位;2015年,厦门岛外和岛内分列"综合实力"第2位和第10位,分别比2014年上升1位。但台商在大陆投资的整体投资风险已连续四年上升,台商对大陆扩产意愿也持续五年下滑。再次,财政性投融资管理体制改革方面尚不到位,政府投资绩效评估体系还未建立。以厦门为例,第一,厦门的基础设施建设资金缺口大,政府隐性负债日益增多。近年来,为了改善投资环境,厦门市、区、镇三级政府大力推进工业小区、科技园区等开发性基础设施建设。同时,厦门邻近地区以互相压低土地出让价格来吸引投资者,最终造成土地开发成本难以回收,政府隐性债务日益增多。第二,财政性投资面过大,基层投资资金不配套,导致投资效应减弱。厦门每年安排农村专项经费,有限的资金铺得过广过宽,加之配套资金未落实,资金筹措渠道单一,未充分利用社会闲散资金拓宽资金来源渠道,未吸引外资、民间资本参与资金筹措,造成投资效应减弱。第三,有些投资主体不明确,产权管理混乱。当前,厦门投资体制改革力度欠佳,有些投资法人制度流于形式。同时,一些投资项目在各级政府大包大揽的情况下进行具体操作,造成产权管理混乱。此外,政府部门人浮于事的问题仍旧存在,公务员服务意识缺失,公务员现有素质和岗位技能需进一步提高。政府各部门无法使公务员工作能力与工作岗位相匹配并充分调动其积极性,缺少有效的激励措施②。

(七)闽台共同文化市场存在的法律问题

闽台间合作受国家法律的影响,具体在闽台共同文化市场上,存在以下法律问题。

1.闽台共同文化市场的相关法律不健全

提供较为健全、优良的法律规则是两岸文化产业对接合作深入发展的必

---

① 林秋玲:《闽台创意产业合作问题探析》,《福建理论学习》2010年第7期。
② 王勇:《创新厦门与台湾交流合作体制机制研究》,《发展研究》2013年第5期。

备宏观环境因素。然而,目前大陆方面涉及两岸文化产业对接合作的法律规则不够健全,表现在如下两个方面。

(1)相关的著作权法律保护制度不够完善。文化产业是知识创意型产业,其主要成果为文化艺术产品,文化艺术产品会的流通涉及诸多著作权法律保护问题,大陆方面目前主要凭借2001年年底修订的《中华人民共和国著作权法》来规制文化产业相关著作权问题。然而,从促进两岸文化产业对接合作这一角度看,这部目前适用的法律仍不尽完善。

(2)缺乏促进两岸文化产业对接合作的配套税法。海峡两岸文化产业对接涉及税收利益问题,涉及税法的调整范畴,但目前与此相关的税收法律制度尚不健全。

首先,从税法表现形式看,法律层级普遍不高,且较为分散。截至目前,大陆并没有一部专门用于调整两岸文化产业对接合作的税收法律规范,相关税收关系只能由涉台法律中的个别条款及一般法律中的相关条款予以规定。总体上较为分散,且法律层级普遍不高,主要是财政主管部门及国家税务总局出台的应急性的税收规范性文件,其法律效力有所欠缺。

其次,从税法内容看,税制设计不尽合理,不能有效发挥税收的宏观引导及调控功能。目前大陆为调整两岸文化产业对接合作活动的税收法律规定还不够完善,税制设计不够合理,未能更好地发挥税收对该领域的宏观引导及调控功能。

2.闽台共同文化市场的相关法律规则执行不到位

尽管首部文化法即《文化产业促进法》已于2014年颁布,明确地方政府在促进地方文化基础设施建设方面的义务,以确保民众可以享受更好的公共文化服务,但海峡两岸文化产业对接合作在法律规则的实际执行层面亦存在诸多瑕疵,与法治要求相距较远。存在经营者法律意识薄弱,更看重权力、人情等非正当渠道,阻碍海峡两岸文化产业交流合作的规范性。此外,缺乏执行和遵守法律的组织和机制,除了少数较具实力的大企业外,大多数中小企业在法律组织和机制的建设方面接近空白,这使得两岸文化产业对接合作难以将法律规则执行到位。

四、闽台共同文化市场政治制度与意识形态差异

闽台文化市场的交流与合作，有别于其他产业，因为文化市场涉及思想、意识形态，甚至可能影响国家和地区安全。由于两岸在思想、文化等方面存在种种差异，在交流过程中，难免有些顾忌，这些顾忌，便成为两岸交流或合作的障碍。事实上，大陆的增长将带来一系列的贸易和其他经济机会，这些机会将给每个人都带来利益。两岸这些政治制度与意识形态的差异也会体现在闽台共同文化市场上。

对于两岸关系，大陆主张两岸一国，台湾是中国领土不可分割的一部分。国民党认为两岸并非国际关系，民进党则说"两岸两国"。国民党，不论谁上台，对于两岸关系立场是一致的，特别是2005年国民党荣誉主席连战进行大陆"破冰之旅"之后，国民党更是坚定地声明两岸关系非国际关系，然而民进党内部却有严重分歧。

民进党内明显有两派，一派附从已有政治局势，另一派是台湾本土派，目前看来，台湾本土派较占优势。

此外，民进党内对于大陆却有不同期待，地方负责人，因为选民到大陆投资，要与大陆做生意，甚至有时也得推销农特产品。高层没有选票压力，常常根据不同的场合说不同的话，有时候说要跟大陆交流，有时候又高喊"独立"。民进党内部对于两岸关系的明显分歧，使得大陆对民进党没有信心。民进党上台后，并不承认"一个中国"的主张，蔡英文在就职一周年前夕提出"新情势、新问卷、新模式"的两岸关系互动新主张，依然回避"九二共识"，她认为两岸关系点未恶化，与民众的认识相反。

这些均是两岸政治体制和意识形态差异的明显体现，这种政治体制与意识形态的差异，对文化市场已经造成一定程度的影响。如2012年11月，大陆知名的中国歌曲排行榜宣布要在台北小巨蛋举行颁奖典礼，把香港和台湾放在排行榜的同一组，台湾两岸事务主管部门负责人表示，只接受"中歌榜"到台湾办演唱会，但拒绝公开举办颁奖典礼。11月26日凌晨，作为两岸及港澳地区影视界的艺术盛宴的第49届"金马奖"，在各方斩获大奖、台湾首次获奖不

如人愿的结果下落幕。民进党代表管碧玲倡言,认为金马奖是在替大陆做文化预演,应该砍掉重练,停办金马,这是艺术"政治化"的表现。台湾大学一位政治评论家表示,"金马奖"和"中歌榜"事件再次说明,两岸文化交流不应该走在经济交流后面,经济交流再活跃也不能代替两岸间民族和文化认同,更不能替代国家认同,两岸应尽快开展全面的文化交流①。

2016年5月20日以来,由于台湾当局拒绝承认"九二共识"、拒不认同其两岸同属一中的核心意涵,破坏了两岸关系和平发展的政治基础,致使两岸双方政治互信骤降,良性互动不再,直接导致两岸制度化沟通和协商谈判机制中断,影响两岸诸多领域交流合作的持续推进,给两岸关系前景增加许多不确定性和风险。一些分裂势力在台湾推动各种形式的"台独"分裂活动,试图从政治、经济、文化等各方面弱化和切断台湾同大陆的联结。

从台湾民众的观念看,调查显示,对民进党当局上台后的两岸关系的态度方面,受访者中不满意的比例高达60.1%,远高于24%的满意比例,其中很不满意的比例达到23.4%。调查还显示,50.4%的民众认为当局拒绝"九二共识"对台湾发展不利。

第二节 闽台文化市场协同发展现状

两岸地缘相近,血缘相亲,文缘相承,商缘相连,法缘相循,文化产业领域存在对接合作的机遇。大陆在资金、土地、市场方面具有优势,台湾在创意、人才、品牌经营、资本运作等方面较具优势,推进海峡两岸文化产业对接合作,对于增强两岸产业竞争力,促进祖国和平统一,共同传承光大中华文化均具有非凡意义。

自1987年以来,海峡两岸在许多领域,如投资、贸易、旅游、婚姻、社团、文化、学术等的交流日益增加。这种基于文化关系的交流模式,在两岸关系中扮演更关键、更自主,也更能动的角色,有可能在未来的一个时期成为两岸关系

---

① 高杨:《将文艺"政治化"会割裂两岸文化认同》,《人民政协报》2012年12月8日。

的主轴①。

具体就福建而言,闽台在文化产业上具有很强的互补性,可成为闽台共同文化市场得天独厚的合作基础。近年来,福建省充分发挥海峡西岸的区位优势及先行先试的政策优势,精心抓好各类闽台交流平台建设,两岸文化产业界也由原来的文化往来走向共同打造文化产业链,文化产业对接已经成为闽台合作的新亮点。目前,闽台文化产业合作已逐步拓展到多个领域,如表演艺术、网络动漫、印刷发行、新闻出版、文化会展、文化旅游,尤其是借助海峡两岸文博会(厦门)、茶博会(厦门)、图交会(厦门、台北轮流举办)、艺博会(莆田)、旅博会(厦门)、花博会(漳州)、金门书展(台、澎、金、马巡回展)等经贸文化活动平台,闽台文化产业界全方位多层次实现对接②。具体来看,2016年,第九届海峡两岸文化产业博览交易会进一步在产业化、市场化、专业性、对台特色等方面得到提高,共实现投资签约项目103个,总签约额303.9亿元,签约项目整体质量较往届明显提高;现场订单签约额8.93亿元,现金交易额1.5亿元。此外,为推动两岸在图书发行、版权贸易上实现对接,福州和台北两地分别创办"闽台书城"和"台闽书城",海峡出版发行集团旗下的海峡书局也与台湾业界开展相关合作。从2005年起,分别在厦门和台北举办的海峡两岸图书交易会至今已成功举办11届,已成为集出版物展销、版权贸易、信息交流、行业研讨、数字出版展示等功能于一体的两岸出版交流盛会。据统计,前11届交易会,累计展示图书123万种、832万册,实现图书销售采购3.4亿元人民币码洋。

从台湾角度来看,要实现文化产业的发展目标,不仅需要发掘本地区的资源,更要整合不同区域的文化资源,利用好中华文化圈的共同文化资源,为本地区文化产业发展注入动力。不仅文化产业如此,相关产业也有整合两岸资源的必要。台湾"挑战2008年"计划中有"观光客倍增计划",吸引大陆游客使

---

① 连水兴:《从"文化共同体"到"媒介共同体":海峡两岸传媒业合作研究的视角转换》,《福建师范大学学报》(哲学社会科学版)2013年第3期。

② 张燕清、龚高健:《福建文化产业发展现状、趋势及对策》,《福州党校学报》2012年第2期。

第一章 闽台共同文化市场现状调查报告

其成为赴台湾观光的最大客源是该计划的重要方面。多年来,两岸相继出台一些措施,创造条件加强两岸文化的交流与合作。近几年,海峡两岸均有学者提出过各种设想,探讨如何加强海峡两岸经贸合作,其中较有影响力的设想包括建立"中国人共同体""亚洲华人共同市场""大中华共同市场""两岸共同市场""海峡两岸经济圈"。海峡两岸学者提出通过集合大陆和台湾的文化优势,建立共同文化市场,逐步覆盖遍布世界各地的华人圈,以亚洲为基础向外扩散,经过一段时间的发展,两岸可形成具有国际影响的文化创造基地,进一步可成为世界文化产业格局的主导力量,不但可以为全面建设小康社会增强动力,也可以为台湾创造第二次经济奇迹增强动力。

一、闽台创意产业协同发展现状

在两岸政治、经济、文化教育等各方面全面交流的宏观环境下,闽台创意业获得各种交流的机会,过去台湾当局的种种封锁和限制也逐渐被打破,这为全面推进闽台创意产业合作提供了可能。

(一)闽台创意产业合作现状

文化创意产业是福建确定的闽台产业对接十大领域之一,近年来,两地文化创意产业的交流与合作日益频繁和深入。

1.闽台两地在多个创意产业门类实现合作

一是动漫产业。闽台两地动漫企业合作有较长的历史。20世纪90年代,台湾多家网络游戏公司就在厦门设立研发基地,催生大陆第一代网络游戏开发团队。台湾"西基""大拇哥""草幕""普洛尔"等一批动漫游戏骨干企业受产业政策和人文环境吸引,相继落户厦门软件园与福州软件园。近年来,福建神画时代文化产业集团携手台湾和利得多媒体斥资1.45亿元新台币,共同拍摄高清动画电影《小星星的愿望》;功夫动漫则多次邀请台湾的大腕、声优为动漫作品配音。这些合作大多仅是由台到闽的单向输出,近年来,动漫闽企发展迅速,形成自己的发展模式,将相关资源引入台湾。2017年,功夫动漫的《笨笨鼠》和《小童猫之喵星来客》两部动画片正式进军台湾市场。

二是出版印刷业。闽台在出版印刷业的合作有较大的成效,台湾印刷企业落户福建的数量多,福建也是祖国大陆对台出口图书最多的省份,厦门外图是台书进军大陆的重要渠道。截至2009年,在福建落户的台湾印刷企业超过百家,其中台湾独资企业20余家,合资企业80余家。2006—2008年,福建出口台湾的出版物达到1.7亿元人民币,成为大陆对台出口图书最多的省份。2010年,福建省出口台湾地区出版物总码洋超过5 000万元人民币。2013年,海峡国家数字出版产业基地福州、厦门两个园区举行授牌,其目的是促进两岸交流合作、突出闽台特色,培育发展年产值超百亿元的文化产业。福州和台北分别设立的"闽台书城"和"台闽书城"也是闽台出版业合作的见证。

三是演艺娱乐业。"闽台同唱一首歌""妈祖之光""相约东南"等已成为两岸文化交流的重要品牌。大陆唯一的两岸合作共建的影视文化城——海峡现代影视文化城,已经在福建漳州市龙文区建成,百家企业抢占先机强势入驻。2017年,福建省文化厅计划与闽江学院名师楼合作,打造海峡两岸青年演艺中心,为两岸青年提供演艺交流平台,引进台湾青年演艺人才。

四是软件行业。福州软件园先后与台湾新竹科技园、台北县电脑商业公会等部门开展广泛合作,台湾中华资讯软体协会与厦门软件园的合作推动了企业间合作,如台湾全球新闻股份有限公司与厦门大硕科技有限公司合作开发软件。福建省软件行业协会与台湾中华资讯软体协会签订"闽台软件产业合作协议书",为闽台软件产业合作发展建立长效机制。

2.以"创意"为主题的会展、论坛成为闽台合作的重要平台

近年来,福建省积极举办各类以"创意"为主题的会展和论坛,为闽台两地的文化企业搭建了许多项目与资本、产品与市场对接的平台,通过展会的形式推动闽台两地的合作。如在厦门举办的"海峡两岸文化(创意)产业博览交易会"、"海峡两岸图书交易会"(厦门和台北轮流举办)、"海峡摇滚音乐节"、"海峡两岸动漫展"、"海峡两岸(厦门)文化创意产业知识产权保护论坛"、"闽南语原创歌曲(歌手)大赛"、"海峡两岸歌仔戏艺术节"、"海峡两岸南音展演暨民间艺术节"等;在福州举办的"海峡两岸(福州)茶业茶文化展"、"海峡两岸创意产业合作与发展高峰论坛"、"海峡两岸创意产业人才洽谈会"、"海峡两岸创意

产业创业计划大赛";在莆田举办的"中国(莆田)海峡工艺品博览会";在泉州举办的"海峡印刷技术展";在三明举办的"海峡两岸(三明)文化创意产业暨动漫动画高峰论坛";在漳州举办的"闽台浙粤陶艺产业暨书画玉石文化交流精品联展"等均成为闽台文化合作的重要平台。

3.创设闽台合作创意园,吸引台资企业入驻

福建省多个地方已经建成闽台两地合作的创意园,如厦门的龙山文化产业园区、福州台江区的海峡创意产业园、惠安的闽台文化创意园、泉州德化的德台陶瓷文化创意园先行试验区、海西(网龙)动漫创意之都等,更多的创意园正在建设中,如闽台(永安)文化创意产业园。各地以创意产业园为平台,吸收台湾优质的创意企业或优秀人才、工作室、创客、机构入驻,实现闽台创意产业的合作与对接①。如福州建立11个台湾青年创业基地,吸引众多台青集聚发展。2016年12月,中华两岸贸易协会厦门代表处挂牌成立,代表处在厦门黄厝设立"海峡两岸大学城孵化实验实体区",台北海洋技术学院和功夫漫客工场签署合作备忘录,为两岸文创产业合作搭桥。

4.制定相关政策发展闽台共同文化市场

福建省政府非常重视动漫产业发展,出台诸多相关政策措施,加强闽台在相关产业的合作,如《福建省动漫游戏产业发展规划(2010—2012年)》,福建省主动做好承接台湾动漫游戏产业转移的各项工作,大力吸引台湾动漫游戏企业和人才来福建创业、投资和发展。2013年4月,福建省出台《福建省进一步推进动漫游戏产业发展实施细则》,加大力度推进闽台合作、奖励扶持动漫产业发展。

(二)闽台创意产业合作存在的问题

1.台商对福建创意产业投资的比重较低,投资规模较小

一是投资比重低。尽管由于有"五缘"优势,不少台商在福建投资,但在福建省投资的台资企业绝大多数为中小型企业,主要为劳动密集型企业和出口加工型企业。台湾文化产业界在大陆投资发展,往往选择北京、上海、深圳等

---

① 林秋玲:《闽台创意产业合作问题探析》,《福建理论学习》2010年第7期。

大陆创意产业最集中、最发达的地区。二是投资规模较小。如闽台印刷企业已实现较深的合作,但是较大规模的如上亿元的合作企业却很少,许多台湾大型印刷企业选择到广东东莞、江苏昆山等地投资,而不是福建。投资比重和规模过小,影响了闽台合作的深度和广度。

2.闽台文化创意产业的合作形式和领域有待进一步突破

闽台双方在创意产业的交流以会展、论坛为主,经常出现形式大于实质的现象,无法获得较高的经济效益。产业合作的领域也大多局限于动漫产业、出版印刷业、软件产业等。

3.闽台文化创意合作的方式以纵向合作为主,缺少横向合作

闽台文化创意产业合作大多为垂直分工,双方在动漫产业的合作,往往是台湾企业负责产品接单、产品设计、技术研发和销售工作,福建的合资企业负责附加值较低的加工工作,因而只能获得较少的利润。

二、闽台影视产业协同发展现状

两岸影视产业的合作有较长的历史,也有良好的合作基础。闽台之间的五缘优势更为闽台在影视产业方面的合作创造了有利的条件,尤其是为闽台影视产业合作发展打下扎实的文化基础。福建自贸区的设立带来改进的制度,为市场环境和产业发展带来新的推动力,也为福建、台湾两地的影视产业的进一步合作发展提供了空间。影视产业的发展也必将推动闽台两地开放型区域经济发展,反哺闽台两地的经济、文化,推动制度的进一步创新,形成闽台影视产业合作发展循环模式。

(一)闽台影视产业合作的历程

20世纪80年代,两岸影视合作尚处于意向的形式,主要是台湾创作者到大陆取景拍摄,后逐渐演变为双向互动,如联合制作、电影互映、人员交流往来。1983年,福建在全国率先引进台湾电影故事片《搭错车》,在厦门、泉州等地放映,这是首部在大陆正式上映的台湾电影。《搭错车》在福建的上映拉开了闽台影视产业合作的序幕。80年代,许多台湾电影在福建上映,反响良好。到了90年代,闽台影视产业合作升温,正式出现双向支持,双方互为提供拍摄

支持。例如1990年3月,台湾艺之城文化事业有限公司再次来福建拍摄《妈祖再生》,得到泰宁和将乐县等地政府的大力协助。同年8月,台湾铨美国际有限公司到惠安崇武,福州鼓山、北峰、闽侯、连江等地拍摄连续剧《草莽英雄》部分外景,得到福建省广播电视厅的接待及协助。随后,福建电视台、厦门电视台等地方电视台前往台湾拍摄专题节目。2000年,福建与台湾的电视台开始交换新闻素材,加强电视新闻节目合作。2004年,改版后的《海峡新干线》是闽台电视媒体在新闻资讯方面展开合作的重要成果。随着闽台交流合作的进一步深入,福建电视台大量引进台湾电视连续剧,受到大陆观众的欢迎。两岸正式开放影视合作政策之后,闽台在影视业的合作有了新的突破,2010年闽台合拍电视剧《神医大道公》,这是两岸第一部正式合拍的电视剧,也是台湾主流电视台第一次以预购版权的方式参与合作。后来闽台合拍电视剧、电影,联合制作的电视节目日益增多。数据显示,2001—2012年,合拍故事片总数为417部,其中与台湾的合拍片共计41部,约占合拍片总数的10%。2013年,通过审查的大陆、台湾合拍片为8部,占通过审查的合拍片总数的20%[1],两岸电影合拍数量正在稳步上升,合作更加密切。在两岸合拍片中,多见"小清新"风格的文艺片,如《星空》《如梦》《转山》,也有主打音乐明星牌的《天台爱情》等,还有部分大中型制作,如台湾电影人参与投资的《王的盛宴》《痞子英雄之全面开战》等[2]。在台湾,闽南文化常常作为意象融入影视作品当中,影视作品中经常会出现闽南宗教景观、乡土景观、闽南非物质文化遗产等,这与寻根语境的身份认同及富有地域特色的乡土情结相联系,体现独特的文化张力。共同的文化易于双方市场的开拓,如受众的培养、相关下游产品的制作与发售等,也易于双方工作人员的沟通交流。

(二)闽台影视产业合作的现状

回顾闽台影视产业合作三十年的历程,可以看到,闽台影视产业合作经历

---

[1] 尹鸿、尹一伊:《2013年中国电影产业备忘》,《电影艺术》2014年第2期。
[2] 岳淼、陈若萱:《论闽台影视产业的合作发展——开放型区域经济的视角》,《现代传播》2016年第2期。

由小产业到大产业,由单边支持到双向互动,由浅层次到深领域的过程。闽台在影视产业的合作政策、合作方式、合作主体等方面有了进一步的发展。

1.闽台影视产业合作政策松中带紧

为促进两岸影视产业的发展,国务院和福建省都出台了促进闽台影视产业发展的优惠政策。从国家政策层面看,《海峡两岸经济合作框架协议》(ECFA)对两岸文化产业合作的设计、视听等行业提供政策支持。《关于支持福建省加快建设海峡西岸经济区的若干意见》《关于加强海峡两岸电影合作管理的现行办法》为福建先行先试提供政策保障。国家针对影视产业推出优惠政策,包括加快两岸合拍剧审批速度,鼓励大陆相关影视机构增加引进台湾电视剧、不再受大陆每年20部引进片进口配额的限制,规定只要取得"电影片公映许可证"的台湾影片都可以引进,没有其他附加条件限制,同时鼓励两岸影视制作机构参与合拍剧制作。从福建政策层面看,《福建文化强省建设纲要》《关于加快我省创意产业发展指导意见》《中共福建省委办公厅、省人民政府办公厅关于加快文化创意产业发展的意见》等文件都明确大力支持闽台影视产业交流合作。《关于促进福建省电影产业繁荣发展的实施意见》尤其提出,健全完善闽台电影产业合作交流机制,积极吸引台湾资本、台资电影企业来闽设立电影机构,鼓励出台允许台商在闽投资建设影院的先行先试政策。厦门和福州专门建立闽台文化创意园区,为闽台影视产业深度对接提供合作平台。从台湾方面看,2009年6月,台湾公布"大陆地区之营利事业在台设立分公司或办事处许可办法""大陆地区人民来台投资许可办法",台湾正式开放陆资赴台。两岸签署ECFA后,台湾大幅放宽对陆资入台的限制,台湾对大陆影片进口政策有所调整。根据大陆有关规定设立的制作单位所拍摄、符合台湾相关规定所定义的大陆电影,经台湾主管机关审查通过后,每年以15部为限,可在台湾商业发行映演,并应符合大陆电影片进入台湾发行映演的相关规定。然而,这样的规定在实际执行中却有所"偏差"。根据《南方都市报》报道,2014年台湾仍以抽签方式确定10部在台湾放映的大陆电影。此外,台湾对大陆影视从业人员的往返通行证规定不够宽松,削弱了闽台影视产业合作的便利性。随着闽台文化交流合作的深入,台湾当局多次主张台湾影片可以先到福建放映。

相比福建在文化创意产业方面推出的众多先行政策，台湾当局对福建影视公司入台政策"松绑"不多①。

包括影视产业在内的文化产业作为重点产业，被纳入福建自贸区发展规划。2015年7月印发实施的《中国（福建）自由贸易试验区厦门片区产业发展规划》把文化产业纳入专业服务产业集群，作为在厦门自贸试验片区重点发展的五大产业集群之一，提出要发展进口文化艺术品和文物的保税展示、拍卖等新业务，建设文化保税产业中心，带动演艺、娱乐、高端商业等集聚发展，努力建设国家两岸对外文化贸易基地。这是福建自贸区通过自我剖析与横向对比，提炼出自身的比较优势而进行的经济定位②，也为闽台影视产业合作带来更宽松的政策环境。

在宏观制度上，福建自贸区设立后，政府管理制度有较大的创新，由注重事先审批转为注重事中事后监管，提高监管参与度，推动形成行政监管、行业自律、社会监督、公众参与的综合监管体系，政府提高了工作效率和服务水平，这为闽台合作奠定了良好的基础。在具体制度上，自贸区的相关规定在不同程度上为闽台影视产业合作发展提供便利。投资方面，自贸区推动两岸金融合作先行先试，创新闽台金融机构合作机制，为闽台影视产业合作的资金流动提供了便利。如允许自贸试验区内企业、银行从境外借入本外币资金，企业借入的外币资金可结汇使用；支持台湾地区银行向自贸试验区内企业或项目发放跨境人民币贷款；推进企业和个人跨境贸易与投资人民币结算业务等，这使两岸影视合作的资金运用更为便捷，两岸影视产业资金流动更为灵活。管理方面，自贸区实施更加便利的台湾居民出入境政策；推动两岸社会保险的对接；实行两岸机动车辆互通和驾驶证互认，为台湾影视产业工作人员赴福建进行影视拍摄与制作提供了便利③。

---

① 帅志强：《新时期深化闽台影视产业合作的思考》，《西南民族大学学报》（人文社会科学版）2014年第8期。

②③ 岳淼、陈若萱：《论闽台影视产业的合作发展——开放型区域经济的视角》，《现代传播》2016年第2期。

2.闽台影视产业合作方式日益多样

闽台影视产业合作方式日益多样,闽台影视产业交流合作前期,单边支持多于双向互动,后来发展到双边交流互动、相互协助拍摄、协作提供素材。时至今日,闽台影视产业合作方式又有了新的特点:

其一,联合拍摄、联合制作成为最常见的合作方式。近三十年来,台湾电视节目一期(集)的制作费用不增反减,导致台湾影视内容单调,而大陆影视拍摄方面的资金来源丰富,推动了台湾影视产业与大陆联合拍摄和联合制作影视作品。例如台湾东森电视台和海峡电视台等联合制作了《梨园百花春》《探秘东方》《萍水相逢》等6档节目,通过台湾各大电视平台播出。福建海峡电视台(海峡卫视)和台湾东森亚洲台联合摄制《福建行·两岸情》,推动了闽台电视交流的进一步合作。闽台联合制作的影视节目以电视剧、电影、专题节目、新闻节目、戏曲节目等为主。联合直播电视节目近年来也受欢迎,如福建广播影视集团联合台湾TVBS电视台等完成的《直播台湾》,成为闽台合作中有影响力的专题性节目。

其二,闽台双方围绕版权交易在影视产业进行版权合作。2014年,由九州音像出版公司与海旅集团合作建设的影视版权交易中心正式运营,是大陆首个两岸影视版权交易中心,该中心落户厦门并于2017年投入使用,成为海峡两岸影视文化行业的交流平台。福建好视传媒影视版权交易中心与台湾台视、华视、中视、东森、中天等电视台保持良好的版权合作关系。随着两岸版权相关法规的完善,闽台影视产业版权转让、影视衍生产品版权交易等将进一步得到加强。

其三,产业园区合作在闽台影视产业合作上起重要作用,目前有多个基于闽台合作的影视基地,如位于福州的国家级的闽台文化产业园区,位于漳州的海峡两岸影视制作(漳州)基地,位于厦门海沧的海峡两岸影视交流基地,三明市、龙岩市也设立专门性的海峡影视基地。这为闽台在影视产业中的资本运营、人才的联合培养、园区共建提供了更多样的合作形式,推动闽台影视产业的资源共享。

有别于曾经的单向支持和后来的双向互动,近年来,大陆观众的大量需求和拍摄经费的不断增加,大陆影视产业发展迅猛,影视产业甚至出现大陆单向支持台湾的趋势,这也为闽台影视产业的合作奠定了良好的基础。

3.闽台影视合作主体公私兼有

闽台双方的电视台、影视制作公司是闽台影视产业的合作主体。其中,较早开始联合制作电视节目的是海峡电视台和台湾东森电视台。从影视制作主体来看,福建的主体大多为具有国有性质的媒体,如海峡卫视、东南卫视,参与闽台合作较多,近年来厦门卫视、漳州卫视、泉州卫视、龙岩电视台等地级市电视台也积极参加闽台影视产业合作。福建的民营影视公司参加闽台合拍影视剧的较少,仅有福建东宇影视公司、海峡世纪(福建)影视公司、西岸传媒股份有限公司。台湾参加闽台影视合作的主要有中天、东森、民视、华视等电视媒体,专业影视制作机构主要有台湾映画传播事业公司、台湾独角仙影视传播公司、台湾华映娱乐股份有限公司。台湾和福建的中型影视制作公司、小微文化公司受资金、资历等限制,无法享受金融政策的更多支持,很难融入闽台影视产业合作①。

4.大陆成为台湾影视人才的大吸盘

近年来,大陆影视市场需求一直呈增长趋势,动辄几百万、上千万元人民币一期(集)的制作费,让大陆成为全球影视人才的大吸盘,吸引的不仅仅是港澳台地区的影视人才,连日本、韩国、美国、欧洲的影视人才都往大陆跑。台湾影视人才大量涌入大陆,进一步推动大陆影视的发展,也有利于两岸影视产业的合作,给闽台影视产业合作带来契机。

第三节　闽台文化发展政策比较研究

随着文化产业发展的需要,台湾和福建在不同的时期提出相应的文化发展政策,台湾文化发展政策与福建文化产业政策之间既有共性,也有差异。

---

① 帅志强:《新时期深化闽台影视产业合作的思考》,《西南民族大学学报》(人文社会科学版)2014年第8期。

一、台湾文化发展政策

为了适应全球经济结构调整和文化创意产业崛起,台湾于新世纪之初将文化创意产业列入政策范畴,纳入地区总体发展框架,借助文化经济、体验经济、美学经济的推动,谋求产业升级、经济转型和国际文化形象的提高。台湾文化发展政策经历了以下三个时期。

戴承良(2013)将台湾文化创意产业发展分为文创前导期(1994—2001)、文创一期(2002—2007)、文创二期(2008—2013)三个阶段①。

(一)文创前导期(1994—2001):造社时期的文化产业发展

此阶段为台湾文化创意产业发展的前导期,可以概括为"造社时期的文化产业发展"。其起始的标志性事件是1994年10月3日,台湾相关部门主委申学庸,在台湾地区立法机构作施政报告时,首先提出"社区总体营造"概念,简称"造社"。申学庸提出,从文化重建的角度切入,重建人与人、人与环境及人与社区的和谐关系,进而带动地方社区的全面改造与发展;在台湾各地开展一系列理念宣传和人才—培育工作,促成相关各地文史工作室、文化工作团体和专业学术团体的成立。在此基础上,台湾在产业政策上明确提出文化产业的概念,提出"文化产业化"和"产业文化化"。

1999年,相关部门推出"文化产业之发展与振兴工作"计划,在社区总体营造的基础上,推动地方文化特色产业的发展。2001年,开始辅导各县市政府进行文化产业发展与振兴,成立文化产业之发展与振兴辅导暨协调中心,推动文化产业发展,振兴人才培育,促成地方文化产业知性学习之旅。

这一时期,台湾当局相关产业政策的特点有三:在地化和国际化的同步发展,严格区分文化产业和文化工业,分别进行文化产业化和产业文化化。可见,1994—2001年"造社"时期的文化产业发展及产业政策的确定,是台湾文化创意产业发展的重要条件,为20世纪初台湾文化创意产业的兴起奠定了坚实的基础。反观大陆,这一时期文化创意产业的雏形已经出现,如深圳大芬村

---

① 戴承良:《台湾文化创意产业发展分期与产业政策》,《上海经济》2013年第6期。

(油画复制业),但这一时期大陆的文化创意产业缺乏政府的产业政策管理、指导和扶持,主要依靠市场自发形成。典型的案例是北京圆明园艺术群落,于1990年前后自发形成,到1995年遭到驱散,相关的艺术工作者自发流浪、集聚到其他地方。

(二)文创一期(2002—2007):文化创意产业的提出与推动

2002年5月8日,台湾地区行政管理机构推出"'挑战2008'十大发展重点计划",台湾文创一期开始,其执行期为2002—2007年。其中明确提出文化创意产业的概念,并将文化创意产业列为第二。台湾当局首次将属于不同领域的文化、艺术、设计等相关产业统筹到文化创意产业之下,独创创意生活产业等类别,通过行政力量,打造良好的产业发展环境。

台湾文创一期发展文化创意产业的产业政策的特点有:以台湾当局为主体大力推动文化创意产业的发展,投入大量资金扶持文化创意产业的发展,民间资本通过ROT方式营运创意文化园区。这一时期文化创意产业发展的业绩总体上得到各方肯定。同一时期,大陆的文化创意产业正在酝酿、起步。

(三)文创二期(2008—2013):文化创意产业发展新亮点

2008年1月11日台湾地区行政管理机构核定,由相关部门负责推动"文化创意产业发展第二期(2008—2001年)计划",2009年5月14日,台湾地区行政管理机构通过"创意台湾——文化创意产业发展方案"(简称"创意台湾"),执行期为2009—2013年。这两个重要的产业政策的通过标志着台湾文化创意产业的发展进入文创二期。

"文化创意产业发展第二期(2008—2001年)计划"包含三大子计划:强化产业环境发展计划、工艺创意产业发展计划、创意文化园区推动计划。"创意台湾"提出"拓展华文市场,进军国际,打造台湾成为亚太文化创意产业汇流中心"的目标。

在这一时期,台湾文化创意产业主导部门由经济事务主管部门转为文化事务主管部门,文创产业的文化创意性更为显现;政府和民间相结合,加大资金投入力度。与此同时,两岸文化创意产业的交流合作得到极大发展,旨在加强两岸文化创意产业合作的深度和广度,促进资源共享和利益最大化。2010年,台湾颁布并实施"文化创意产业法",在法律层面为文化产业创造更加公平、稳定的发展环境和竞争平台①,进一步促进了文化创意产业的发展。

除了以上三个时期的政策外,还有一些政策促使了台湾文化市场的发展。2012年,马英九连任,提出以"黄金十年"为愿景,以"强化经济成长动能""创造就业与落实社会公义""打造低碳绿能环境""积极培育延揽人才"作为台湾未来发展的四大支柱。这一理念宣示了文化建设继续作为台湾当局未来的施政重点,且被视为增强台湾整体竞争力的关键因素。

2012年5月20日,为推动台湾的文化建设,相关部门正式改制,由著名作家龙应台担任首任主委。改制后,将文化创意产业纳入重点,在其下属的七个司内专设"文创发展司"来推动文化创意产业的发展。除了将"文创法"规定的13项相关配套子法中的其中11项发布施行外,也积极建构完善的文化创意产业发展环境,推动台湾文创产业的对外交流与合作。在加强与发达国家和地区的文化交流及文创产业的合作的同时,积极推动两岸文化创意产业的交流,举办海峡两岸图书交易会、海峡两岸文化创意产业展等展会。

这一时期,通过文化创意产业相关法律法规的出台与实施、相关文化机制的整合与创新,台湾的文化创意产业飞速发展,逐渐发展成为经济转型、产业升级的推动力量,成为支柱产业。台湾的文化创意产业的功效也从推动产业转型升级转而为确立"创意台湾"②。

随后,台湾又于2013年提出"价值产值化:文创产业价值链建构与创新(2013—2017)",该计划的愿景为"创新产业生态,领航美学经济",期望达到两个目标:使台湾文创企业成为华人文创经济领先者(文创产业化),使文创产业成为产业升级转型的新引擎,带动台湾美学经济(产业文创化)。

总之,不同的发展时期,台湾根据文化创意产业发展的不同进程,制定了

---

① 熊澄宇:《发展两岸文化产业的政策思考》,《福建论坛》(人文社会科学版)2012年第2期。
② 范梦月:《海峡两岸文化创意产业发展与合作研究》,南京大学2013年硕士论文,第53~54页。

相关的政策,促进了台湾文化创意产业的飞速发展,但是,台湾的文化政策发展中,官方角色和大陆的不同。在台湾,官方的角色为"支持者",政策的重点在于为产业发展营造利于民间自由创作发展的环境,借民间的想象力和创造力推动产业的发展。该种模式的优点是民间创意易于发挥,但行政效率偏低、政策无延续性。这一点,对台湾的文化创意产业的发展既有利,又不利[①]。

二、福建省文化发展政策

近十多年来,福建也出台了一系列政策以实现文化强省的目标,大部分政策是在国家政策的基础上根据福建的特色进行细化。1998 年,文化部设立文化产业司,福建省文化厅相应设立市场与产业处。2001 年,"第十个五年计划"提出"完善文化产业政策"。2002 年,中共十六大报告首次将文化产业确定为社会主义文化建设的重要内容。2006 年,国家发布《"十一五"时期文化发展规划纲要》,对"十一五"时期文化产业的发展进行规划;同年 11 月,福建省出台《福建文化强省建设纲要》,加快福州、厦门、泉州等中心城市的文化建设,发挥中心城市对周边地区的辐射、示范和带动作用。2007 年,福建省出台《闽南文化生态保护区规划纲要》,提出设立闽南文化生态保护区(2014 年,福建省出台更为详细的《闽南文化生态保护区总体规划》)。2009 年,国务院发布《文化产业振兴规划》,明确了发展文化产业的总体思路、原则目标、重点任务和政策措施。2011 年,颁布《国民经济和社会发展第十二个五年规划纲要》,明确提出推动文化产业成为国民经济支柱性产业。在此期间,福建省出台了一系列文化产业振兴计划。《国务院关于支持福建省加快建设海峡西岸经济区的若干意见》和《海峡西岸经济区发展规划》均提出要"加快推进闽南文化生态保护实验区建设""建设两岸文化交流的重要基地",《福建省贯彻落实〈国务院关于支持福建省加快建设海峡西岸经济区的若干意见〉的实施意见》《福建省国民经济和社会发展第十二个五年规划纲要》等重要文件中多次提到

---

① 范梦月:《海峡两岸文化创意产业发展与合作研究》,南京大学 2013 年硕士论文,第 54 页。

保护闽南文化,加快闽南文化生态保护实验区建设,促进两岸文化交流。2009年,福建省出台《关于加快文化产业发展的意见》,文化产业在财政、工商、税收、投融资等各方面享有优惠政策。2010年,福建省又出台《关于进一步加快我省创意产业发展的实施意见》,推动我省创意产业跨越发展。

2012年,文化部、国家文物局、福建省人民政府签订《进一步加快推进海峡西岸经济区文化发展合作协议》;福建省文化改革发展工作领导小组办公室(简称省文改办)策划实施文化产业发展"310行动"计划,旨在通过培育十强文化企业,建设十大重点文化产业园区,打造十大重点文化产业项目,力争推动两家文化企业入选全国文化企业三十强、两个园区入选国家级文化园区(基地),打造一批百亿增加值的文化产业园区,培育一批前景好、辐射强、模式新的产业项目,发挥行动计划载体的创新推动和示范带动作用,提高全省文化产业规模化、集约化、专业化水平,形成福建省科学发展跨越发展的新增长点。

2013年,中央宣传部、中国人民银行、财政主管部门、文化部、广电总局、新闻出版总署、银监会、证监会和保监会联合发布《关于金融支持文化产业振兴和发展繁荣的指导意见》,从鼓励银行业金融机构开发适合文化产业特点的信贷产品,完善授信模式,加强和改进对文化企业的金融服务等方面提出监管要求。

2013年,福建省出台《关于加快推进文化和科技融合发展的实施意见》。同年,为促进文化产业开放,福建省出台《关于促进文化产业对外开放的若干政策》,设立福建省文化产业发展专项资金。为进一步推动文化产业的发展,在《"十二五"时期福建省文化改革发展专项规划》和《中共福建省委关于贯彻落实党的十七届六中全会精神推动文化大发展大繁荣的实施意见》中,福建省把关于文化产业发展的精神纳入"十二五"规划及文化改革发展专项规划,推进文化产业成为支柱产业。

2014年,国务院印发《关于加快发展对外文化贸易的意见》,明确支持重点,加大财税支持,强化金融服务,完善服务保障。

2014年,为切实提高文化创意和设计服务整体质量水平和核心竞争力,大力推进与相关产业融合发展,更好地为经济结构调整、产业转型升级服务,为扩大国内需求、满足人民群众日益增长的物质文化需要服务,国务院发布

《关于推进文化创意和设计服务与相关产业融合发展的若干意见》,这标志着文化产业与相关产业融合发展已经成为国家战略。相应的,《福建省人民政府关于推进文化创意和设计服务与相关产业融合发展八条措施的通知》随后出台。为推动文化产业"走出去",出台《福建省人民政府关于加快发展对外文化贸易的实施意见》;随后,福建省委宣传部、福州海关、厦门海关、省商务厅、省文化改革发展工作领导小组办公室联合印发《关于推动福建对外文化贸易通关便利化的若干措施》。

2014年,为进一步深化文化体制改革,继续推进国有经营性文化事业单位转企改制,国务院办公厅印发《文化体制改革中经营性文化事业单位转制为企业的规定》和《进一步支持文化企业发展的规定》两个通知。

2014年,在第六届海峡论坛期间,大陆发布八项促进闽台交流合作的新政策,其中涉及文化产业的相关政策有四项:文化部同意在福建省试行扩大台湾地区投资者文化市场准入领域,调整部分文化市场行政审批事项;允许台湾地区投资者在福州、厦门、平潭三地设立独资、合资、合作经营的娱乐场所;允许台湾地区投资者在福建省设立由大陆方控股或占主导地位的合资、合作的文艺表演团体;允许台湾地区投资者在福建省设立独资经营的演出经纪机构和演出场所经营单位。

2015年,国务院正式发布决定,在前期大幅减少非行政许可审批事项的基础上,再取消49项非行政许可审批事项,将84项非行政许可审批事项调整为政府内部审批事项。今后不再保留"非行政许可审批"这一审批类别,多项涉文化产业。

2015年,国家新闻出版广电总局电影管理局发布《关于加强海峡两岸电影合作管理的现行办法》,规定海峡两岸电影合作管理的相关事宜,两岸合作拍电影可享台产片相关待遇。

2015年,随着福建自由贸易试验区的设立,支持文化产业发展的举措不断增多:文化部发布相关通知,允许在粤津闽三个自贸试验区内设立外资经营的演出经纪机构、演出场所经营单位,为本省(直辖市)提供服务;允许在试验区内设立外资经营的娱乐场所。

福建自贸区的成立给台商提供了新的平台和契机,促进闽台经济更紧密地交流。带有鲜明对台特色的福建自贸区不仅将加速两岸经贸对接合作,深化两岸经济合作探索新模式,其设立为台湾发展带来新契机。从总体规划看,福建自贸区要率先推进与台湾投资贸易自由,重点承接台湾产业转移。同时,支持自贸试验区内品牌企业赴台湾投资,促进闽台产业链深度融合。

在 ECFA 架构下,福建自贸区充分发挥对台的独特优势,先行先试,开放对台服务贸易,简化台湾商品进口手续,台湾车辆可以进入自贸区,台金融机构可享受绿色通道,允许台企投资农作物生产服务贸易、产业合作、货物贸易、金融合作、人员往来等五个方面,共 82 个对台创新和扩大开放项目中有半数为制度创新。

此前,大陆提出建设海西经济区,台湾反应平淡,台商对于投资平潭岛热度不高。现在,福建自贸区一口气包括平潭、厦门、福州三地,其综合吸引力将大大增加。

福建自贸区深化两岸经贸合作对接,是台湾企业布局大陆和全球市场的桥头堡,因而,目前台湾较为保守的两岸经贸合作制度,必须进行较大幅度的调整,才能借力福建自贸区打开台湾的机会之窗,实现台湾经济转型升级。

此外,福建也是"一带一路"倡议中的"21 世纪海上丝绸之路"的核心区,台湾正位于"21 世纪海上丝绸之路"的关键,这将为台商与福建自贸区进行更深度和更大范围的经贸合作提供机遇。

"面对福建自贸区设立,台湾不能置身于外,必须积极把握契机,应对即将成形的新区域经济形势",台湾中华经济研究院大陆经济研究所所长刘孟俊表示,在区域经济整合已成为全球风潮的情况下,台湾正面临服贸卡关、货贸延宕及自由经济示范区条例躺在民意机构内的困境,"台湾若不能尽速通过自由经济示范区条例,向大陆对等开放,实现与福建自贸区对接,在参与区域经济整合方面将很难有突破性的发展"[①]。

[①] 孙金诚:《福建自贸区启动两岸经贸对接合作"新引擎"》,《人民政协报》2015 年 4 月 25 日。

与此同时,在鼓励非公资本进入文化产业等政策引导下,福建的民营资本挺进动漫游戏、数字印刷等领域,涌现出一批民营龙头文化企业。如福建鸿博印刷有限公司等三家民营印刷企业相继上市;全省民营影视制作经营机构已达34家,占全省影视制作机构总数的58.6%。

从台湾和福建文化产业的政策发展来看,既存在共性也存在差异。从上述资料可知,闽台文化产业政策均具有稳定性与连续性;闽台各自都为产业发展提供全方位、多层次的政策支持;随着宏观环境的变化及文化产业的发展,闽台的文化产业政策处于持续的动态变化之中,灵活性强。

三、闽台文化产业政策的共性与差异

在政治环境和各自所处的产业发展状况的差异背景下,海峡两岸的文化产业政策既有发展共性又有差异。

1. 两岸文化产业政策的共性

两岸文化产业政策的共性主要表现在以下三个方面:

(1)文化产业政策的稳定性与连续性突出。从文化产业发展战略方面看,大陆和台湾的文化产业发展战略都比较具体,具有稳定性和连续性。自十六大以来,大陆文化产业发展增速明显加快,战略目标的连续性更强。文化产业政策的内容方面,大陆与台湾都关注文化产业的发展,特别是对于重大文化产业项目,常采用"走出去"战略发挥对业态的带动作用。另一方面,大陆文化产业发展政策的制定和执行带有紧迫感和跨越性,但政策合规性和完整性略显不足,文化产业发展政策修订有较大的进步空间。相较于台湾,其阶段性和与百姓生活的切合度尚不足,这也成为大陆文化产业发展起步较晚的重要影响因素。

(2)文化产业发展享有全方位、多层次的政策支持。文化产业是新兴产业,其发展和创新离不开政策的有力支持。以大陆为例,从2001年起政府出台的关于文化产业发展的相关政策中,既包含综合性的政策,以《国家"十一五"时期文化发展规划纲要》《文化产业振兴规划》为代表,也不乏涉及细节性的具体意见,如《关于支持文化企业发展若干税收政策问题的通知》《关于金融

支持文化产业振兴和发展繁荣的指导意见》,还包括针对具体行业的鼓励性指导意见,如《关于扶持中国动漫产业发展的若干意见》,等等。

台湾鼓励文化产业发展,在产业环境分析的基础上设计了旗舰计划,注重资金筹集、人才开发和新技术的研发等,十分精细化。

(3)政策的发展根据产业发展和时代进步不断变化,灵活性强。截至目前,两岸的文化产业政策正处于从概念提出到产业结构优化改革,再到精细发展,行业进一步法制化规范化,确保市场活动顺利进行的良性发展过程。产业发展处于不同周期,政策需要解决的问题千差万别,产业地域化发展失衡、地域文化发展差异显著等问题使得政策环境较为复杂。

文化产业发展初期,政策焦点还停留于概念,发展的第一要义是辨别其内涵和外延,为文化产业下定义。大陆方面,文化部于1998年设立文化产业司,2002年的十六大报告针对发展文化产业的发展提出明确的支持性意见,大陆文化产业开始发力。台湾方面,2002年相关部门发布《文化创意产业概况分析调查》,台湾文化产业发展进入雏形期。

经历了发展初期的蹒跚学步,两岸文化产业政策将发展焦点放在产业结构的战略调整和产业实力的发展上。这一阶段最具代表性的政策是2006年发布的《国家"十一五"时期文化发展规划纲要》和2002年台湾地区发布的"挑战2008:台湾发展重点计划——文化创意产业发展计划"。

2009年和2010年,大陆和台湾相继发布《文化产业振兴规划》和"文化创意产业发展法",两岸的文化产业发展进入纵深发展、法制规范的阶段。当然,不可忽视的是,在法制环境建设中,大陆与台湾还存在一定差距,亟待完善。

2015年,随着福建自贸试验区的设立,福建支持文化产业发展的政策更趋灵活。

从两岸文化产业发展政策的阶段性变化来看,一方面体现两岸政策的灵活性,另一方面也反映文化产业政策所处环境的复杂多变。

第四节　台北市文创产业政策历史演变与经验

文化创意产业是文化、经济和科技高度融合的产物,其发展成败与当地政府主导的政策和辅助措施有关,也直接关系城市的未来。根据《远见》杂志2012年针对"创意城市"进行的调查,以人才、科技、经济、文化艺术及社会五个面向作为衡量标准,台北市因富于创新思维及内涵荣登冠军宝座。《两岸城市文化创意产业竞争力研究报告2015》显示,两岸城市"文化创意产业综合竞争力"前十名是北京、上海、深圳、广州、杭州、台北、天津、成都、重庆、西安;在"文创实力"单项上,台湾城市的排名是台北、高雄、新北、台南、台中、桃园。台北市文化创意产业发展及带来的经济效益在台湾文化创意产业中居于首位,文化与创意是如何成为台北城市文化发展、改造、竞争力的驱动引擎,成为当政者引以为傲的"市政成绩单"?台北市文化局如何把握台湾当局及台北市的文化政策资源并加以有效运用?台北市的文化创意产业政策取向发生了哪些转变?诸多问题的指向与探讨突显了文化政策对于促进文化创意产业发展的重要性。本节从台北市文化政策及更细部的文化创意产业政策出发,探索台北市文化创意产业的政策演变、发展趋势、政策实践、经验启示与不足。

一、台北市文化创意产业发展的政治历史语境

随着20世纪90年代以来"文化创意产业"在台湾的形成与发展,考察官方文化政策的转变,洞悉其背后隐藏的文化艺术在当代社会的价值成为热潮。1998年,联合国世界文化发展协会在斯德哥尔摩的文化政策国际会议上提出文化政策的五项目标:将文化政策视为发展策略的关键之一;鼓励发挥创造力与促进参与文化生活;强化政策与实践以推广文化产业,保护与提高文化遗产的价值;在当前信息社会中,为了信息社会的发展,保护文化和语言的多样性;为文化发展提供必需的人力与财政支持。不言而喻,文化政策触及文化与经济关系的诸多层面,文化创意产业的兴起与蓬勃发展更促使文化政策与经济政策进行相应整合,这彰显了文化对于经济的贡献。正如澳大利亚政府在名

为"创意之国"的文化政策中指出:"文化政策就是经济政策,文化创造财富……文化增加价值,并对于创新、营销与设计具有不可或缺的贡献。"①龙应台则更明确地将文化政策比喻为一套政府机制,以文化发展为目标,将政府各部门的大小政策进行整合;因此,文化政策的体现即是资源分配——受到重视的项目能够得到资源,得以迅速发展,长期得不到资源的文化,则可能慢慢萎缩、凋零。

文化创意产业政策属于文化政策,考察台北市文化创意产业政策的形成与发展,必然要认识与了解当代台湾以及台北市文化政策的历史演变。从20世纪90年代中期"文化创意产业"概念在台湾文化场域中正式登台亮相开始,台湾地区的文化政策发展经历了几个重要发展阶段:第一阶段:1993—2000年的"社区总体营造"政策;第二阶段:2000—2008年民进党时期的文化政策;第三阶段:2008年之后国民党时期的文化政策。综观当代台湾文化政策的变迁,可以发现其"五大转向":"一是从文化政策的意识形态主导向经济思维转变,二是文化政策从'中心主义'转向'去中心主义',三是文化政策从'地方主义'主导转向地方化思维和全球化思维并重,四是从两岸对立思维主导转向推动和促进两岸文化的交流与合作,五是从全球性与地方性的二元冲突到'全球地方性'观念的转换。"②正是在这样的状态下,台湾文化创意产业政策应运而生并不断发展完善,成为当下台湾文化政策的核心内容。

在文化政策大框架下,20世纪90年代以来台湾的文化创意产业政策经历了几个发展阶段:第一阶段:20世纪90年代地方重建运动与文化创意产业政策的兴起。地方重建运动无疑是研究台湾文化创意产业兴起不可忽略的背景,"文化创意产业"概念亦首先出现于"社区总体营造"施政方案,"文化产业化,产业文化化"策略被纳入"社区总体营造"政策体系,催生"文化创意产业"政策的最初形态。文化创意产业在台湾的兴起,被视为拯救"地方"与活化"地

---

① 王俐容:《文化政策中的经济论述:从精英文化到文化经济》,《文化研究》2005年第1期。

② 刘小新:《文化产业在台湾:观念与政策演变》,魏然主编:《台湾文化产业论稿》,吉林人民出版社2010年版,第35页。

方"的一剂良方。

第二阶段:"挑战2008:台湾发展重点计划"与文化创意产业整体政策的初步形成。2002年,台湾当局将文化创意产业列入《挑战2008:台湾发展重点计划》十大重点投资计划,这标志着文化创意产业政策在台湾正式落地。该政策内容有五个:成立文化创意产业推动组织,由经济主管部门、文化主管部门和教育主管部门共同成立文化创意产业推动组织,负责研究制定文化创意产业发展规划和政策措施;培育艺术、设计及创意人才;整备创意产业发展的环境;促进创意设计重点产业发展;促进文化创意产业发展。

第三阶段:2008年"二次政党轮替"后台湾文化创意产业政策的新发展。2008年,马英九就任台湾地区领导人,文化产业政策有所变化。马英九团队的文化政策纲领的规划内容包括:第一,以文化作为21世纪首要发展战略——文化优先,文化领政;第二,以观光作为领航旗舰产业——高科技眼光,大文化内行,开放务实;第三,发展文化创意产业,开启全球市场——鼓励原创,提高质量,加入全球市场;第四,以文化创造"和平红利"——以艺文、思想、公民社会价值来发挥"文化的作用"。① 马英九团队的文化创意产业政策是"产业再造与全球连接"经济政策的重要组成部分,从其政策可以看出,台湾文化创意产业已经变化:第一,以国际化思维开启全球市场,摆脱民进党"本土主义"的封闭性思维;第二,抛弃"两岸对立"的意识形态,重构华语文化创意产业的概念框架;第三,完成文化创意产业政策的经济转向与台湾"核心价值"重建的接合;第四,鼓励创意研发与重点培育本土文化优势产业;第五,促进台湾价值输出,全面开放两岸文化交流。② 2016年5月,民进党上台后,台湾文化政策的制定与执行的情况有待进一步观察。

二、台北市文化创意产业政策发展与演变

台北市是台湾的政治、经济、文化中心,其文化创意产业发展亦领先于其

---

① 马群杰:《台湾地区文化产业与文化营销》,科学出版社2011年版,第75页。
② 刘小新:《文化产业在台湾:观念与政策演变》,魏然主编:《台湾文化产业论稿》,吉林人民出版社2010年版,第40页。

他城市。自台湾当局2002年提出"挑战2008"台湾地区发展规划,台北市政府延续台湾当局的策略,大力推动文化创意产业发展。

(一)台北市文化创意产业政策之体系架构

1999年,台湾地区第一个地方文化事务专责机构——台北市文化局正式成立,这一举措对强势推动台北市文化创意产业发展有巨大促进作用。该文化局以"文化深入生活、传统开出现代、本土走向全球"作为方向,在文化创意产业发展政策方面占主导地位,确立了五大关键发展理念——促进异业结合,扩大全球市场,推动文化观光,提高政策效率,强化研发能力(见图1-3)。

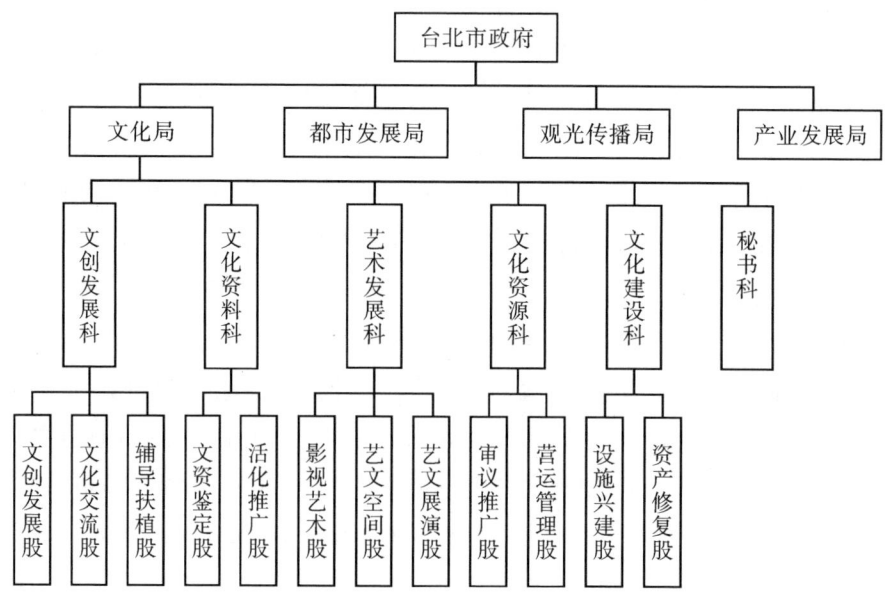

图1-3 台北市文化创意产业政策推动之组织架构

2009年的《台北市产业发展策略研究报告》指出,台北市文化创意产业发展方向有三:发挥人文创意,目标是"强化经营环境、营造创意氛围";推动知识创新:目标是借由"推动策略性产业的发展,引领知识创新";建立市民安心活力的价值:目标是由市民生活环境出发,建构"永续智慧生活,打造在地价值"。在产业定位方面,主力产业为金融服务业、流通服务业、资通讯产业;中坚产业为文化创意产业、观光休闲产业、医疗照护产业、会展产业;新兴产业为数字内容、生技制药与绿色产业(见表1-1)。

表1-1 台北市文化创意产业发展规划及架构

功能面： 强化经营环境 营造创意氛围	推动产业法案，敦促法规松绑	
	提升都市土地利用效能	
	活用多样化资金手法，协助产业发展所需资金	
	开发产业告知人才与引进	
	协助研发成果商业化	
	实体群聚与虚拟网络双向交流	
	强化海内外联系条件	
产业面： 推动策略产业 引领知识创新	主力产业	1.金融服务业 2.流通服务业 3.资通讯产业
	中坚产业	1.文化创意产业 2.观光休闲产业 3.医疗照护产业 4.会展产业
	新兴产业	1.数字内容 2.生技制药 3.绿色产业
价值面： 永续智慧生活 打造在地价值	亲山乐水	
	智慧便利生活	
	打造在地价值——就业活力	

(二)台北市文化创意产业政策之发展演变

台北市文化局自成立以来共有8位局长，依次是龙应台、廖咸浩、李永萍、谢小韫、郑美华、刘维公、倪重华、谢佩霓。首任局长龙应台主张以"文化深入生活""传统开出现代""本土走向国际"作为工作的发展方向，努力推行"文化与教育结合""文化与社区结合""文化与产业结合""文化与国际结合"，企图建构台湾地区第一个"辅导而非指导的文化局"——"市民的文化局"。龙应台主张联系文化与产业、本土与国际，提出将闲置空间再利用成为"文化空间"，对台北市文化建设及文化创意产业发展产生重大影响。

第二任局长廖咸浩则提出以"有情文化"和"美感城市"落实"文化就是生活"的理念。廖咸浩任内主要致力于六件工作：设立"台北市文化创意产业发展委员会"并出任执行长；出版《台北市文化发展白皮书纲要》，初步规划台北市文化产业发展路线图，引导文化创意产业成为台北市的旗舰产业；提出将台北市建设成为华人世界文化中心的理念；推动"育艺深远"小学艺术扎根计划；推动"艺企相投"媒合艺术及企业文化机制，举办"公共艺术""台北学研究""汉字文化节""艺响空间网""艺文组织誉扬作业"等活动，推广文化就在巷子里、大城市小人物、艺术季、艺文补助、古迹保存及活化、两岸及国际文化交流等软硬件计划；倡导"文化政策是更激进的文化研究"观念，积极引导文化理论界重视文化政策研究。

第三任局长李永萍提出将台北市打造成为"文化创意之都"，设置"台北文化设施发展基金"，加速文化设施之兴建、修复与再利用；推动"台北市文化基金会"转型成为策办重大艺文节庆与营造重要艺文馆所的机构；成立"台北电影委员会"，振兴影视产业发展；推动台北市创意地图双L形产业轴带，在既有基础上筹办重要文化设施，如"台北艺术中心""北部流行音乐中心"。

第四任局长谢小韫在前三任局长的基础上继续开创新局，从强化"文化社区化、产业化及国际化"三方面着手，协助文化事业朝产业化规模发展；在文化观光、城市营销及台北学等方面，让台北保有竞争力。

第五任局长郑美华于2011年8月就职，主要针对多元性公共文化议题，致力于与各界沟通并聆听各界意见，汇聚创意人才共同将台北市打造成为"文化创意之都"。

第六任局长刘维公提出"让台北市成为城市文化治理的新典范，提供市民最优质的文化生活"，主要从四大方面推动文化创意产业发展：健全文化生态，为台北城市文化发展提供根基；争取成为世界设计之都，加速台北市的改造；发挥创造力，增强台北城市的优势竞争力；养成新世纪的文化治理思维，采取新措施。

第七任局长倪重华在任时间较短。

第八任局长谢佩霓于2016年2月1日就职。

台北市文化局历任局长都十分重视文化创意产业的发展，为台北市文化创意产业的规划与发展做了很多实务性工作。"改变台北，从文化开始"，这是现任台北市市长柯文哲的选举纲领，他宣称要"将决策及资源运用还给文化人，将文化政策的决策权力还给专业"。正如台湾学者所言：充满魅力的"文化人"的局长才能形塑出充满魅力的"文化大城"。

(三)台北市文化创意产业政策之发展取向

台北市的文化创意产业在政策、经济、科技、创意人才聚集、文化与信息等方面都有其他城市无法比拟的优势。"台北市文化创意产业聚落调查计划""台北市文创产业扶植计划""台北市更新整建维护规划""创意城市发展策略规划及行动方案""台北市艺文补助暨奖励自治条例施行细则"以及影视产业方面的辅导金政策、票房奖励补助、国际影展参展补助及奖励、岛内营销补助等一系列政策，有效地促进了台北市文化创意产业的发展。台北市文化局是台湾地区第一个地方文化事务负责机构，对文化创意产业的政策规划拥有重要决定权，自然成为焦点。简要梳理台北市政府和文化局历年的施政纲领可以清晰地发现台北市文化创意产业政策的发展取向与演变脉络。

从龙应台提出以"文化深入生活"来发展台北文化创意产业开始，"人文台北""文化台北"的概念就扎根于台北市文化建设之中。"文化台北""创意台北"的理念在台北市文化局年度施政纲领中不断明晰化并得到有效执行，尤其是2010年以来，更为明晰。2011年，台北市文化局积极推动文化创意产业发展，研拟文化创意产业发展自治条例及文化产业发展方案，力争将台北市打造成为亚太地区文化创意产业的营运中心。筹办台北世界设计大会，力图打造引领华文世界的"文化创意之都"。2012年则明确将"申办2016年世界设计之都"纳入施政纲略重点。2013—2016年，台北市文化局借由"文化领航"整合型旗舰计划创新的思维与做法，积极推动"文化台北计划""设计之都计划""创意聚落计划""老房子文化运动计划""文化云计划"，致力于让台北市成为华人社会中城市文化治理的新典范。其中"文化台北计划"包含"表演台北""艺术台北""书院台北""人才台北"四个子计划，旨在形塑台北城市特色，创造发展优势,通过影视音产业吸引民间资本,与公共部门携手共创荣景。"世界设计之都计划"以"不断提高的城市,设计实现生活"为愿景,持续城市改造运动,共同打造台北市,使其成为宜居美好的城市。2016年,台北市文化局施政重点除上述计划外,还增加了"文化科技产业政策计划",整合台北市公、私部门之文化创意与文化观光产业的文字、声音、影像内容,打造有内容、知识、传播、导览、交易五大功能的"台北文化云",让全世界透过云端,体验台北的美学生活与城市温度。不言而喻,上述一系列政策的取向与不断完善推动台北市文化创意产业的繁荣发展。

三、台北市文化创意产业政策实践

(一)利用闲置资源,拓展文化产业发展空间

20世纪90年代以后,闲置空间的再利用逐渐成为世界性潮流,政府也积极介入其中,出台相应政策配合改造。"从1996年台北市政府首次提出'空间解严'与重划'台北文化地图'到1999年底台北市文化局明确确立'闲置空间'再利用为文化空间的理念,再到2000年台湾文化主管部门全面推行'闲置空间再利用'政策"[①],"闲置空间再利用"逐渐成为新世纪以来台湾地区文化政策的重要内容,主要有两条发展脉络——活化再利用闲置厂房和商业用地,活化再利用传统历史建筑和古迹空间。随着文化保存范围的拓展和工业文化遗产观念的形成,这两种利用方式交相影响。

1.闲置厂房和商业用地的再利用

这方面的典型案例有华山1914文化创意园区、松山烟厂文化创意园区、台北啤酒文化园区、士林纸厂文化园区。这种以导入文化创意新理念进行的都市更新,成为台北城市空间文化再造的关键。

(1)华山1914文化创意园区。华山1914文化创意园区前身为台北酒厂,1999年成为非营利性的公共文化艺术空间。2002年后重新规划,"华山"空间成为"文化创意园区",该规划于2005年年底真正落实。2007年,相关部门将

---

① 魏然:《台湾文化产业论稿》,吉林人民出版社2010年版,第105页。

其定位为推动台湾文化创意产业发展的旗舰基地,重点发展文化创作、跨界艺术展现与生活美学等文化项目,涵盖文化创意的创作、制造、加值、流通、消费端等所有环节。据统计,"一年创造的价值达15亿新台币,其中,台湾文化创意发展公司2012年营业收入为1.2亿新台币,园区内店家经营收入达3.6亿新台币。此外,到华山举办展演的机构收取的门票、赞助和相关产品的衍生收入达10亿新台币"①,该园区已成为台北市最重要的创意设计集聚中心和表演艺术展演空间。

(2)松山文化创意园区。松山文化创意园区前身为专卖局松山烟草工厂,1945年改为台湾省烟酒公卖局松山烟厂,1998年变成闲置空间,2002年在历史建筑保存的基础上重新规划转换为文化产业园区。该文化创意园区结合历史空间与文化创意产业活动,重点发展设计产业、视觉产业、跨界表演。目前松山文化创意园区已成为台北市举办各种艺文展演和大型文化体育活动的主要场所,至今已举办艺文创作、设计产业、视觉产业及跨界展演等多项活动。台北市文化局致力于将其打造成台湾创意设计育成中心和文创跨界合作交流平台。

(3)台北啤酒文化园区。台北啤酒文化园区前身为1919年"高砂麦酒株式会社"。2000年,台北市文化局将啤酒厂认定为古迹,逐渐改建为"台北啤酒文化园区",建成后举办了一系列有影响的文化创意活动。目前,台北啤酒文化园区已成为台北市文化创意产业发展的重要空间。

2.传统历史建筑和古迹空间的再利用

为强化古迹审查的规范化和客观性,1999年11月,台北市文化局设立"古迹暨历史建筑审查委员会",积极展开市区内古迹、历史建筑的清查与登录工作,在将历史建筑和古迹空间转化为艺文空间方面取得较好成效,在一定程度上弥补了公共设施的不足。例如,建于1953年的台北市政府养工处和台北捷运公司办公室,借鉴了伦敦、巴黎等国际大都市创办艺术村的模式和经验,成功转换为台北市国际艺术村,作家、音乐、戏剧创作等方面的艺术家皆可申

---

① 王荣文:《华山经营术与文创未来式》,《财讯杂志》2013年第419期。

请进驻;日据时期的"建成小学校"通过空间再利用重新规划改建为台北当代艺术馆,以视觉艺术使用为主;建于1906年的日本宪兵分队所,后为市政府警察局办公场所的巴洛克风格建筑规划转化为牯岭街小剧场,以社区戏剧教育为主;1908年所建的台北三级古迹西门红楼再利用为红楼剧场,作为戏剧、演奏展演场地等文化休闲场所;建于1936年的公会堂(后改为中山堂)再利用为演艺界表演场所,以乐团、剧团、音乐展演、比赛等表演为主;"私人建筑"林语堂故居、钱穆故居则由图书馆调整为以文学、讲座结合参观为主……这些空间的释出和再利用为台北市文化创意产业的发展繁荣打下坚实基础。

(二)打造世界设计之都,提升城市国际能见度

台北市为人文汇聚地,拥有不少优秀设计人才,据《全球设计观察》报告,2010年台湾的设计竞争力排第13位,在台湾每10家设计企业就有3家位于台北市。近年来,台北市更是注重于"设计之都"的打造。2011年"台北世界设计大会"及"台北世界设计大展"等国际性盛会成功举办,进一步提高了台北市的国际知名度和影响力。2012年台北市更是积极竞逐"2016世界设计之都",期望在智能生活、生态永续、生活质量、都市提高等方面进一步提高市民的幸福指数。据悉,"世界设计之都"是国际工业设计社团协会(Icsid)于2005年发起的全球性活动,历次获选城市为意大利都灵(2008年)、韩国首尔(2010年)、芬兰赫尔辛基(2012年)以及南非开普敦(2014年)。为争取成为"2016世界设计之都",台北市秉持"以人为本的设计"理念,启动一系列城市改造。为此,台北市设立专案办公室,积极开展相关筹备工作。

具体工作从以下几方面展开。一是拟定世界设计之都政策,该政策落实"以人为本的设计"理念,一方面追随"社会设计"的时代发展潮流,鼓励设计师投入城市改造运动;另一方面以"设计是现代公民应有的生活素养"作为推广目标,以成果吸引市民了解设计,感受设计,努力使台北市成为全球创意之都的典范。二是筹办世界设计之都官方活动,台北市于2014年正式与设计之都主办单位国际工业设计社团协会(Icsid)签约,双方即着手讨论规划官方活动。2015年年底,举办跨年设计活动。2016年持续举办各项官方活动——国际设计晚宴、国际设计政策论坛、国际设计师周论坛、国际设计城市展、国际设计网

络会议、设计之都交接仪式。三是持续实施设计导入公共政策专案,该计划于2012年执行,强调三大精神——"共同创造""市民需求""设计创新",五大核心面向——"生命健康""生态保育""都市再生""智能生活""生活产业"。针对三大精神和五大面向,积极邀请产官学界专家与设计者加入,鼓励社会大众参与,寻找设计导入公共政策的解决方案,将台北打造成为具有设计远见的城市。四是开展申办相关工作。以"好感度"(建立设计之都的台北品牌价值)、"联结度"(争取两岸设计专业人士的支持)、"参与度"(让设计成为全民运动)作为城市行销手段,展开宣传活动;采取社群网络媒体、座谈会、工作营、竞赛、展会等方式,吸引市民参与其中,以此扩大影响力。另外,2016年开始施行台北声音地景计划,该计划选择台北捷运作为声音地景计划主轴,运用大众捷运站特殊的空间、声音、人等元素作为创作源,期望市民借由"听觉"体验台北独特的城市风貌。

为争取成为"2016世界设计之都",举办系列活动。例如,"台北巡回许愿站"活动于2012年12月开启,"截至2013年4月,已举办五场,累计逾5 000名市民响应。市民们许下城市心愿,用文字及涂鸦共同完成'I Love TAIPEI'图案和由近6 000颗心愿石排成的'2016WDC'(World Design Capital)大型公共艺术"。为配合台北市申办2016年"世界设计之都",自2012年起,每年10月固定举办"台北设计城市展",通过多元的展览手法,介绍全球设计业的发展趋势与台北的行动方案。

(三)以创意文化为引领,催生都市空间文化治理

20世纪70年代,台北市试点开展都市更新活动,80年代,市政府大规模发起都市更新活动,着重于重建。随着经济发展、人们生活习惯的改变以及台北捷运的开通,90年代台北城市发展中心向东转移,东区快速发展,西区(传统旧市区)的万华、中正及大同区却持续衰败。1993年起,台北市政府奖励民间开展都市更新活动,旧市区开始更新。1998年台北市市长提出"翻转轴线、再造西区"的口号,成为台北都市更新的目标。应这一政治口号,2000年开始"万华区整体再发展计划"以及一系列追忆西区历史的文化活动。从2001年开始,台北市每年举办"都市彩妆活动",融入景观、人文与历史。这个活动

"不但赋予空间更多新生的可能,也重新诠释了空间与生活的意义,建构出另一种生活美学的城市价值",可以说是台北都市再生的前哨。此后,2001年的《台北市都市更新自治条例》和2004年成立的"台北市都市更新处",积极推动台北的都市更新。都市发展以文化创意作为都市再生的方向,这个方向不仅是内部力量推动所致,更受许多海外案例的影响和许多学者对创意都市的推崇,尤其是Charles Landry与台北市都市更新处合作举办多次的讲座和工作坊。

在经济发展与社会变迁过程中,台北地区许多旧建筑、厂房被闲置而未被有效利用,造成资源浪费、周边地区经济竞争力衰退等问题,这逐渐引发台北市政府的关注。随着强调可持续发展和城市整体发展观念的深入,以着重整建和在地文化延续的都市再生逐渐替代以重建为主的都市更新。在全球提倡"都市再生"的背景下,2010年5月台北市都市更新处发起"都市再生前进基地"(简称URS)行动计划,借助艺术与文化的介入,促使都市再生。2012年台北市都市更新处邀请Charles Landry担任创意空间策略咨询顾问,推动URS计划,利用文化创意产业盘活既有公有闲置空间,打造创意基地或创意聚落。该计划旨在促成闲置空间再利用,以创意文化的方式保存地方历史文化记忆,让都市再生成为台北市民的共识与集体主张,进而带动产业经济发展。"都市再生前进基地"计划聚焦老旧空间再利用的舍弃过去对闲置空间的使用方法,不再仅关注老旧建筑的修缮与维护,更着重于带动整个社区的文化发展和城市再生。URS基地共有七个,URS13"南港瓶盖工厂"要成为北部流行音乐中心先行基地;URS21"中山创意基地"要成为都市创意产业育成基地;URS127"127设计公店"目前用于展出淡江大学建筑系学生毕业作品、成果;URS44"大稻埕故事工坊"试图成为大稻埕历史街区故事咨询交流平台;URS155"创作分享团"试图成为大稻埕生活创作基地;URS27W"城市影像实验室"用于影像展览、放映;URS27"华山大草原"试图成为"华山快乐月台",与市民分享创意活动。

(四)结合区域特点,推动文化创意产业集聚发展

2010年,被台北市定位为"文创元年",当年开始制定"双L台北文创群聚

推动计划"，借此整合各方资源和各方力量，推动该市文化观光营销，进而提高全球能见度。该计划试图串联台北既有的特色文化创意街区、创意市集以及文化创意产业园区，在空间上形成两个 L 形轴带，即台北市旧铁道与中山北路沿线，罗斯福路与西门迪化街。横轴上，串联台北市政经核心区之旧工业遗址；纵轴上，联结大型文化基础设施以及既有的特色商圈。

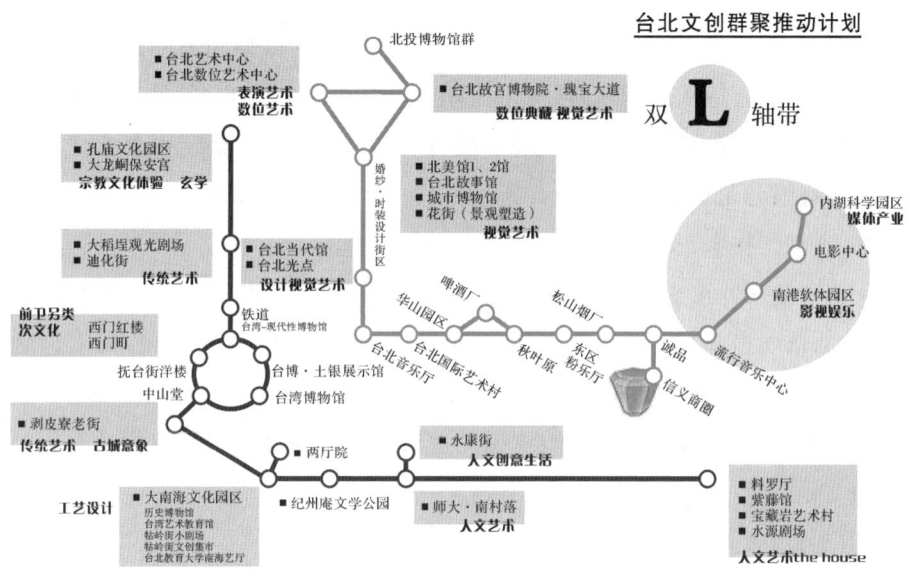

图 1-4　台北市双 L 形文创群聚推动计划

为配合"双 L 台北文创群聚推动计划"，台北市文化局规划了松烟文化创意产业园区、11 个创意街区以及三年（2011—2013）"台北人情 WAY"创意街品展，利用"i 台北，创意街区地图"、文化创意讲座、名人带路街区巡礼等方式进行创意街区行销。其中"i 台北，创意街区地图"在双 L 轴带上规划 11 个创意街区，即粉乐町街区、民生社区街区、北投温泉博物馆街区、西门町街区、温罗汀街区、牯岭街区、中山双联街区、永康青田龙泉街区、艋舺街区、天母创意街区以及台北故宫博物院—东吴大学—实践大学街区。台北市文化局依据 2010 年创意聚落调查结果，结合现有的双 L 形文创产业轴带及文创产业园区，为从业者提供进驻及产业辅导等服务，推动发展文化创意产业聚落。创意

053

聚落计划2013年开始实施,主要包含两方面内容:一是以城市街区能量作为发展基础,主要通过开展漫步、讲座等活动吸引民众共同体验各聚落的创意生态;辅导聚落及其街区成立街景自发性管理组织。二是以城市大型空间作为创意聚落发展基地,重点建设松山文化创意园区A、B两区。其中A区(古迹本体区)定位为"台北市的原创基地",其目标为"培养原创人才、扶植文创产业创新发展",通过策办文创展览、艺文活动、交流座谈会等活动,扩大松山文创基地影响力;利用松山文创园区古迹区现有空间建立微型到国际化的文创产业培育机制,打造从原创到国际化的创作基地。B区(BOT区)采取促进民间参与投资兴建营运转移方式(BOT),吸引文创业者进驻。该区由台北文创开发股份有限公司负责整体兴建营运,内容包含文化展演设施、文创会所、文创商场、文创工作室、文创精品饭店及吃食文化主题餐厅。

为了使台北市成为重要的中华文化传承基地及艺文展演、人才与潮流汇聚中心,落实台北成为文化汇聚中心的目标,台北文化局在"双L形文创轴带"上兴建"华人创意设计中心""华人流行音乐中心""华人影视文化中心""华人艺术中心""华人汉字文化中心"等艺文展演设施,提供空间,建构具台北特色的文化创意产业群聚。

(五)加大多元资金投入,建立健全补助机制

为进一步发展"文化台北""创意台北",台北市文化局、都市发展局出台系列文化创意产业补助政策。2012年实施的《台北市文创产业扶植计划》,提供经营管理、行销、财务、法律、创新研发等咨询服务,有效促进文化创意产业的成长和繁荣发展。为鼓励文化创意青年以创意装点台北,带动周边地区发展,台北市将闲置空间整建维护补助首度纳入"文创产业",提供工程经费,上限七成五或一千万元。为进一步奖助民间艺文工作者或团体从事有关艺文之保存、创作、传习、展演,台北市文化局出台"台北市艺文补助暨奖励自治条例""台北市艺文补助暨奖励自治条例施行细则",补助范围包括:传统艺术活动;文化资产、民俗技艺之保存、传习、推广、出版、研究调查;艺术文化活动之展演、推广、创作、研习;促进文化交流之艺文创作与活动;艺文空间、设施之规划、营运管理、修缮、维护、购置及技术水准之提升;艺文专业人士之培育、研究、进修、考察及参与国际文化交流活动;民间艺术教育之推广、师资培训、教材研发与出版;与艺文有关之调查、出版、研究、开发、纪录、整理、保存及倡导;弱势团体及少数族群办理各项艺文活动。

台湾90%以上的影视制作、传播公司设立在台北市,为发展影视产业,增强本土文化软实力,2007年年底台北成立电影委员会,设立单一窗口协助影视拍摄。为直接鼓励电影创作,台北市文化局于2008年开始进行电影制作补助,补助电影有《脸》《一页台北》《霓虹心》《艋舺》《当爱来的时候》《大稻埕风云》等。2013年台北市政府制定台北市影视音产业政策,由文化局以原有的台北市电影委员会与台北电影节为基础推动设立"台北影视中心",该中心试图创设人才育成制片平台、创新技术媒合平台、国际市场营销平台、文化观光行动平台、亚太影视汇流平台,带动台湾影视产业蓬勃发展,成为全球华人影视中心。2016年度台北市电影补助预算为2 500万元,分两期进行补助,第1期于2015年10月6日至11月6日受理申请,第2期自2016年4月1日起至30日受理申请。为配合台北艺术中心兴建营运,鼓励演艺团队演出,培育本土剧场策划制作人才,自2013年起台北市文化局就不同规模的演艺团队与剧场人才进行专案补助计划,以健全表演艺术发展链带。为进一步激发和鼓励设计者的创造性,台北市文化局实施"设计补助计划",该计划为"2016台北世界设计之都"十六项设计导入核心计划之一,强调"设计必须要扩大影响力""设计必须有参与公众事务的实践力",借此计划让设计融入城市各方面,落实以人为本的设计理念。

四、台北市文化创意产业政策的启示与反思

(一)台北市文化创意产业政策的启示

1.善用政策资源,激发社会动能

台北市充分利用当局大型硬件建设、租税优惠等政策资源,为文化创意产业创造良好的发展环境。首先,检讨与修订现行法规。自2007年起着手修订"道路管理办法""公园管理自治条例"等法规,开放行人徒步区、公园广场,为公共空间注入文化艺术的氛围。其次,释放公共空间资源。自2007年开始在

西门红楼、十字楼广场等开办创意市集,借由文化创意产业,有效活化利用文化资产。积极清查整修现有闲置空间,协助艺文团体进驻。最后,设立产业服务机制。针对文化创意产业的发展与需求状况,陆续设立各种智库与服务组织,由公共部门率先构建整合性的组织或平台,结合产官学各界力量和创意理念,以有限的资源发挥最大的效益。

2.善于形塑故事,迎合市场需求

台北市文化创意产业之所以有如此大的影响力,主要得益于充分利用创意作为媒介,形塑出好的原创故事,引起民众的共鸣。台北市文化局局长李永萍说,台北文化创意擅长于将平常的事物,透过创意加以包装,以精致优质的方式呈现给消费者。因此,形塑好故事是增强台北市文化创意产业竞争力的重要途径。从电影《海角七号》的故事形塑到围绕这一电影形成的商机,都证明"形塑故事"的力量足以牵动文化创意产业的市场脉络。

3.善育核心竞争力,打造文化品牌

台北市拥有全台湾甚至全球华文社会最多元的文化元素和创意活力,在影视出版、网络多媒体、创意设计、工艺艺术、表演艺术、数字内容等领域具有很强的原创力。"原创"是文化创意产业持续发展的永续动力,从台北市文化创意产业发展规划以及系列文化创意产业扶植政策可以看出,台北市尤其注重文化创意产业核心竞争力的培育。从"创意台北""文化台北""世界设计之都"等计划的提出,可以看出台北不同凡响的文化创造力。此外,台北市以打造文化创意品牌为核心,通过参展、办展、参评国际奖项等多种方式,增强文化创意产业的国际影响力,强化文化创意产业的国际营销,协助企业或个人"走出去"拓展海外市场。

4.善聚创意人才,发挥聚落效应

台北市是台湾文化创意人才的聚集中心,据统计,台湾有七成以上的文化创意产业人才和团体聚集在台北。例如,为美国奥巴马夫人设计过礼服的吴季刚、拿到国际服装竞赛大奖的前卫服装设计师古又文、获得第五届日本国际漫画奖银奖的漫画家柯莹玫等,皆为台北市文化创意人才在国际发光发热的案例。台北市文化创意产业与传统的"先圈地后入住"模式不同,主导部门往往通过都市规划、产业脉络以及配套政策,协助文化创意产业聚落形成;透过交通系统、公共设施、文化创意中心等,形成覆盖全市之聚落,让文化创意产业在台北全面布局。此举使得台北市充分发挥"文化就在巷子里"的精神,有助于台北市文化创意精神的孕育。

5.善用"第三部门",优化资源配置

台北市文化创意产业发展过程中,第三部门扮演着不可或缺的角色。台北市文化基金会即是一个典型代表。台北市文化基金会成立于1985年6月,为市政府与民间共同出资成立的非营利机构。为永续策办艺术节庆活动,台北市文化局辅导文化基金会转型为重要艺术节庆与经营重要艺文馆所的常设机构。2008年起文化基金会经由市文化局行政协调与经费协助,分设不同艺术项目的项目执行委员会,主要肩负七大任务:大型艺术文化活动之策划与执行,如台北电影节、台北艺术节、台北儿童艺术节、台北艺穗节等大型活动;艺文馆所之营运管理,如台北国际艺术村、宝藏岩国际艺术村、松山文创园区、台北当代艺术馆、台北偶戏馆、西门红楼及电影主题公园;推动文化创意产业及相关活动策划执行;开展台北市电影委员会相关业务,协助影视产业发展;以整合营销推广艺术文化活动;国际艺术文化交流;承办企业或政府其他艺文项目。该基金会还致力于推动台北与大陆的文化产业交流与合作。此外,台北市城市文创交流协会、艺术文化环境改造协会、亚太文化创意产业协会、创意产业协会、电影文化协会、文化创意发展协会等各种非营利性组织,对台北市文化建设和文化创意产业发展繁荣起着至关重要的作用。

(二)台北市文化创意产业政策的反思

首先,受岛内政治环境、政治意识形态制约,政策的实效性在具体执行过程中大打折扣。正如台湾学者所言,台湾当局及地方行政主管部门执行文化创意产业政策时缺乏有效倡导,对推动文化创意产业政策之认知不够专业、清楚。"民意代表强力介入文化政策的关键绩效指标(KPI)、城市营销效果,并施以监督人潮、民意、观感,以及防堵弊案的渗入式文化管理,既把原属于典藏、育成功能的机构搞得不得安宁,也让应该潜移默化的文化生产变成早产儿,而文化政策制定者自己也一头窜进了文创政策迷航到现在。"①在文化创意产业政策措施的规划与合法化过程中,台湾当局和地方主管部门审慎研究分析,突破现行的行业划分,建立有效的数据资料;在政策执行过程中,应使有限的资源得到有效运用,适时透过政策评估,确认辅导过程的效益以及产业市场发展之优势与劣势、机遇与挑战。

近年来,诸如"商业考虑凌驾艺文专业"的质疑、"台北电影节"主席李烈因不堪官方介入而辞职等新闻屡见不鲜,这反映出台北市部分文化政策与文化界的期待存在较大落差。从台北市艺文界对台北市文化政策的焦虑以及对文化局局长遴选的非议也可以看出,台北市文化局在从意识形态的实践与社会控制角色转为辅助产业市场运作的核心部门的过程中对"文化治理"转型的讨论相对不足。② 一方面,由于台北市文化局人事更迭过于频繁,造成文化部门的任务中断和职权迷失,导致政策的重点不明;另一方面,由于文化政策本身包含公民文化参与权、文化成就的分享权、艺文工作者的创作及展演权、艺文教育普及化、让创意向市场延伸以及文化产品的消费刺激等多重任务,所以近年来台北市的文化政策越来越集中于"让创意向市场延伸"与"文化产品的消费刺激"这两个方面。③ 或许,文化权利和经济思维形成文化政策两个互相拉扯的职权,而使文化职权常常处在"开发不开发、保留怎样保留"的拉锯战中。此外,由于文化创意产业范畴广,相关政策面向非常复杂,台北市各部门对文化创意产业的总产值、GDP 占比、创意产业家数、就业人数的数据统计并不一致,此亦后续政策推动值得重视的问题。

其次,有些政策构想虽好,但与台北文化创意产业的现实基础与实践存在一定差距。台北文化产业研究人员多来自研究机构、大学院校、文化行政部门,对产业、市场并无实务经验,以学术理论为主,实务性弱。尽管有些文化创意产业政策构想非常有创意,但与台北市文化创意产业的实际发展存在较大

---

① 吴介祥:《终结文化政策的大迷航》,《今艺术》2016 年 2 月 16 日。
② 郑美华:《推动文化创意产业政策与政府治理模式的转型——政府与文化关系的再思考》,《公共行政学报》2008 年 6 月。
③ 吴介祥:《终结文化政策的大迷航》,《今艺术》2016 年 2 月 16 日。

差距。对此,有学者指出,台湾现有文化创意园区多采取 BOT 方式经营,如此做法使现有的文化创意园区多成为挂着文艺的复合式商场,不仅让文化创意园区徒有其名,也有过度商业化之疑虑,为文化表演、创作提供空间的初衷多少因此受到排挤。未来,文化创意园区的审查及规划必须更细腻,现有的园区应该加强辅导,使其明确定位、彰显特色。

形塑台北市成为创意城市的文化创意工作者只是披着光鲜亮丽外衣的"艺劳"或是"临时文化工人"。文化创意工作者表面上似乎获得较多展演的机会,实质上他们只是被政府和企业雇用为文化资本的生产劳工,作为中产阶级品位的象征工具,形成假性的波西米亚群聚,形塑海市蜃楼般的创意氛围。许多表面上以艺术文化创意为主轴的政策,往往并不关注创意人才的培育或城市创意的改善,仅关注使政策追随者、社区和市民相信,由艺术文化创意所架构之短暂且虚幻的美景。以创意为核心的新发展典范,"也缺乏足够经验研究的实质证据进行相关佐证或检讨,尤其是针对艺术文化创意如何被落实于都市改造的过程,及其相关工作者/族群所面临的真实处境和困难"等问题。[①]有学者敏锐指出,"文化政策向商业财团靠拢",需要补助、扶植的小公司或不在竞争体系中的非营利文化创意产业团体并未实质性地获得文化补助。

最后,作为沟通两岸关系的重要纽带,其文化创意产业的作用成效并不显著,有待加强。台湾文化创意产业管理者对大陆文化政策不够了解,前瞻性、可操作性不强。台湾文化人士商台玉曾在《台湾影视音产业未来将何去何从》一文中指出,台湾的影视音产业从来未系统性针对两岸市场,没有整体的策略规划,甚至对大陆市场长年采取眼不见为净的漠视态度。中国传媒大学文化发展研究院院长范周也指出,两岸民间交流虽然频繁,但全面开展尚未实现,希望两岸加快脚步,以文化创意产业的交流与发展带动两岸的交流与发展。从《"十二五"规划纲要》《"十三五"规划纲要》可以发现文化创意产业的蓬勃与生机,而台湾在马英九任期内,也有效推动了台湾与大陆文化创意产业的交流

---

① 邱淑宜:《城市的创意修补及文创工作者的困境——以台北市为例》,《都市与计划》2016 年第 1 期。

与合作。两岸文化创意产业具有强烈的互补性,台北是台湾地区的政治、经济、文化中心,如果文化创意产业管理者能够更好地了解大陆的文化政策、文化资源以及市场需求空间,大陆与台北市的文化交流合作将获得更良好的协同效应。

五、台湾文化创意产品知识产权保护政策与实践

两岸目前不约而同地走入创意产业时代。文化创意产业源自创意与文化累积,透过产权的形成与运用,具有创造财富就业机会潜力,促进整体生活环境改善。台湾地区顺应国际潮流,于2002年开始推动"挑战2008年发展重点计划",将文创业列为战略产业政策,"文化创意产业发展法"也于2010年2月3日公布。但倘若缺少知识产权的法律保护,则文创产品的最大获利者很可能将不是耗费心血的原创者,而是仿冒或抄袭的厂商,他们大量生产倾销,使原创产品因为价格较高而销售无门。如果有专利权、著作权或商标权等的知识产权保护法律,那么文创产品的原创者将能受到法律保护而得到经济利益及应有名誉,亦即具有原创性之作品的衍生性商品或者电影、动漫等复制品,原创者均能获得一定比例的授权费。换言之,文化创意产品的原创者,只要将其创作制造一次,即能授权给企业大量为商品生产及衍生性商品之复制而持续获利,例如《哈利·波特》除了英文版外,也发行中文本及拍成电影,从而获得庞大的授权金。因此,文创业唯有依赖知识产权的保护,使其文创品借由市场通路营销以获取利润,甚或就文创品生产数字内容等附属产品,才能广为流通而使消费者享有。所以文创业是知识经济,是依靠脑力、创造力密集的明星产业。

(一)知识产权如何运用于文创品

1.适用范围

2001年,英国文化部的《创业产业地图》,认为创意产业乃是包括电视、音乐、表演艺术、设计、时尚与游戏等的产业群。文创产业是借由个人创意、技能或才华等智能知识,凭借经验、智能累积而制作出的原创性作品;但在知识产权保护下不被抄袭仿冒,才有开创财富与就业机会的可能性。无独有偶,2003年新加坡亦提出理解创意产业的可视化思考,《新加坡创意产业对经济

贡献》一文强调应用著作权及其他知识产权来保护整个创意产业,请参见图1-5所示。

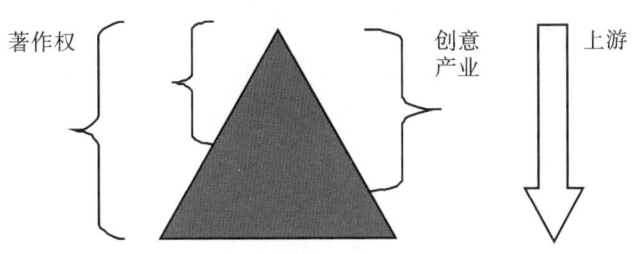

图1-5 创意产业聚落之组成

创意经济竞争中,唯有运用知识产权,方能保护创作人的财产权。一般而言,文创业中可能遭遇诸多法律争议问题,例如于公共场所播放音乐,是否侵害他人的音乐著作权或录音著作权?海报背景图案的设计有无侵害他人(尤其是欧美设计师)的图形著作权?工业产品的设计草图是否与先前设计图的概念或原创著作雷同而涉及抄袭?若产品或服务的logo(标识)设计与其他商标或著名商标相似,则将涉及淡化他人商标的侵权争议。倘若文艺创作者取得著作权、专利权或商标权,且善用其保护措施,则当不肖分子抄袭上述文化创意作品而低价倾销时,引用法律提出诉讼,保护文创业发展更形巩固。

举例而言,从早先的《哆啦A梦》到今天的《我的朋友很少》《凉宫春日》等影剧,都可以保护自己的经济利益,捍卫创作名气。即使是仅仅一部连续剧或电影,其剧本或角色的创作本身就具有著作权。进一步说,对于最终拍成的影片,也受著作权法对视听著作的保护。虽然台湾影片从业人员常会将该影片之著作权,依照"著作权法"第11条及第12条规定,将著作财产权归属于制片公司,但人格权仍然属于创作者本身,不可移转给他人。另外,也常见电影于拍片完成之后,除了母片外,它的再运用,例如DVD之出版、在线串流,或相关公仔、包装、游戏等衍生性商品的流通营销,也都受著作权保护。换言之,在上述之"跨产业""多层次"的合作中,知识产权对于具有原创性之文创商品,扮演着权利分享与义务承担的角色。例如日本的动漫产业,虽然是一种宅经济的文创产业,但也必须以知识产权来保护免于被模仿或抄袭,如此才有经济利益可言。

2.文创品适用知识产权的类型

世界各国和地区对于文创业的定义、范围与发展策略等商业布局方式难免不同,有些国家和地区认为表演艺术市场比较重要,但有些国家和地区却认为应该先发展工业产品设计。虽然发展的重点产业不同,但各国和地区都以文化与创意本质相结合为核心思考,并以知识产权作为工具,除了保护文创品与服务之创作人权利外,也可以提供大量的就业机会并且创造财富,这就是文创业的发展目的与战略。尤其在发展创意经济的同时,更可以提高一般民众生活之美学鉴赏与素养,使社会有品位的人愈来愈多!这样除了可以使台湾创意艺术与在地文化融入文创品中外,也可以创造中华文化品牌,借着文创品营销国际!为了达成上述目的,台湾当局原则上应对文创产业提供必要的资金或法律保护等,所以台湾的"文创法"第10条第1项、第2项规定:"当局应推广文化创意有价之观念,充分开发、运用文化创意资产,并落实于相关政策。当局用于有形或无形之文化创意资产支出,经济效用年限达二年以上者,应划编为资本门经费预算。"知识产权运用于文创业主要有四种类型——有形运用、无形运用、变形运用、混合运用。

"文创法"第12条第1项规定:"主管机关及当局目的事业主管机关得就下列事项,对文化创意事业给予适当之协助、奖励或补助。"其下第18款规定即为"知识产权保护及运用",从中可以看出台湾地区主管机关对于以知识产权保护文创业发展的重视程度。要特别说明的是,因为知识产权系属于无形资产,其性质与传统财产权或有形资产自然不同,所以文创品在"专利法"、"著作权法"或"商标法"的权利保护上,会比"民法"对于传统财产与有形资产的保障来得复杂①。"文创法"第12条第1项第5款规定:"主管机关事业主管机关得就下列事项,对文化创意事业给予适当之协助、奖励或补助……五、无形资产流通运用。"即说明台湾当局对文创产业的无形资产流通均提供必要协

---

① 陈运星:《知识产权与设计相关法规之简论——当设计遇上法律》,《五南》2010年3月。

助……应虑设置独立部门,整合文创产业的智慧财产制度的法律执行及其利益之保护,这样才能有效使用台湾及中华民族文创业的无形资产,营销到国际。

知识产权是新兴的"科技整合法学",应用得当能有效促进文创业的发展。在法理上,无形财产权不仅指法律对于有关创意之心智活动或创作作品赋予人格权及财产权上的保护,知识产权的法律主体与客体更是与民法制度保障动产或不动产制度有相当大的差别。① 知识产权法制之规范方式,并非由单一的一部法典或一则法律,而是由一组法律和行政命令而组成②,原则上一般认为智慧产权法系以《专利法》《著作权法》《商标法》《营业秘密法》《反不正当竞争法》为其核心,文创产业与上述的前面三种之关联性最大。表1-2说明与比较了《著作权法》《专利法》《商标法》的保护标的、要件、期间、取得保护之方法及其权利有效期间能否延长等问题③。

表1-2 专利权、著作权及商标权之比较

项目	专利权	商标权	著作权
保护目的	为鼓励、保护、利用发明与创作,以促进产业发展。	为保障商标权及消费者利益,维护市场公平竞争,促进工商企业正常发展。	为保障著作人著作权益,调和社会公共利益,促进工商企业正常发展。
保护客体	发明、新型、设计。	商标,指任何具有识别性之标识,得以文字、图形、记号、颜色、立体形状、动态、全像图、声音等,或其联合式所组成。	科学、文学、艺术或其他学术之创作。
保护要件	产业上利用性、新颖性及进步性,采注册保护主义。	具有识别性或第二意义之标志,采注册保护主义。	具有原创性之著作,保护著作之表达,采取创作保护主义。
保护期间	自申请日起算,发明专利20年;新型专利10年;设计专利12年。	自注册日起算10年,可不断延展使用年限。	自然人之著作终身加50年,法人、摄影、视听、录音、表演著作为公开发表后50年。

---

① 林洲富:《知识产权法》,《五南》2007年8月。
② 例如申请商标注册,除需了解商标法之规定外,对于"商品及服务分类表"也需明白。
③ 冯震宇:《了解知识产权》,《永然文化》1994年12月。

(二)知识产权对文创业的价值

1.设计专利与文创业

两岸目前正走在创意经济发展的时代,文创商品的外观设计已经成企业营销的竞争利器。完善、美丽且无瑕疵的文创商品包装设计,是企业在市场上获取利润与扩大文化影响的重要工具,忽略外观设计的文创产业,即使技术相同,但没有把民族文化结合商业模式的分享经济理念,也会赶不上时代潮流!成功的外观设计使消费者对产品特色、功能、文化故事及与艺术统合后的创新创意传达一目了然,有助于民族文化发扬、企业形象与市场的开拓。知识产权法律的保护势必进行,世界先进国家和地区亦对文创业及知识产权法制特别关注;在立法上虽然与《与贸易有关之知识产权协议》的规定难免有些不同,但其规范目的、内容及法律效果的相似性仍然相当高,以追求文创品的最佳分享并且会与国际市场交流便利。

文创品若要申请设计专利权,台湾主要采取实质审查制度,审查时间一般来说较长;大陆则采取形式审查制度,只要数据齐备,就能比较快速地完成审议。

虽然有些学者及业界认为,文创品的创意设计是属于"三不管"地带,因为著作权保护主要是适用于应用美术,但设计专利必须新颖才受到保护,难以认定文创品设计是否具有"新颖性",以致保护力薄弱。但2011年起,台湾已将"新式样专利"修改为"设计专利",文创产品外观的设计可以名副其实受到保护;也可以用文化来打造国际性品牌,营销全世界!目前两岸已经可以借由ECFA交流文创商品,为了防止文化创意被仿冒或抄袭,申请专利权保护是不得不为的商业发展策略。两岸在文创品之专利权审核与申请人员限制上有所不同,具有可专利性之文创品忽略专利申请,无异于创作人放弃自身权益。

2.著作权与文创业

文创业的核心是著作权,联合国及世界各国和地区制定政策时皆以"文化产业"为名,以著作为核心,提供听觉、视觉享受等产品之精神产业。狭义的文化产业,就是著作权所包括之出版发行业、网络服务业、广告业、计算机软件业、新闻业、广播业、影视业、信息业及数字服务业。广义的文化产业,除了前述之狭义著作权产业外,还包括表演艺术业、艺术创作业、艺术品业、娱乐业、文物业、教育业、体育业及旅游业;文化产业的核心是著作权。

美国对于著作权的财产权利益尤其注重,它将著作权产业分为四类:核心类著作权产业——对于有著作权之创作作品或受著作权保护的有形或无形产品,包括再创作品、复制品、衍生品与传播品。除了报刊、图书出版、电台或电视台广播、录音节目制作及CD光盘出版品外,还包括电影制作、戏剧演出、广告、计算机软件和数字产品。部分著作权产业——系指文创品实体中的有一部分具有著作权保护者。发行类著作权产业——系指对有著作权的文创品可以进行批发和零售,包括书店、信息检索业、大数据业、影片出租业及文化服务等产业。与著作权有关的产业指在流通销售过程中,与著作权有关的产品,例如计算机软硬件业、网络销售商业模式、数字产业、录像业、电视产业或影音艺术服务业[①]。

3.商标法与文创业

商标就是商品或服务的标记,是企业或团体对其所生产、制造、加工、经销的商品或服务,彰显提供之商品或服务所使用的识别标志。在市场营销流通上,商标一般用文字、图形、颜色或其组合,绘制或注明在文创商品、外观包装、招牌或广告上,所以商标也是消费—交易—企业之间的桥梁。随着经济发展,消费者已经告别商品质量缺乏、品牌只是讲究功能而单调的时代,从商品功能消费进入品牌消费时尚的新时代;民众的消费行为不再仅仅局限在满足日常生活,而透过商品的消费购买来标明品位,展示时尚、潮流、风格及多样化发展的创意生活。为了保障创意性文化产品的交易安全及鼓励文创品的创作不被混淆误认,文创品的商标权应受到法律保护,《商标法》的立法目的在于保障文创品的识别性而使消费者不混淆,从而买到所要功能之商品及所要水平之服务,以维护市场的公平竞争,促进工商企业正常发展[②]。商标除了具有揭示商品或服务出处的功用外,也代表这个文创品或文创服务的质量,成为消费者选

---

① 厉无畏:《创意产业知识产权管理》,上海新世纪出版公司2007年版,第136页。

② 商标法第1条:"为保障商标权、证明标章权、团体标章权、团体商标权及消费者利益,维护市场公平竞争,促进工商企业正常发展,特制定本法。"

择文创品或服务之识别依据。进一步说,商标的功能有如下五个:使消费者识别商品或服务质量;显著区别本产品与其他产品;具有法律性质保障的标志;象征性消费者经济能力或产品购买族群之经济能力;使用是保障经济活动公平交易的需要,商标设计是思想文化及时代潮流的反映。文创品若能经申请而拥有一种有形标志的商标,则其识别性将被法律保护,遏阻仿冒品,提高产品经济与价值感;欲取得商标权,需先申请注册,经知识产权局审查及核准才能标识在文创品或服务上[①]。

(三)文化创意产业的知识产权鉴定

"产业创新条例"第13条规定:"为协助企业呈现无形资产价值……事业主管机关应邀集产、官、学代表办理下列事项:一、订定评价服务基准。二、建立评价数据库。三、培训评鉴价人员。四、建立评价示范案例。五、办理评价推广应用活动。"进一步言,文创产业要能够"一源多用",观念上要突破文化与产业之别,除了加强保护知识产权外,亦须建立知识产权鉴定制度以使其产值化。但实际上,因为文创产业的特性使得传统之成本法、市场法、收益法等无法适切评估文创产业的知识产权价值,但可以采用下列方法鉴定:(1)斯堪地亚智慧资本法;(2)平衡记分卡法;(3)市场基准价值评估模式;(4)层级分析法;(5)DBOR模式。文创产业包括三种无形资产:外部架构资产——包括品牌、商标、商誉、公司形象、口碑与人际关系等;内部架构资产——包括专利、商业机密、企业文化、版权、特许权、组织策略及信息管理系统;员工个人能力——包括员工的法律知识、学习与成长、经验、创新研发与市场敏感度。文创产业的推动、发展,有赖于评价基础数据库的建立,若能提出具有公正性、合理性的知识产权鉴定报告,有助于取得资金、资源。建议产官学研除参考岛内外对文创产业的鉴定方法及数据外,更须考虑现在及未来市场规模及文化价值,为文创产业确立一套相对合理的知识产权鉴定模式,以作为价值衡量、推广发展及调度资金的标准;鉴定模式亦须以市场成交价为本进行修正,提供更准确的智财权鉴定报告,促进文创产业的发展。

---

① 范鲁斌:《商标设计与品牌崛起》,知识产权出版社2007年版,第3~4页。

文创品设计师的创意、商标或是产品设计有无可能被仿冒抄袭呢?或是他的作品哪天会被人诉讼说有侵犯知识产权之行为发生?而应受法律审判甚或制裁?或某些文创企业是否会借违反知识产权为理由,而向法院申请查扣或保全竞争对手的文创品,使其不得营销或流通,遭受重大的经济损失甚或影响文创企业公司的存亡呢?这些问题都是文创设计家不得不了解与防备的。设计发想中,许多创意或设计案难免会参考别人先前的作品或展示,这是否违反《专利法》《著作权法》或《商标法》,文化创意设计师不可不慎。只有在知识产权法之保护下,文化创意内涵及文创品之设计、发想等有形或无形资产才会受法律长期保护。同时保障消费者不致买到抄袭或仿冒的赝品,以保障文创市场之交易安全与促进文化产业的发展。文创业的知识产权鉴价,有助于文创业者的融资取得及产业投资。

台湾文化创意业界于进军华人市场或行销国际之际,必须先行向台湾地区知识产权局、大陆知识产权局或目的国的知识产权主管单位申请注册或登记,取得相应专利权、著作权或商标权。文化创意家的创作、创意受到法律保护可以防止消费者在市场上买到仿冒品而蒙受损失。此外,创意者也可以借知识产权的保障而防止竞争对手凭借法律漏洞获得不正当收益。希望产官学界重视文创产品的知识产权,重视法律对于文创产业的保护。降低文化创意者的设计创作受别人抄袭之危险,免于借鉴时未明言而罹法网。

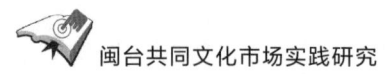
闽台共同文化市场实践研究

第二章 闽台文化市场协同发展案例研究

福建与台湾隔海相望,百姓同根,血脉相连,语言相通,习俗相近。近年来,闽台两地呈现出全方位、宽领域、多层次大交流的新局面。通过闽台文化创意园区合作、闽台文化创意产业优先业态及项目对接、闽台文化创意产业管理、经营人才联合培养、闽台文化市场信息及知识产权保护、闽台文化遗产共同保护及产业化等典型案例的调查研究,我们得出结论,两地文化领域的交流正逐步由人员交流向深度合作,由项目交流向产业合作方向发展。两地在新闻出版发行、广播电影电视、动漫网游产业、演艺娱乐业、会展产业、工艺美术产业等为主体的文化创意产业方面展开了比较深入的合作,合作潜力巨大。

第一节 闽台文化创意园区合作案例研究

近年来,闽台两地十分注重"创意城市和创意园区"的建设,在城市文化形象培育、城市文化产业建设、城市文化产业行销等诸多方面进行合作,形成海峡两岸独特的城市战略联盟。文化创意园区能够营造良好的文化环境,提供文化艺术及流行文化产业参与机会,鼓励民众参与、创作与展演,刺激创造,使之成为文化创意产业之跨领域与资源整合的平台,发挥城市流行文化的独特魅力与产值,创造品牌将文化创意产业推向国际。闽台之间的文化创意园区合作成果丰硕,文化创意园区合作经验的累积与传承,逐步带动闽台文化创意产业的发展与合作。

闽台文化产业园主要位于福州和厦门。福州以三坊七巷历史文化街区为核心区,总投资规模超过 200 亿元,规划占地约 14.48 平方公里,形成以数字内容、动漫游戏和创意设计为闽台文化科技示范,以工艺美术、文化旅游为闽台文化交融示范的特色文化产业体系。园区提供金融、公共技术、展示体验等综合服务,拥有多家国家级重点实验室和企业技术中心。厦门按"一区多园"的模式建设,总规划19.55平方公里,打造数字内容与新媒体产业、创意设计产业、影视演艺、古玩艺术品、文化旅游产业五大产业集群,于2007年建成数字内容和数字新媒体产业园一期并投入运营,之后龙山海文创园、牛庄文创园、灿坤文创园等陆续投入运营。

闽台文化创意产业的交流规模和合作领域日渐扩展。落户于福州三坊七巷的闽台青年创业基地于2016年下半年正式开放,总面积1 850平方米。目前正在大举招募两岸青年文创业者。该基地将成为海峡两岸交流基地、闽台文化创业园区核心区的示范基地。闽台青年创业基地由台湾知名设计团队设计打造,引入台湾管理团队,福建省手作创意艺术协会、福州青年创业促进会、台中市青年创业协会、台湾淡江大学、台湾逢甲大学等机构提供创业导师,以保证提供原汁原味的服务。特殊的、具有产业集群效应的台湾项目,将享受零租金的优惠。

为深化闽台"创意城市"合作,福建积极推动设立闽台创意产业合作园区(示范基地)。目前福州已建成一批文化创意产业园:三坊七巷文化旅游街区、芍园壹号文化创意园、榕都318文化创意艺术街区、福百祥1958文化创意园、新华艺术文化创意园、福州动漫游戏产业基地、海峡工业设计创意园等。2011年重点推进中国温泉博物馆、中国·东方漆空间创意园、闽都民俗文化园、橘园洲时尚设计创意园、春伦茉莉花茶创意园等5处文化创意产业园建设。

一、闽台创意园区合作的优势

闽台创意园区日益呈现出文化亲缘、市场要素组合、人才要素组合和资金要素组合特征。

(一)闽台文化同源

闽台地缘相近、血缘相亲,闽台创意园区合作呈现文化同源特征。2/3的台湾居民先祖由福建迁居而去,闽台有着几乎相同的文化习俗。"把语言、地理等因素考虑进来,各种文化之间越接近,相关'消费资本'上的差距也就越小,因此文化贸易也就越大。文化亲近是地理距离、共同语言及以往基于文化贸易历史等因素的一个综合函数。"①

这种文化亲缘,使闽台两地的消费资本差距较小,在文化消费方面的相互适应性较强,两者之间有着天然文化贸易优势。也正因如此,加强闽台两地文化创意园区交流,是维系海峡两岸同胞亲情、促进祖国和平统一的有效途径。福建有武夷山、土楼、妈祖、侨乡文化、闽南文化等天然与人文多方面的优势,应发挥这些优势,进一步促进福建与台湾的文化创意产业交流,促成两地文化创意产业对接。

(二)市场要素组合

海峡两岸文化产业的市场容量差异相当明显。台湾地域狭小,人口有限,需求极其有限。长期以来,台湾以出口作为经济发展的重要方向,产品一半以上都销往岛外。面对此种情况,大陆的广阔市场无疑是台湾宝岛的最佳选择。福建省是连接台湾和大陆的核心地域,地理位置优势极明显。福建本身的经济辐射能力也很强,台湾文化企业可依靠福建市场容量,将福建开辟为"经济文化窗口",将产品销往大陆,创造经济效益,福建的广阔市场可成为闽台文化产业园区产生集聚效应的"助推器"。

(三)人才要素组合

闽台创意园区合作取得可喜的成就,但还存在一些问题。就目前来讲,福建文化创意产业相关专业的就业率比较低,人才资源短板亟须解决。福建的许多学校创办相关的专业,每年毕业的学生达到上千人,但教学内容很难跟上社会需求的发展;相比之下,台湾地区在高等教育资源方面有优势,它们经常出于招生资源不足的原因而降低招生标准,这明显是教育资源过剩。应引进台湾地区先进的教育理念,提高福建文化产业相关专业的教学水平,弥补创意人才的空缺。

---

① 李亮等:《中国文化与文化贸易发展报告》,商务印书馆2005年版,第25页。

(四)产业链互补

闽台两岸文化的产业集聚中,产业链可互补。以影视动漫制作方面为例,福建拥有较强的动漫制作能力,100多家相关大型企业聚集于福建,从业人员数量过万,分布在福州和厦门两个重要的动漫游戏产业基地中,制作动漫游戏及开发衍生品等内容。福建创作影视剧本的能力却偏弱。相对大陆来说,台湾地区的动漫影视市场比较有限,还要受大陆等劳动密集型地区劳动成本低廉的影响,但台湾动漫影视产业拥有长期代工经验,技术和人才方面都有优势。台湾加入国际分工领域比较早,开发制作、策划营销等方面的理念比较先进,又拥有大量著名企业和品牌。结合台湾地区的影视剧本创作能力与福建的制作技术,无疑能促使双方共同发展。

(五)资金实力增强

福建大部分文化企业规模较小,处于成长阶段,需要大量资金的支持。但是,风险投资机制并不能一两天就建成,这导致大量企业的资金来源渠道有限,不易实现有效融资,普遍缺乏资金支持。台湾地区经济比较发达,资金比较充裕,资金流动能力比较强。1986年以后,台湾地区内外经济环境发生变化,台湾经济面临极大挑战,将大量资本抛向海外,这正可弥补福建文化产业资金的缺乏,海外资金可起"雪中送炭"作用。

二、闽台创意园区合作困境

闽台创意园区合作已经取得可喜的成就,但是还存在着一些问题。

(一)城市文化产业化发展意识不强

一方面,福建有丰厚的城市文化历史资源,但大部分都未能投入文化产业;文化企业总体实力较弱,创意不足,规模普遍偏小,缺少在国际国内具有一定知名度的龙头文化企业;忽视开发自身独特的文化资源而流于简单的模仿。文化资源在转化为文化财富和市场资源的过程中的增值情况不容乐观:"从国内专利授权数情况来看,2009年全省专利授权数为11 282,仅占全国份额的2%,远低于江苏(18%)、广东(17%)、浙江(17%)、上海(7%)等沿海城市;从高新技术企业总产值来看,2009年年底,福州市产值为4 187 679万元(全国排名第50位),厦门市产值为9 273 782万元(全国排名第24位)。综上,福建科研开发水平还有待提高,有待通过发展创意产业形成联动发展的局面。"[1]在文化市场营销过程中,文化品牌意识不强、文化名牌少,区域内没有产业竞争格局,营销能力较弱。在资源研发、创意创新、市场营销、售后服务及扩大再生产等方面未形成完整的产业链,产业集群面临同质化发展,同行业间存在无序竞争,亟待进行产业结构调整和优化升级。许多城市大力推进创意产业园建设,但沦于形式,并未与产业效能、经济效益挂钩。

台湾通过举办节庆活动、产业博览会等行销方式培育了一系列的城市品牌。宜兰因为多雨,举办"宜兰国际蓝雨节",突出城市独特魅力。米粉和贡丸是福建和台湾共同的传统产业,福建有很多地方做米粉和贡丸,却缺乏创意,台湾的新竹市每年举办米粉拉长活动,挑战世界纪录,无形中将米粉塑造成为代表城市地方形象的品牌,成为亮点,促进了周边产业(如旅游业、传媒业)的发展。

(二)管理体制障碍

福建省对创意城市的管理体制尚不明确,创意城市包括科技、经济、文化、宣传等多个部门,涉及动漫、会展、旅游、工艺美术、电子科技、服装设计等多种产业,需要管理部门协调,但福建省目前并没有专门的部门来推进这方面的建设,主管部门尚未确定,各个职能部门各自为政,直接导致城市发展规划缺位,产业链不能有效整合,行政资源浪费,重复建设和推诿拖延的现象,这还导致闽台两地在创意园区的合作方面缺乏相应的对接机制。"据台湾电机电子工业同业公会发布的资料显示,在2009年度由台商推荐的大陆投资环境前十名之中,福建无一城市入列,厦门岛外排在'极力推荐'的第12名,厦门岛内排在'极力推荐'等级的第20名,福州市区排在'值得推荐'等级,福州马尾、泉州、漳州、莆田等地均排在'勉于推荐'等级。而在台商'极力推荐'等级的22个大

---

[1] 林敏:《福建构建海西创意城市的要素分析与实践探索》,《科技与产业》2011年第8期。

陆城市中,位于长三角就有14个城市,占63.64%。"①福建的城市文化产业管理采用行政管理方式,政出多门,分工不明确,文化管理缺乏活力与生命力,市场意识较为薄弱,法制不够健全。因此,改革现有的文化行政管理模式,是促进闽台创意城市合作与发展的重要前提。

(三)创意人才匮乏

人才是创意园区发展的重要基础,福建创意人才的匮乏已经成为制约两地创意园区合作发展的瓶颈。一是创意人才总量不足,设计能力和市场开拓能力相对薄弱。与该产业发展巨大的潜力和前景相比,福建人才集聚效应还不够明显,人才后备力量的储备也严重不足。创意园区产品开发设计略缺创意,大多仍停留在对本地独特文化传统进行简单改造后批量生产的阶段,或者是对其他产品的模仿。这样的产品,在激烈多变的市场竞争中,很难有持久的竞争力,更谈不上对城市品牌的整体塑造。二是创意人才面临结构性短缺,相关产业的高校和研究所较少,缺少经过系统化、专业化培训的创意人才,很多高端人才并不愿意来福建发展,闽台两地也未形成良好的人才交流机制,因此形成"中间大,两头小"的人才结构。三是缺少复合型人才。与传统产业相比,文化创意产业是文化＋经济＋技术的复合型产业,是文化知识与高新技术紧密结合的产业,需要的不仅是技术型人才,更需要能将创意内容产业化和市场化的经营人才。目前,福建省文化及相关产业从业人员总数69.27万人,占总就业人口的3.2%;从行业和区域分布看,福建的创意人才主要汇聚在福州、厦门和泉州三大城市,福州从业人员最多,达30万人,主要分布在咨询策划、电信软件行业。从技术等级看,福建主要以初级和中级为主,高级人才尤其是经营管理方面的复合型人才较缺乏②。闽台严重缺乏擅长将创意作品"产业化""市场化"的经营管理人才和领军人物。

---

① 林秋玲:《闽台创意产业合作问题探析》,《福建理论学习》2010年第7期。
② 张京成:《中国创意产业发展报告2011》,中国经济出版社2011年版,第554～555页。

三、闽台文化创意园合作前景

闽台两地城市具有共同的历史文化资源及民俗遗产,如闽南文化、客家文化、妈祖文化、"延平文化"等,成为福建与台湾两地城市共同的文化名片,凝聚闽台两地的民族认同,也促进了两地城市文化旅游产业、表演艺术产业、动漫产业的发展。因此,闽台文化创意园有良好的合作前景。

(一)闽台创意园合作可加强对城市文化遗产的保护与利用

文化创意产业以文化独特性为基底,以文化资源为主导,创造出新的产业内容,有效地切入市场,实现利润,这有助于区域经济的振兴及区域文化的发展。三坊七巷的空间拓展,只有结合利用文化资源才能更具有生命力,这也是文化振兴的关键。因此,深入发掘三坊七巷的文化资源,在修复和打造空间,开发旅游项目,举办各类活动的同时,让创造者的文化积累发生作用,将深厚的文化底蕴注入其中,开发出各类特色项目,这是实现三坊七巷文化振兴的必要环节。

独特的历史文化遗产是城市的文化品牌和文化符号,要坚持"保护为主,抢救第一,合理利用,加强管理"的原则,正确处理好文化遗产保护与产业开发的关系。在保护文化遗产的同时引入市场机制,突出城市传统文化特色与体现时代气息,丰富城市内涵,打造城市的文化新亮点。三坊七巷文化街区改造,不仅保护了福州的传统文化,使三坊七巷成为福州文化历史的展示区与保护区,更促进了城市文化旅游与商业的发展。要建立完善文化遗产保护定期通报制度和舆论监督机制,落实好各项开发建设规划和加强文物保护工作的各项措施,加强闽台两地的城市文化遗产的保护与开发合作,积极支持闽台两地各类博物馆和各级文物保护单位的交流与合作,设立专题博物馆、展示中心、民俗博物馆或传习所等,鼓励闽台相关科研机构、院校以及专家学者对闽台两地共同文化根源展开研究,在相关的城市节庆活动、文化会展方面加强闽台合作,还可以设立文化生态保护区。

(二)闽台创意园合作可实现两地互补共赢

2011年,福建省教育厅与平潭综合实验区管委会签订《共同推进高等教育发展合作协议》,决定与台湾的相关高校联合组建平潭产业创新联合研究院。2012年4月23日,由平潭综合实验区管委会和福建省教育厅在福建平潭组织召开的平潭产业创新联合研究院研究中心项目建设对接工作会议,决定成立平潭产业创新研究院暨福建师范大学闽台文化创意产业研发中心。该中心是闽台两地合作开展文化创意产业发展和研究的重要平台,其成立将对福建省的文化创意产业发展和闽台的文化交流起到有力的推动作用和先行先试的示范作用。2012年6月18日,福建省在漳州师范学院设立大陆第一个正式的闽南文化研究机构——闽南文化研究院,为闽台文化交流乃至两岸文化交流构建了平台。围绕这些平台,两岸文化创意产业界可以深入持续地开展良性互动,以"文化搭台,经济唱戏",为两岸的最终和平统一构筑良好的文化氛围。

文化创意产业活动,如文学创作与传播、民间戏曲演出、流行歌曲演唱、动漫产业、娱乐休闲产业等,在台湾有重要的地位,福建应利用好此类台湾方面已经营得较有规模的文化创意产业,大力加强两岸在文化创意方面的交流,活跃闽台文学艺术、台湾文学研究与台湾文化创意产业研究方面的交流,就能够在当前省域竞争日趋激烈的形势下抢得先机,以文化创意产业交流与合作为龙头,拉动福建省经济的全面发展,在潜移默化中促进国家宏观战略目标的最终实现。

(三)闽台创意园合作的产业化手段运用有助于文化交流

海峡东西岸的产业对接联手一直是海西战略的主牌,对于福建一方来说,应大力发展本省的文化创意产业,与台湾方面合作,组建闽台文化集团。根据目前福建的文化资源优势,福建省可以大力经营茶文化;弘扬妈祖文化,创作妈祖主题的文学艺术精品;与台湾、河南乃至海外的客家宗亲联合举办河洛文化论坛和客家人祭祖大典活动,力争将福建宁化石壁的客家祭祖活动做成与黄帝祭祀活动齐名的文化活动品牌;做大做强闽都文化,挖掘整理并宣传福州三坊七巷名人文化、鼓山禅文化、鼓岭西洋别墅与避暑旅游文化、马尾船政文化,加强对温泉、寿山石和闽剧、评话等物质和非物质文化遗产的开发与保护,优化台胞怀古历史文化旅游的载体。另外,闽台两地可以合作,对闽台族谱资料进行加工、整理,制作成光盘、软件等发行,利用电脑网络技术方便闽台两地同胞携带、查询,寻根谒祖。

(四)闽台创意园合作要改变偏于单向发展的格局

福建省要着力改变海峡两岸文化创意园交流合作偏于单向发展的格局,促成闽台文化创意园实质性对接。福建历来重视文化建设,教育发达,人才辈出,发展文化产业有优势。但从目前看,福建的文化创意产业还不成熟,流通情况不稳定,产业链尚不完整。创意产业是既有风险,又需求高速增长,市场前景十分广阔,经济效益非常诱人的朝阳产业。"正是具有如上的这种相反相成的特点,文化创意产业才需要一个良好的创业环境,高效的政策支持机制,高技术的基础设施,相互接驳的产业链条,打破原有行业界限的重组场域,迅速顺畅交换传播的数字网络和一个高度市场化的交易平台。"[①]因此,在当下,福建省应采取主动战略,创新发展思路,创造良好的投资环境,大量吸引台资入闽,欢迎台胞来闽创业,争取进入台湾市场。

(五)闽台创意园合作需抓住时机

福建省要抓住海峡西岸经济区、平潭综合实验区建设的大好时机,利用好国家给予的"先行先试"、资金扶持等优惠政策,大力发展闽台创意园合作文化企业及项目。目前,福建各地均已开始文化创意园区或文化产业项目的建设,这个良好势头应该保持。在文化产业建设热潮中,福建的文化产业建设要抓出特色,取得超越其他省(直辖市、自治区)的文化建设成绩,最有效的措施仍然是与台湾加强合作,大力发展闽台合作文化产业项目,做到"人无我有,人有我强",才能在新一轮的文化建设中立于不败之地。众所周知,目前制约文化产业发展的瓶颈是融资和产业链下游问题,福建恰恰可以发挥这方面的优势,通过吸收台资入股、面向台湾销售来推广文化产品及文化项目。

(六)行政管理部应增强服务意识

在闽台创意园合作发展过程中,行政管理部应增强服务意识,努力降低文化创意产业投资者的投资风险。台湾学者、理慈国际科技法律事务所主持律

---

① 金元浦:《文化创意:面向未来的重大战略转移》,《光明日报》2006年1月20日。

师蔡玉玲认为,"与其他产业相比,文化创意产业……有非常强烈的保护政策……投资文化创意产业的第一个风险是审批机构特别多,常造成审批时效延误,更因此导致投资风险增加"。福建省应成立相关的管理和指导机构,提高审批工作效率,缩短对文化创意产业投资企业的审批时间,设立信息化基金和文化创意产业基金。

四、海峡两岸龙山文化创意产业园个案研究

近年来,我国经济发展进入新常态,朝向形态更高级、分工更细致、结构更合理的阶段演化,服务业在国民经济中的地位越来越重要,我国已从"世界工厂"转变为"世界市场",两岸均已进入以服务经济为主导的发展阶段,两岸产业合作的重点由制造业渐渐转变为服务业。促进两岸服务业合作须从完善"合作机制"入手。"合作机制"指以相对稳定的运行方式把合作行为体联系起来,在其运行过程中发挥联动、协调、约束和促进作用,使之朝向预期合作目标发展。"海峡两岸服务业合作机制"以相对稳定的运行方式把两岸服务业合作行为体(上至相关公权力部门,下至行业及企业)联系起来,在其运行过程中发挥联动、协调、约束和促进作用。根据合作主体的不同,两岸服务业合作机制可从宏观、中观和微观三个层面进一步细分,即两岸服务业宏观合作机制、两岸服务业中观合作机制及两岸服务业微观合作机制。两岸服务业宏观合作机制以两岸服务业相关公权力部门为主体,体现为两岸服务业合作宏观方面的"制度安排";两岸服务业中观合作机制以各服务行业为主体,体现为行业民间组织所搭建的中观行业"合作平台";两岸服务业微观合作机制以两岸服务业企业为主体,体现为两岸企业间的"合作模式"。两岸服务业宏观合作机制、中观合作机制和微观合作机制相互关联、相互协调、相互约束,协同促进两岸服务业合作机制这一系统的发展(图2-1)。

联合国教科文组织将文化产业定义为"按照工业标准生产、再生产、储存以及分配文化产品和服务的一系列文化活动"。2012年,国家统计局重新界定文化及相关产业的分类标准,共计十大类,包括新闻出版发行服务、广播电视电影服务、文化艺术服务、文化创意和设计服务、文化信息传输服务、文化休

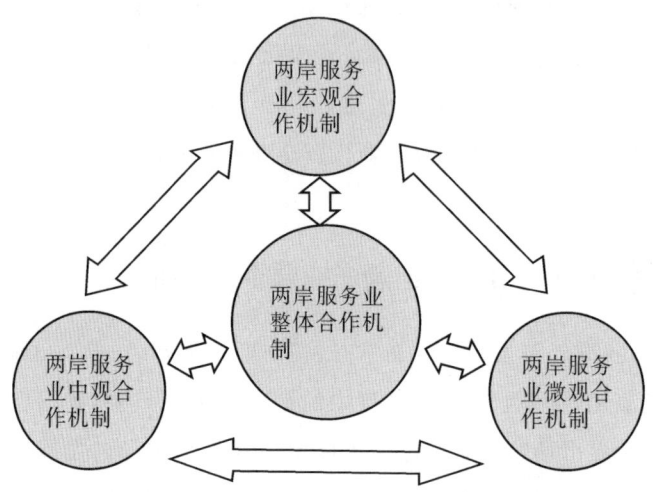

图 2-1 两岸服务业合作机制系统图

闲娱乐服务、工艺美术品的生产、文化用品的生产、文化产品生产的辅助生产、文化专用设备的生产。① 可见,文化创意产业是以服务业为主体的产业,文化创意产业园(文创园)是两岸文创企业合作的载体平台,成为两岸文创企业的集聚点。厦门市海峡两岸龙山文化创意产业园是国家级文化创意产业园、福建省最大的文化创意产业园和两岸文创产业合作实验示范基地。因此,本研究以海峡两岸龙山文化创意产业园(龙山文创园)为例研究两岸服务业合作机制。目前,关于两岸文创园的研究成果极少,基本停留在现状的分析和问题的罗列层面,如黄金洪(2015)剖析了闽台文创园区发展现状及存在的问题,预测其发展。本节对龙山文创园区的管理层进行深度访谈,对园区内几家具有代表性的两岸企业进行调研,分别从宏观、中观、微观层面考察政府的制度安排、行业协会等民间交流平台及两岸企业间的合作模式对龙山文创园所发挥的作用,丰富学界对两岸服务业合作机制的个案研究。

(一)龙山文创园区发展现状

厦门市思明区龙山片区原为 20 世纪八九十年代所建的老旧工业厂房,随

---

① 熊俊莉:《初析两岸文化创意产业的发展与合作》,《台湾研究》2013 年第 6 期。

着厦门城市化进程以及跨岛发展战略的实施,岛内工业逐步向岛外迁移。这里的老旧厂房或被闲置,或被转为仓储等其他用途,整个片区发展缓慢,业态落后。2009年起,思明区政府启动龙山片区转型改造工作,设立两岸龙山文化创意产业园。2012年,思明区国企鼓浪屿旅游投资集团有限公司设立厦门龙山文化创意产业有限公司,负责管理龙山文创园。

1.创立以来取得的成绩

龙山文创园有七年历史,由默默无闻的老旧厂房成长为驰名两岸的文创园。园区在思明区政府指导下,由鼓浪屿旅游投资集团有限公司规划建设,已成长为国家级文化创意产业园、福建省最大的文化创意产业园。截至2016年7月,园区共吸引文化创意企业499家,其中台资企业20家。龙山文创园以打造"对台文创交流中心"为目标,重点集聚台湾优秀文化创意企业、项目和人才,体现"台湾原创(生活创意)"和"高端设计"。园区内现有台胞及创业青年近50人,涵盖雕塑作品、创意陶瓷、影视制作、台湾特色音乐教育等文化创意领域。为促进台湾青年到大陆创业发展,园区于2016年4月设立"启达台湾创业青年对接中心",成为两岸青年创新创业基地。

园区现已建成厦门市工业设计中心、龙山时尚中心和格瑞&圣马丁时尚艺术中心三大核心区域以及福建省色彩管理研究中心、柒牌服装设计中心、中明达文创广场、海西青年文化创业基地、海西环保设计产业园、G3空间、名典商旅等项目。曾先后获得"福建省十大重点文化产业园区""中国创意产业最佳园区奖"等荣誉称号,成为福建省唯一获"龙腾奖"殊荣的文化创意产业园,入选国家级闽台文化产业试验基地。2015年,龙山文创园被两岸企业家峰会授予"两岸文创产业合作实验示范基地",成为国内首批(八家)获此殊荣的文创园。龙山文创·三维创客创业孵化基地获"2015厦门十大众创空间"称号,初步形成老旧厂房改造转型的"龙山模式"。

2.业态

龙山文创园引进和发展的文化创意产业业态包括以下几项,如以工业设计、服装设计、产品包装设计、建筑装修设计为主要内容的创意设计,新闻出版、广播影视制作、动漫制作、数字内容与新媒体、文化贸易、电子商务、文创教育培训等。其中,重点扶持创意设计、数字内容与新媒体两类业态。

3.发展目标

园区发展目标主要有以下两个:一是打造特色创意中心,重点引进工业设计、时尚设计等创意设计项目。二是打造对台文创交流中心,重点集聚台湾优秀文化创意企业、项目和人才,体现"台湾原创(生活创意)"和"高端设计"。

(二)政策机制对园区发展的促进作用

两岸服务业宏观合作机制指以两岸服务业相关公权力部门为主体的顶层设计,主要体现为"制度安排"。这里的"制度安排"指决策层有意识设计或制定的规则。由于服务业的特殊性,较之两岸制造业合作,两岸服务业合作更需要宏观层面合作机制的推动。两岸服务业合作相关的"制度安排"主要包括双方相关市场开放等一系列惠台政策的出台,如加入WTO之后,不断开放服务业市场,越来越多的台商赴大陆投资服务业。从2009年开始,台湾当局亦对大陆逐渐开放服务业市场。为了招商引资,促进园区内文创产业集聚,各地政府亦针对入驻企业制定了相关优惠政策。各方面对园区台资企业及陆资企业的优惠政策主要体现如下。

1.国家层面惠台政策

(1)税收优惠政策。台商登陆初期给予税收优惠,如实施"两免三减半"税收优惠政策,即第一、二年免企业所得税,第三、四、五年企业所得税减半。但从2006年开始,各地取消"两免三减半"税收优惠政策。因此,2006年之前登陆的台资企业均能享受税收优惠政策。龙山文创园有些台资企业很早就在大陆发展,后因园区优惠政策入驻园区,如台湾陆宝陶瓷有限公司1993年进入大陆,2015年入驻园区,其在大陆发展初期便享受大陆的税收优惠政策。

(2)土地优惠政策。由于两岸特殊的政治关系,中央政府为吸引台商到大陆投资创业、促进两岸关系发展,给予台商各种土地优惠政策,各级政府对台资企业的土地取得、地段、地价都给予优先照顾。

(3)开放大陆内需市场。2010年6月,两岸"两会"(海协会与海基会)签署ECFA。ECFA明确提出"逐步减少或消除彼此间的贸易和投资障碍,创造公平的贸易与投资环境"。ECFA的签署及生效被视为两岸经济合作的里程碑,不仅通过早期收获清单的落实开启两岸服务业投资合作以及货物贸易零关税进程,而且通过后续协商的循序推进为两岸经济深化合作营造相应的制度环境。2011年1月1日,ECFA服务贸易早期收获计划正式启动,台商进军大陆服务业步伐加快。大陆和台湾双方均陆续开放服务业市场。大陆对台湾开放保险、金融、证券、会计审计服务、电脑服务、会议服务、医疗服务等市场。

2013年,两岸"两会"签署的《海峡两岸服务贸易协议》是迄今为止关于两岸服务业合作最新、最完整的制度安排。协议对两岸服务业(包括文创业)市场的开放、合作做出有利于双方互利共赢的制度安排。在协议中,台湾开放陆资进入的64个项目中,有27个早已列入ECFA早收清单中,已经对大陆开放2~5年,如餐饮、观光旅馆、小汽车租赁、中药材批发、图书批发零售。文创业方面有诸多优惠政策,如允许台方投资者在大陆从事文娱服务业(可由台方控股),允许台方投资者在大陆从事体育和其他娱乐服务(高尔夫球场除外,可由台方独资)。但《协议》由于民进党的阻挠等因素在台湾岛内受阻,导致上述优惠政策无法实现。

2.地方政府层面对入驻园区企业的优惠政策

为进一步推动思明区文化创意产业发展壮大,推进龙山文创园项目转型改造、促进产业集聚发展,加强龙头项目、高端人才的引进,将龙山打造成海峡两岸青年创意梦工厂,2015年,厦门市思明区政府出台《思明区鼓励扶持海峡两岸龙山文化创意产业园发展若干规定》,其优惠政策如下。

(1)给予改造旧厂房补助。自主转型的业主或运营商对一幢以上园区老旧工业厂房进行基础性改造并通过验收后,按项目入驻并产生营业收入的文创企业实际经营面积(不含车库等附属设施),给予每平方米200元、总额最高不超过500万元的改造补助。

(2)扶持两类重点业态。对园区内的创意设计、数字内容与新媒体企业,年营业额达到100万元及以上的,按营业额的1%给予补助,每年最高不超过100万元。同时,对新注册或思明区外新迁入园区的上述两类业态企业,租期两年以上的再给予每月每平方米不超过20元、每年不超过30万元、为期不超过三年的租金补贴。

（3）给予创意人才免费办公场所和租金补贴。对文化创意领军人物或优秀团队入驻园区的,无偿提供不超过500平方米的办公场所,或给予相同面积每月每平方米不超过50元的租金补贴,最长不超过三年。同时,对在由思明区主(承)办的或国内外有较大影响力的创业竞赛中获奖项目入驻园区的,也可无偿提供一定面积的办公场所或给予一定金额的租金补贴,最长不超过三年。此外,对文化创意领军人物或优秀团队主要负责人,还可按照《思明区引进和扶持总部经济和重点产业人才暂行办法》(厦思委办〔2014〕40号)给予补助。

（4）给予活动补贴和获奖项目奖金。对在园区内举办有较大影响力的市场化文化创意活动(如节庆、赛事、论坛等)的主办方,给予20万~50万元一次性经费补贴。同时,对获得国际级、国家级奖项或称号的园区内文创企业或项目,分别给予100万元、50万元一次性奖励。

（5）给予贷款利息补贴。对因发展文化创意产业项目(含项目改造)向金融机构融资的,每年按其实际支付贷款利息的50%给予补贴,最高不超过50万元。

综上,无论是国家层面还是地方政府层面的优惠政策,均为台资企业进入大陆及其园区发展的主要动力。调研中发现,龙山文创园的两岸企业在很大程度上受到上述优惠政策、双方市场相互开放等制度安排的吸引而入驻园区发展。

(三)两岸服务业中观合作机制对龙山文创园的促进作用

两岸服务业中观合作机制主要体现为两岸各服务行业民间组织为促进两岸服务业合作而搭建的民间交流平台。"平台"是行为体运行所需的条件或环境。就文创业而言,这些民间交流平台可分为三大类:一是行业协会交流合作平台,二是活动类民间交流合作平台,三是行业电子商务合作平台等。下文将分析这三类平台对龙山文创园的促进作用。

1.行业协会交流合作平台

行业协会是介于政府与企业之间、行政司法部门规范管理与企业自我调整约束之间的中间协调组织,发挥桥梁和纽带的作用,为两岸行业合作发展搭建良好的平台。行业协会主要发挥政令宣达、下情上传,向业界输送人才以及协调两岸行业、企业间合作发展等作用。这些协会协助政府主管部门完善行业或两岸行业合作发展规划、制定政策法规、规范市场竞争秩序,协调行业企业与行政管理部门、司法部门之间,行业与其他行业之间、企业与企业之间的关系,开展行业领域研究,举办交流活动,提供信息咨询及各种行业培训,为行业的发展输送大量人才等,推动行业发展,促进行业、企业合作。① 例如:两岸文创协会、大陆文创协会、台湾文创协会这样的中观交流平台对整个文创业的促进作用较大,尤其对于亟须增强知名度的两岸中小微文创企业,其促进作用更大。这种平台促进了文创产业的发展,无形中也有助于文创企业的发展,只有文创产业得到发展,身居其中的文创企业才能在更好的产业平台上大显身手,打造更加美好的未来。2015年,在第二届海峡论坛·高峰设计论坛现场,园区内的厦门市工业设计学会与台湾工业设计学会等分别签订合作协议。该园区中的台湾陆宝陶瓷有限公司便从厦门市文创协会得知厦门市政府每两年将针对性补助10万元人民币的贷款贴息后选择进入园区发展。园区内的大陆企业厦门斯玛特工业设计有限公司则通过与台湾云端协会合作,在云端开发两岸互联网远程培训课程,使得两岸的沟通学习更加便利,获得可观的效益。

2.活动类民间交流合作平台

活动类民间交流合作平台有两岸文创行业博览会、两岸文创行业节庆活动、两岸文创业论坛等。业界、政界和学界通过举办研讨会、博览会、创意大赛等活动,为两岸文创业合作发展搭建了良好的平台。两岸业界人士聚在一起交流学习,交换经营心得,获取商业资讯,探讨今后企业合作、市场运作等可能共同面对的问题,相互协调,寻找解决方法,促进合作。例如,两岸文化产业博览会对加强两岸文化产业的交流与分享,增加双方在文化产业领域的互信与合作,共同增强两岸文化产业的国际竞争力,具有非常重大的意义,通过"两岸文化产业博览会"这一平台,将为两岸文化产业合作发展激荡出更多创新的火花。龙山文创园自2011年至今连续四年组织园区内重点企业参加台湾文博会,与台湾的文化企业和文创园交流合作,学习台湾文化创意产业发展的原创

---

① 张琰:《生产性服务业创新问题研究》,复旦大学出版社2012年版,第57页。

经验和做法。园区内"中华两岸名家美博馆"的翟铸馆长认为,对于从事文创的艺术家而言,举办个人展或两岸联展是艺术家们向社会展现作品的重要机会,借助此类平台可扩大其知名度和美誉度。又如,龙山文创园于2015年成功举办"海峡论坛·海峡两岸青年(高校)创意创新创业大赛",成为两岸规模最大、参与投资机构最多、辐射范围最广,台湾青年参与度最高的青年创业赛事,搭建起两岸青年创意创新创业交流平台。

3.行业电子商务合作平台

随着网络技术的发展,电子商务的低成本运营吸引了不少商家和消费者。互联网和电子商务改变了人们的消费习惯,互联网和移动互联网成为主要的消费信息获取渠道。行业电子商务平台创造的B2B模式、B2C模式、O2O模式对两岸文创业间的合作发挥十分重要的作用。例如,厦门斯玛特企业运营的三维创客3D打印技术云平台生态圈www.3wck.com,借力两岸行业电子商务平台实现智能制造与两岸互联网的完美融合,云平台将核心3D打印技术融入互联网+,整合大数据的商业运作模式,用互联网+的O2O商业思维,线上做3D云平台采集大数据,线下打造消费圈、企业圈、创业圈、产品圈、采集圈,打造3D产业生态圈,开创产品设计生产营销新模式。

综上,在两岸文创业合作共赢方面,行业协会、博览会、赛事、论坛、行业电子商务平台等两岸民间交流平台发挥着不可替代的积极作用,这些平台有力地促进了龙山文创园区内外两岸行业企业的合作发展。

(四)龙山文创园区内两岸企业间的合作模式

企业是产业活动最基本的单元,也是两岸产业合作的微观基础。两岸服务业微观合作机制以两岸服务业企业为主体,更多地体现为企业间的"合作模式"。"模式"指可供效仿的范式,是对重复出现的行为体运行现象的规律性总结。

随着两岸经济交流的发展及两岸各自经济实力的变化,两岸服务业企业间的合作模式由以往的"飞地模式"①演进为股权合作、产业链的配合、连锁加

---

① 飞地模式,指和当地的经济体系几乎没有任何实质性接触,但却跟母国或母区域各类经济体关系密切。

盟、共同研发、共创品牌和共同开拓世界市场等更深层次的合作模式。在龙山文创园的发展历程中,园区内外两岸企业进行了广泛的合作,其合作模式由浅入深主要有以下三种。

1.产业链的配合

目前两岸企业间的合作模式之一是产业链中的"纵横向关联企业合作",即产业链的配合。本研究所调研的园区台资或合资企业均与大陆企业存在产业链的配合关系。

产业链是产业经济学中的概念,是各个产业部门之间基于一定的技术经济关联,依据特定的逻辑关系和时空布局关系客观形成的链条式关联关系形态。产业链中大量存在着上下游关系和相互价值的交换,上游环节向下游环节输送产品或服务,下游环节向上游环节反馈信息。与股权合作不同的是,产业链的配合是一种企业间的外部合作。刘刚(2005)认为,产业链是基于分工经济的一种产业组织形式,它强调相关产业或企业之间的分工合作关系,这种分工合作关系表现为企业间的供需关系。① 正是这种相互需求,使得在大陆发展的台资及陆台合资企业在产业链的横向、纵向配合十分紧密。其原材料供应商部分或全部为大陆制造业企业,因为在大陆就地取材,时空上比较便利,成本也相应降低。开辟大陆内需市场,以最近的市场为销售对象,更能降低运输、销售等各种运营成本。因而,与大陆企业进行产业链的配合,是降低台资企业运营成本的有效途径。这种合作模式除了有助于降低台资企业运营成本之外,还有助于台资企业扎根大陆,带动大陆经济发展。例如,台湾陆宝陶瓷有限公司在大陆有200多家直营店,不少大陆企业成为其代理商,其产品主要销往大陆市场。台湾万星文化传播有限公司在影视制作、演员和编剧培训、译制中心、影视观光展览、影视青创等影视产业上下游产业链均不同程度地和大陆影视公司有合作关系。大陆企业洛可可设计公司与台湾大同股份有限公司合作,负责台湾大同电饭锅在大陆的互联网营销。

---

① 张琰:《生产性服务业创新问题研究》,复旦大学出版社2012年版,第26页。

2.共同研发

两岸企业通过共同研发,可以获得互补性技术,增强技术优势,获取有形及无形资源,迅速缩短产品研发的周期,降低研发成本和风险,快速地适应大陆市场。共同研发的实质是发挥两岸各自在技术创新中的比较优势,以谋求自身利益的最大化。本书调研的园区内台资或陆资企业中,多数存在两岸共同研发产品的现象。例如,厦门大雅传奇文化传播有限公司与台湾工业设计师叶书宏共同研发设计的 PLA 电源一举夺得 2015 年红点大奖。厦门昌翰文化传媒有限公司组织两岸明星合作拍摄电影电视剧,已成功完成《爱在日月潭》《云水谣》等 200 多部两岸题材的影视作品。厦门斯玛特企业与台湾东海大学、台湾云端协会建立合作,率先开启闽台三维打印技术暨云数据研究中心。在 3D 打印技术方面,大陆虽领先于台湾,但斯玛特仍需要和台湾精密制造方面的自动化专家合作,将台湾专家的制造技术运用于 3D 打印机器的研发,服务于大陆市场。

3.股权合作

"股权合作",即合资,双方各持一定比例的股份,由持股比例高的一方掌握控股权。股权比例的上限,在某些行业,两岸均有限制,如在《海峡两岸服务贸易协议》中,通信服务业,大陆规定台资持股比例低于 50%,台方亦规定陆资持股比例低于 50%;在某些行业则毫无限制,如,摄影服务、旅馆、餐馆。目前,两岸文创企业间合作较紧密的模式之一是股权合作,它属于比较深度的合作,合作已经进入企业内部,由于双方各持一定的股份,需共担风险,共负盈亏,除非合作效益差,否则合作不易中断。台资文创企业与大陆企业合资,以一定股权投资参与拓展大陆文化消费内需市场。具体而言,就是以较低的成本进入大陆市场,借助大陆实力较强的企业广泛的客户基础和市场通路,获取较高的投资回报。通过参股,还可以进一步掌握大陆相关行业经营管理的优劣势和商业秘密,特别是高端客户的信息,以便在开拓大陆市场时制定更有针对性的竞争对策。例如,台湾万星文化传播有限公司(万星)与福建电影制片厂股份有限公司(福影)从早期互播剧、合拍片等初步合作走向如今资本和项目的深度合作。2016 年,"万星"与"福影"共同合资创办海峡两岸影视制作(漳州)基地,万星占 51% 的股权,福影占 49% 的股权,万星拥有控股权。两岸影视制作（漳州）基地的成立,是两岸影视界合作的重要里程碑,"万星"与"福影"将优势互补,以基地为平台,提供更多优秀的成果。

综上,宏观层面的制度安排对龙山文创园发挥积极的促进作用,一系列园区优惠政策降低了入驻企业的运营成本,对台开放大陆内需市场,拓展了台资企业的发展空间。行业协会、博览会、论坛、电子商务平台等中观层面的民间交流平台则为两岸行业企业合作发展发挥桥梁和纽带的作用,上述平台也有助于龙山文创园区内两岸企业的合作发展。就微观企业间的合作模式而言,园区内两岸企业之间及其与园区外企业间有"产业链的配合""两岸共同研发""股权合作"的合作模式。在两岸顶层设计的制度安排下,在两岸行业民间组织搭建的合作平台上,结合两岸企业间稳定的合作模式,园区与大陆服务业宏观、中观、微观各层面行为体形成稳定的合作机制。

有效的合作机制,可以促进并深化两岸行业、企业的合作。在两岸服务业宏观合作机制上,制度安排处于主导地位,起到搭建合作平台、规范合作模式的指导作用。在中观合作机制中,由于两岸行业间的合作更多地体现为民间自发的形式,其组织形式相对松散,平台发挥促进合作的主要作用。在微观合作机制中,两岸服务业企业成为主体,主要体现作用于两岸微观企业间的"合作模式",其合作行为既受到宏观制度安排和中观合作平台的促进作用,也受两者的约束。宏观、中观、微观合作机制三者共同发挥协调、联动、约束等作用,协同促进"两岸服务业整体合作机制"的完善。龙山文创园的发展壮大离不开两岸服务业宏观、中观、微观三个层面合作机制的协同影响。未来,随着两岸服务业市场的进一步开放,如《海峡两岸服务贸易协议》在岛内顺利通过,园区将焕发出更强的活力,释放更大的合作空间。

五、闽台会展产业的协同发展与创新

世界在迅速发展变化,创新成为全球政府、行业、企业的共同行为,大家都在谋划着创新,实践着创新。传统产业需要不断吸收新的科技成果,以此来改变自己的内涵和形态。2010年,ECFA的签订与实施为两岸经贸合作带来广阔的空间。2015年,"一带一路"倡议,将福建定位为"21世纪海上丝绸之路经济带核心区",随后中国(福建)资源贸易试验区正式挂牌,伴随着这一系列措施的实施,福建对台优势愈加明显,闽台在发展过程中一定会获得更多的发展机会与空间。闽台会展业如何更好地合作交流已经成为两岸共同关注的重大问题。

闽台之间有着五缘的优势条件,在文化交流、信息互通、平台搭建等方面有良好的基础。闽台会展业在产业生态环境、产业要素条件、产业结构配置等方面都有可以对接和互补的地方,加快闽台会展产业对接不仅可以为闽台会展产业发展营造难得的机遇,还可以推进海峡两岸的经贸往来。

(一)闽台会展产业合作的基础

一般来说,产业基础建设是产业发展的基本条件,目前作为大陆最大单体会展中心之一的福州海峡国际会展中心,建筑综合体布局呈V字形,由中轴线上会议中心连接左右两个展馆组成,设置有商务洽谈、展览馆、办公、餐饮及服务办公等区域。厦门国际会展中心与小金门岛直线距离仅4.5公里,总建筑面积34万平方米。作为大型现代化展览馆,厦门国际会展中心一直被厦门市用来举办国家级盛会——"中国国际投资贸易洽谈会"。

台湾的会展业发展起步于20世纪70年代,2002年,台湾地区行政管理机构首次提出将会展业放入计划中,2009年列入"十大新兴重点服务业",2010年提出要鼓励各地积极发展会展业。台湾不断建构国际级的会展场馆,包括台北世贸展览1馆、台中世界贸易中心、台北国际会议中心、台中国际会议展览中心、高雄展览馆及台北南港展览馆,此外还有桃园航空城国际会展中心。这些设施的使用标志着台湾会展业的基础设施建设上开启新征程。

福建省是"海丝"建设的核心区,有国家给予的"先行先试"的政策支持,这为闽台产业对接发展奠定了政策基础。借助相关政策的东风,福建省先后推出《福建省"十一五"闽台产业对接专项规划》《福建省"十二五"规划》和《福建省"十三五"规划》等一系列政策。政策指出要扩大对台对外开放,培育新能源、旅游装备等先进制造业和现代物流、会展、跨境电商等服务业,努力打造具有标志意义的会展品牌。

2015年公布的亚洲展览会议协会联盟杰出展会的名单中,中国国际投资贸易洽谈会获得年度杰出商业展览第三名;"2015国际投资论坛"获得杰出会议奖;"第15届中国厦门国际石材展"和"第9届厦门国际佛事展"获得杰出贸易展览参与奖。厦门市会展局统计数据显示,2015年度厦门已策划举办专业展览会59个,展览总面积达135.7万平方米,同比增长36.2%;全年展览总面积达190万平方米,增长10%。

20多年来,福建省立足自身地理及产业环境优势,应闽台市场需求,举办了很多知名且有影响力的展会,不论是活动数量还是展览面积均居全国首位。自从1990年两岸举办汽车工业厦门展示研讨会后,很多"海峡"品牌的会展纷纷在福建举行。目前会展业逐渐形成"海峡"特色品牌,例如中国国际投资贸易洽谈会、海峡两岸(厦门)文化产业博览交易会(文博会)、中国海峡项目成果交易会、海峡两岸图书交易会(图交会)、海峡两岸经贸交易会、海峡西岸汽车博览会(海西车展)、海峡科技成果交易会(海科会)、海峡两岸纺织服装博览会(海博会)、海峡旅游博览会(海旅会)、海峡两岸花卉博览会(海花会)等一系列定期举办的商贸、科技的论坛与商贸活动,使得"海峡"成为福建会展业的一张名片,海峡展越来越成为两岸有影响力的品牌盛会。

虽然台湾由于土地面积受限,展馆面积略有劣势,但在信息技术推广与应用上却有出色的表现。目前"台北国际电脑展"汇聚了全球尖端领先的IT企业,是全球第二、亚洲第一的国际电脑展,仅次于德国汉诺威的CEBIT展。亚洲排名第一的"通讯产业专业展",亚洲最具专业性的"台湾电路板国际展览会"、"台北国际自行车展"及亚洲第三大的"台北国际工具机展览"也很优秀。此外,国际旅展、国际电玩展、国际书展和年货大街展都能吸引大量海内外参观者,带来可观的经济效益和社会效益。

硬件方面,目前台湾会展活动、会展场地等硬件设施还高度集中于北部地区,会展场地面积受限,主要展馆位置分散,参展不便。台湾会展业还面临因市场空间狭小而制约产业升级的问题,其会展产业体系亟须积极向外开发,福建市场刚好是台湾会展业向外延伸的最佳对象。

成本方面,两岸签订ECFA以后,按照协议内容还大幅降低两岸商品进出口关税的税率,降低了闽台参展商的参展成本。此外还陆续出台政策简化

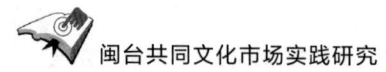

台商入境手续,以吸引更多的台商来参展,提高参展活动的活跃性和两地展馆的利用率。

交通方面,闽台之间有着多条海空航线,晋江机场开通至台北的直航,高雄开通连接大陆的海上定期客运航线,"厦门—台北"海运快件模式已开启,两地海运快件运力大幅增加。这些连接两岸往来的交通航线犹如绿色高速通道为闽台经贸合作搭起桥梁,这将大大促进闽台会展业的融合发展。

因此,福建对台有其他省市没有的地理优势,且人力成本低、市场空间大,可以满足台湾会展业向外延伸的市场需要。

(二)闽台会展业合作模式分析

1.基于闽台行业公会(协会)的对接模式——海峡两岸图书交易会

"海峡两岸图书交易会"(图交会)是两地出版业信息沟通交流的重要平台及国家新闻出版广电总局重点扶持项目,更是福建先行先试拓展两岸出版交流合作的重要项目。台湾地区因目前出台的合作政策仅限于允许大陆与台湾业者或公(协)会合办专业性展会,图交会是由厦门市人民政府、福建省新闻出版广电局、中国出版协会、台北市出版商业同业公会、台湾图书出版事业协会、台湾图书发行协进会等两岸相关部门共同主办。图交会每年以轮流主办的方式在台湾与厦门展开,从2005年开始至今已举办了十三届,以第十一届图交会为例,表现出两大特点:

一是众多单位参展,会展成果可观。在第十一届图交会上,大陆有400多家出版单位参展,台湾方面也有250多家出版社参展,还有8 500位两岸出版发行界、出版相关人员及图书馆采编人员参会。自2005年举办以来,前10届图交会展场面积达16.4万平方米,两岸参展出版单位达5 100家(次),展位数6 900个,参展图书累计达100余万种、762万册,实现图书销售采购3.12亿元人民币码洋,达成图书版权贸易和业务合作项目1 388项①,取得良好的社会效益和经济效益。大陆业界认为,图交会打破了两岸出版发行交流停滞的局

---

① 孙京平:《第十届海峡两岸图交会圆满闭幕 多项交易创历届之最》,《中国新闻出版报》2014年10月27日。

面,掀开了闽台交流的新篇章;台湾业界认为,图交会可以帮助了解大陆同胞对台湾图书的需求情况,提升在大陆销售的市场空间。

二是打造各种交流平台,丰富更多参展活动。每一年的图交会都会想办法在合作实务上下功夫,先后设置了订货平台、现货采购平台、版权交易平台、新书发布平台、图书馆配发平台等,有效激发了两岸业界的参与热情。为了丰富参会活动,召开两岸出版高峰论坛、海峡两岸文学笔会、两岸知名作家签售会、两岸出版项目交流推介会等。两岸业界都期望销售渠道能够相互融合,第十一届图交会,为了充分发挥此次展会在两岸出版的平台优势,积极通过外图天猫商城店来线上销售台版图书,大力推广一系列对台特色的公益性全民阅读活动。

2.基于政府主导的对接模式——海峡论坛

海峡论坛是从福建省政府举办的"海西论坛"基础上发展而来的,从2009年开始举办到现在发展成为与台湾民间经济文化交流的重要平台。海峡论坛期间通过让台湾民众参与寻亲寻根、体会妈祖文化源于一脉,进一步加强了两地合作、民间交流及共同发展,是充分实现两岸互通、交流、开放这一政策方向的有力证据。

海峡论坛的主办者广泛,由国台办、商务部、文化部等十多个部委与福建省政府共同主办;参加者广泛,有来自海峡两岸各个阶层、各个领域与部门的代表;论坛议题广泛,涉及经济、文化、教育、艺术、学术等多个方面;论坛内容广泛,有经贸交易会,有高层研讨会,有圆桌会议,有专题论坛,人数众多,涉及总人数超过数万人。

海峡论坛对两岸有深远的影响。首先,搭建了交流互动的平台,来自两岸的各界人士就共同关心的话题进行交流讨论,各方增进了对海峡西岸经济区发展战略的认同和参与,对两岸关系产生积极的影响。其次,扩大了闽台民间沟通交流的渠道,被认为在现有两岸交流渠道"海协海基两会会谈""两岸经贸文化论坛"之外,新增了交流渠道。

3.基于区域特色的对接模式——紧贴产业发展

经贸专业展的发展情况是评价一个地区展览业的核心指标,全省的经贸专业展涉及石材、汽车、佛事用品、茶叶、花卉、电子信息、农副业等产业领域。

从总体上看,经贸专业展与全省各地区的产业关联度高、产业带动性强,对高端产业要素集聚的形成具有强大推动作用。因此,通过每年轮流在闽台两地举办经贸专业展,可以有效加强两地的互动合作机制。

目前省内各地区以产业错位发展为目标,厦门主要是文化产业、石材产业,与之相关的经贸专业展有海峡两岸(厦门)文化产业博览交易会、厦门国际动漫节、海峡两岸(厦门)演出交易会等。泉州台商投资区主要是机械装备、轻工纺织、农产品等产业,与之相关的经贸专业展有泉州石狮海峡两岸纺织服装博览会、海峡(泉州)印刷技术展览会、海峡(泉州)农产品采购订货会等。漳州台商投资区主要是金属深加工、农副产品深加工等产业,与之相关的经贸专业展有海峡两岸(漳州)花卉博览会、海峡两岸(漳州)现代农业博览会等。

2015年上半年,厦门成功招揽2个医药医疗主题展览会,新策划举办春季佛事展、健康产业展、艺术博览会、亚太水产养殖展等8个经贸专业展览会,下半年策划举办婴童产业博览会、休闲旅游博览会、潜水救捞暨海工装备展、果蔬产业博览会、智能家居展、眼镜展等9个经贸专业展览会。展会与厦门城市特质和重点产业契合度高,以会展促产业融合的成效进一步显现。

4.基于网络平台的对接模式——举办网络会展

厦门会展业官网门户"厦门市会展业公共信息服务平台"是大陆会展城市首个中英双语会展官网,涵盖厦门的会展政策、环境、项目及产业链全要素,用户可以通过登录平台了解获取最新行业资讯。这个平台为两岸会展企业交流提供了空间,为两地参展商提供了信息发布、资讯查询、网上申报、网上备案等服务,为两岸会展企业间搭建起高速信息通道。

(三)闽台会展业对接发展的制约因素

闽台会展业对接的深度与其本身具有的潜力相比还有一定的差距,在发展过程中还存在着诸多问题,原因主要有以下五个方面。

1.政府主导模式制约多种类型资本的参与

目前闽台的会展业自主市场化程度较低,大多以政府主导为主。会展业的专业活动本该市场化运作,但都受行政的干扰,政府层层管理、审批及非专业化的展会管理不同程度上阻碍了会展业专业化发展。例如在招展时过多使用行政命令干预招展行为,配置资源时考虑社会影响力比重大,而忽视展会的经济效益。此外,目前福建省内还没有实力较强、规模较大、市场运作经验丰富的会展企业,真正能够承担起规模较大级别较高的展览活动或会议,很多会展企业难以拥有广泛的社会资源。因此,这种政府主导模式不利于会展业多种类型资本的参与。

2.非制度性的对接协调机制缺乏约束力

目前闽台会展业的交流仍处于间接、单向、局部的不平衡状态,对于会展管理和经营缺乏规范,福建很多地区重复办展,跟风办展,台湾地区参展商同质化现象严重,使得闽台会展缺乏实质性交流内容,难以实施深入合作。

3.公共服务体系落后

由于会展业是对相关产业拉动性很强的产业,需要与通信、金融、酒店、餐饮等其他服务业紧密配合,如果配套产业出现不匹配或不完善的问题,不仅会限制会展的举办规模和档次,海内外招展的难度也会提高,影响会展业进一步专业化、产业化的发展。

4.一味追求规模和数量

目前,两地举办的图书交易会上出现台湾出版社直接营销的新图书较少、展区只见图书不见人的现象,两地深度且有实质的交流有待增加。目前闽台双方以互相参展居多,联合办展、充分利用双方优势进行深度对接的图书展偏少,闽台引进输出项目多是教材类、学术类图书,较少涉及配套的多媒体数字资源,无法真正实现闽台间资本、资源、优势等合理流动和配置。

5.会展人才匮乏

高品质会展的举办需要高素质的专业会展人才,而目前福建省会展从业人员良莠不齐。具有良好组织能力、沟通能力、专业策划能力的高素质人才严重缺乏,制约了福建会展业的组织质量和服务质量。

(四)闽台会展产业对接的促进策略

当前,闽台两地应把握好两岸友好、和平、稳定发展所带来的机遇,进一步加强两地会展业的合作与交流,重点可以从以下几方面着手:

1.加强闽台合作的环境建设

展会前期应开展充分的市场调研及展会活动的规划,及时发现对接合作中可能出现的问题,有针对性地研究制定展会综合保障方案以解决好参展商在展会活动中所遇到的问题。对于影响力大、档次高、规模广的展会,要集中有效资源来予以配套支持,努力营造规范、有效、快捷的产业发展环境,来推动会展业的发展。

2.转变政府职能

初期,政府能够集中配置有效资源,以推动会展经济的发展,但随着两地产业经济不断深入融合发展,政府部门受限于体制,无法克服审批程序复杂、多头管理等现状,难以实施统一管理,造成大量资源浪费,不再适合成为主体。因此,要主动转变政府职能,在规范行业上下功夫;主动让位,鼓励会展企业在闽台两地进行业务交流,完善会展基金运作,让会展主体成为市场的主流。

3.构建制度性的协调机制

闽台会展产业对接还处在非制度性对接层面,涉及双方经济利益和政治利益冲突时,合作机制往往形同虚设,无法进行更实质、更深入的合作。因此,闽台会展业对接要获得实质性进展,必须建立制度性的协调机制,要在闽台成员之间搭建沟通协商、统筹规划的平台,通过制定统一规划和决策来确保双方的整体利益共享,兼顾双方的当前和长远利益,双方都能分享合作的最终成果,确保闽台间合作的稳定性和长期性。

4.完善配套设施,实现产业升级

成功举办高规模高档次会展体现城市的综合实力。要以会展为核心,协调发展其他相关服务业,改善闽台物流环境,增加往返闽台的航班次数,形成稳定成熟的会展产业链。不断完善展览馆功能和周边配套设施,提供上下游配套产业高质量的服务,要让参展商"请得来,留得住"。提供闽南乡土菜、特色菜,改善参展人员对"吃"的体验。引导参展商游览福建省境内的历史人物古迹,体会闽南深厚的文化底蕴,让他们"吃得香""住得好""玩得乐",进而吸引更多参展商。只有不断完善与会展业密切相关的基础配套设施建设,促进产业链不断成熟,空间布局更加合理,才能进一步推动两地会展产业升级发展。

5.鼓励联合培养人才

考虑充分利用双方的资源和条件,促进闽台设置会展专业的高校和培训机构展开交流合作。通过互聘客座教授及专家,互派会展人员学习培训,互派优秀会展从业人员到机构实习指导,联合培养会展研究生等形式培养人才。制定一套有效激活企业和个人的能与国际接轨的人力资源制度、智力资源资本化要素的合理分配制度,把培养的高层次人才吸引到行业中来。同时注重开拓会展从业人员的国际视野和综合素质,多积累和借鉴会展发达国家的经验,使之能够适应扩展国际会展业务的需求。

6.继续培育会展品牌

品牌是会展业发展的灵魂,努力经营一批在国际上有影响力的专业会展,是会展业今后的必经之路。打造品牌展会,要明确展会品牌的形象,创造差异优势和挖掘展会独特之处,不断关注市场需求和消费者心理变化,注重产业基础和品质创新。此外,闽台两地联合打造会展企业集团或企业战略联盟也是今后的一大趋势,通过建立优势互补、分工协作的联合体,可以聚合成新的竞争优势,进而集中资源促进海峡品牌会展向国际顶尖级品牌会展方向发展。

7.充分发挥会展协会和民间组织的功能

行业协会是民间性组织,属非政府性质,可以有效避免政治敏感问题,实现制度突破,行业协会的作用日益突显出来。在闽台建立跨区域的会展产业行会组织,可以跨越行政地域界限,有效引导会展企业分工与协作,实现联合互动,增进两地民间、官方的交流和沟通,最终形成深度对接。民间组织层面的联动合作机制,走"资源整合、社会协同"的道路,帮助闽台企业间建立产业关联网络,充分整合各类资源,开展以优化配置为主要内容的联动合作,进而共同打造拥有核心竞争力的会展品牌。

总之,会展经济在海峡两岸产业融合过程中突显出重要作用,今后仍需在积极完善基础配套设施,积极开发高档次专业性展会,培养实力强的会展企业集团等方面不断努力和探索,使闽台会展业在国际格局中发挥更大的影响力。

第二节　闽台非遗与古镇保护及产业化案例研究

闽台非物质文化遗产具有同源性和相似性,这为共同保护与开发奠定了坚实基础。

首先,闽台隔海相望,自然气候、地理环境十分相似。两地均位于北纬25°左右,丘陵密布,雨量充沛,植被丰茂,受热带和亚热带海洋气候影响,温暖湿润,长夏无冬,因此两地民众在生活、生产习俗上具有相似性。

其次,闽台历史上行政一体,人口种群也十分相近。史界已确认,台湾本地住民大多为大陆直接或间接移居而来的,与福建"清流人""东山人"拥有共同始祖。以厦漳泉闽南金三角和古汀州客家聚居地移民为主,台湾八成五六代以上移民均来源于上述两地。连"台湾"一语亦传自闽地,据连横《台湾通史》载,台湾原名"埋冤",为漳泉人所号。明代漳泉人入台,水土不服病死者不计其数,故闽人以"埋冤"名之以志其惨。① 宋元以来台湾大多隶属于泉州府,直到中法战争后方独立为省。

最后,闽台文缘相承,在地方方言、戏曲音乐、表演艺术、民俗节庆、宗教信仰、民居建筑、传统技艺、人生礼仪等方面相近相通。南音、童谣、高甲戏、歌仔戏、拍胸舞、答嘴鼓、车鼓弄、赛龙舟、骑竹马、博饼等民间艺术、娱乐和节庆活动在台海两端世代相沿,形成独特的地域文化风貌。妈祖、保生大帝、广泽尊王、清水祖师、土地公等信仰,更承载了两岸人民共同的情感寄托、道德理想和生活愿景。据不完全统计,台湾有1 000多座妈祖庙,信众1 600多万,每年来湄洲主庙朝圣的信徒超过130万人。

非物质文化遗产是地方记忆、民族想象和国家叙事的重要表征,其蕴含的历史价值和文化意义不容小觑。闽台非物质文化遗产是中华文化的重要构成,既是维系两岸民众情感的重要纽带,又是承载传统文化的重要依托。在城市化、全球化、一体化的驱动下,各民族各地域的非物质文化遗产均遭遇不同程度的现

---

① 连横:《台湾通史》,华东师范大学出版社2006年版,第13页。

代化危机。非物质文化遗产保护始于1793年,以法国的《共和二年法令》为标志,后经日本、韩国提倡,逐渐被世人所关注。这一保护意识本身缘起于对现代化进程的忧虑和反思,希冀从后现代立场上保护传统文化精粹和人类文化多样性。就闽台非物质文化遗产的古今融通而言,福建和台湾存在一定的差异性。

一是保护程度的差异。近二十年来,福建乃至大陆处于大刀阔斧的现代化进程中,发展之迅速世人皆有目共睹,但忽视了传统文化的保护,乡村传统文化自然没落,城市直接融入现代文明建构。一般来说,城市比村镇更难维系文化空间的实体性、完整性和原真性,大陆范围内,除丽江、平遥、阆中、歙县等少数古城保留原初格局,多数城市采取标本式保护方式,即保留部分文化街区、遗迹或景点作为观瞻之地,其余皆推倒重建,破坏了原来的文化群落结构,传统习俗、仪式、艺术等亦随之渐去渐远。北京、南京等均采取这种城市发展模式。以闽南红砖古厝为例,它主要分布于厦门岛外四区、泉州古城区和漳州龙海、芗乡、长泰、南靖等地,在城市中心已所剩无几,并随着城市化进程逐渐被蚕食。漳州台商投资区角美龙池白礁村潘厝社的潘厝古民居群以及厦门海沧新垵红砖古厝淹没在一片钢筋水泥建筑群中,文化空间的整体性被破坏。相较而言,村镇主要面临人口流失、素质下降和文化失落、精神危机等问题。中华文化的根脉在乡村,古时读书人出仕前多居乡里,"朝为田舍郎,暮登天子堂",远离庙堂后又多荣归故里,退居乡村,耕读传家。而如今许多乡镇因大量农民进城务工或人口迁徙而逐渐萧条,空巢和留守问题日趋严重。《农村空巢家庭生活状况——闽南山区S村的一项实证调查》显示,2008年S村劳动力人口938人,外出人口668人,外出人口占劳动力人口的71.2%,60岁以上老人240人,空巢老人104人,空巢率约为43.3%,另有与孙辈、亲戚同住的类空巢老人28人。①

与之相比,同期台湾发展却相对放缓,较早启动传统文化保护机制。台湾文化保护起步较早,法律、教育、传媒等纷纷助力文化传承,从1982年颁布"文

---

① 王静珊:《农村空巢家庭生活状况——闽南山区S村的一项实证调查》,《南京人口管理干部学院学报》2008年第2期。

化资产保存法"起,先后出台 10 余部相关法律法规,制定了不计其数的地方性保护法规,将古迹保护纳入城市整体规划,进行有序保护和合理开发。以金门红砖厝为例,金门县面积约为厦门的 10%、泉州或漳州的 1%,但它保存了 2 000 多幢红砖厝,不仅数量具有压倒性优势,而且保存状态、活化程度均好于大陆。台湾在现代转型过程中较少传统文化衰微现象,科学技术与宗教信仰并举,都市时尚与传统习俗共存。据台湾《中国时报》公布,至 2011 年,台湾共有寺庙、教堂 15 211 座,其中寺庙约为 1.3 万座,道教寺庙占 78.3%,佛教寺庙占 19.6%,教会教堂 2 200 余座,基督教占 76.5%,天主教占 22.2%,比之 1959 年台湾文献委员会所作统计"全台共有 4 220 所寺庙"更见庞多,足见台湾信仰昌盛及多元化趋势。

二是活化程度的差异。闽台非物质文化遗产在利用开发上也存在活化程度的差异。福建非物质文化遗产的开发主要集中在工艺类和民俗类非遗上,以生产性保护和旅游开发见长,如蔡氏漆线雕、惠安石雕、妈祖文化旅游,语言、戏剧、表演类非遗开发则面临窘境。与之相比,台湾则体现更加纯粹的闽南社会特征,在非遗活化上更注重全面性、互动性,促进非物质文化遗产和现代社会的融合。以台湾答嘴鼓和厦门答嘴鼓为例,两者在演出机制、表演方式、艺术技巧上颇有差异。首先,在演出机制上,厦门答嘴鼓以事业扶持为主,较少涉及商业活动,艺术形式较为纯粹,但面临财源不足、观众日稀的问题;台湾答嘴鼓则引入商业运作,商业化程度较高,广泛运用于综艺、娱乐、广告行业,内容较贴近现实生活,如《电视购物》《有钱真好》等容易引起共鸣,同时大量灌制唱片专辑推进市场化,还组织台湾金曲颁奖典礼等加以推广。其次,在表演方式上,厦门答嘴鼓形式单一,几十年不变;台湾答嘴鼓则丰富多变,常引入流行文化元素,如通过脱口秀、真人秀等增加人气。最后,在艺术技巧上,大陆答嘴鼓注重主题和情节,如《唐山过台湾》着重叙述早期大陆人迁居台湾的历史,唤起闽台百姓共同的文化记忆,历史文化价值较高,但消遣娱乐性相对不足;台湾答嘴鼓则主要以语言取胜,注重"镖笑""讲花",博取观众笑声,较为轻松愉悦,如许舜钦与澎恰恰表演的《欢喜玉玲珑》爆笑闽南语春晚。厦门答嘴鼓要想打破娱乐多样化的四面重围,在市场上谋得一席之地,应该借鉴台湾答嘴鼓发展经验。生在台湾的谢日新告诉记者:"其实,台湾主持人运用的很多表演方式,都是从答嘴鼓里演化而来的,厦门可以借鉴,以民众喜闻乐见的形式让更多人能够欣赏。"①

一、台湾非物质文化遗产保护与开发经典案例

台湾在非物质文化遗产保护与开发上起步较早,注重城乡互补、古今融合、文化多元并存,不乏成功案例。

(一)乡村文化从"他者"成为创意之源

台湾休闲农业依托田园景观、自然生态和环境资源,如山林、田园、果园、菜园、茶园、山溪、鱼塘、牧场、渔场等天然景观,借助农林渔牧生产、农家生活、田园文化等发展休闲农业,提供农耕、游猎、采茶、垂钓、酿酒、森林旅游、渔业风情等品类丰富的体验项目,形成文创农村遍地开花的局面。以台湾南投县梅子梦工厂为例,该工厂依托天然梅子林,衍生出与梅子相关的制造业,分别设立梅子蜜饯、梅子酒、梅子醋等加工工厂,通过品牌塑造、创意设计、情景安排、故事传达等手段将生产加工流程可视化、艺术化和可体验化,厂区分设忘记回家梅子酒庄、梅子跳舞工坊、梅子醋工坊、山猪迷路游憩区、半路店等,提供吃住娱行购一条龙服务,发展文创产业和观光旅游业,延伸田园经济产业链。台湾另一农业品牌"掌声谷粒"充分挖掘中国农耕时代饮食文化加以创意设计和包装,通过文字和影像记录谷物从稻农到田野再到碗底的旅程,传达农耕时代人与土地的亲密关系、以农利国的农业伦理以及天然生态的生产理念,每一份谷物都有一个出生履历,记录其产地、特点,如台梗2号的软嫩香甜、高雄139的弹牙饱满,带给消费者浓郁的古早文化和食品安全体验。同时,该品牌将产品销售和地域行销连为一体,通过产品传播地域文化,2009年5月,在《天下杂志》上刊出《掌声谷粒——来自土地的呼唤》一文,为开拓"深度田园体验游"夯实基础。

---

① 苏奇:《厦门答嘴鼓传承 可借鉴台综艺节目》,《厦门晚报》2012年1月6日。

(二)民间信仰融入现代文化建构

妈祖文化在台湾极为兴盛,岛民虔诚和普及程度绝不亚于福建,每年台湾信众奔赴福建湄洲祭拜妈祖者不计其数。台湾本土亦举办形式多样的妈祖祭典活动,把它演化成娱神娱人的节日,在民俗信仰和现代生活之间搭起桥梁。

"台中县大甲妈祖国际观光文化节"是最具代表性的妈祖信俗活动。该文化节由七天八夜的绕境巡游活动组成,持续时间之长、覆盖面之广、项目之多、人气之旺,非亲历者难以想象。除了宗教朝拜、艺术展演、民俗表演、学术会议外,加入万众骑自行车、大甲马拉松祈福路跑等具有现代生活气息的活动,参与者可沿途欣赏台湾风光,品尝台湾美食,因此吸纳更多人群参与其中,进一步推广妈祖文化。

台湾将信俗活动和艺术欣赏、观光旅游相结合,让传统文化融入现代文明建构,促进古今融合,既利于非物质文化遗产的传承,又利于文化资源的合理开发,起到双效功能。

(三)民间艺术搭乘现代传媒的快车

台湾将传统艺术和现代传媒、影视相结合,促进传统艺术的重生。台湾布袋戏由闽南传入,非但不会在新媒体氛围中消亡,反而有艺术革新的机遇。以金光和霹雳布袋戏为例,它们对传统布袋戏进行了全面艺术革新。首先,人物造型和服装上借鉴现代漫画和游戏成功经验,加入时尚元素,如锥子脸、高鼻梁、深眼窝等,趋向现代审美需求。其次,剧情趋向紧凑,增强戏剧性,摒除古代才子佳人的老套故事和大团圆结局,注重大开大合,以波澜壮阔的故事情节吸引现代观众。最后,影视加工方面,在场景氛围布置、音乐制作、特效处理上大胆采用现代影视手段,增强传统艺术的可视性,满足现代人的观影需求。

二、闽台非物质文化遗产共同保护与开发的基本策略

(一)依托传统资源发展创意产业

受地理环境多样性的影响,福建文化资源具有总量大、分布广、品类丰富的特征。首先是众多物质性的有形文化资源,福建拥有2个世界文化遗产、5个世界文化遗产预备名录、4座中国历史文化名城、7座历史文化名镇、16座

历史文化名村、5座历史文化街区、137家国家级文物保护单位、879家省级文物保护单位,登记涉台文物1 515处。其次是丰富的精神性文化资源,包括戏曲、音乐、语言、曲艺表演、传说故事、习俗信仰等品类,很多艺术形式保留了华夏古风、唐宋遗韵。最后是数量可观的实践性、生产性文化资源,材质特殊,技艺精湛,富有地域和民族特色。其中,闽南传统民居营造技艺,漳浦、柘荣剪纸,木拱桥传统营造技艺,水密隔舱福船制造技艺列入世界非物质文化遗产,软木画、脱胎漆器、寿山石雕、漆线雕、惠安石雕、木版年画、纸织画、武夷岩茶制作技艺、福鼎白茶制作技艺、安溪乌龙茶铁观音制作技艺、德化瓷烧制技艺、客家土楼营造技艺等列入国家非物质文化遗产。

　　福建文化创意产业处于起步阶段,存在创意品类单一、创意水平不高、区域发展不平衡、闽台合作深度不足等问题,许多传统资源未被合理利用。就地域发展而言,文化创意产业主要集中在福州、厦门和泉州等地。就开发范围而言,利用较广的是实体性文化资源,主要用于旅游开发,其次是部分手工技艺类非遗,主要用于工艺生产,部分民俗节庆活动被整合入旅游产品内,但与福建历史文化资源总量相比,所利用的仅是冰山一角,大量的精神性文化资源未被很好利用,如传说故事、音乐曲艺、表演杂技,逐渐淡出世人眼界。就创意水平而言,福建创意产业缺乏高创意、高附加值产品,工艺美术缺乏原创性,动漫游戏缺乏艺术性,另外影视传媒、创意设计等也处于产业下游。就两岸合作而言,闽台创意合作仍处起步阶段,福建应积极引入台湾文化品牌、创意理念、管理机制、发展模式等。

　　闽台非物质文化遗产的产业化应学习日韩经验,加大创意力度,变文化资源为文化资本。如日本动漫充分利用传统文学题材、故事原型、人物原型、音乐素材等,以深刻的文化内涵和丰富的艺术内蕴促成动漫的艺术化和国粹化,进而带动动漫产业在世界范围内滚雪球式的成长,拥有全球65%左右的动漫市场。又如韩国立足本土文化,将传统文化市场化,每年举办各种类型的节日庆典,如"文化遗产年""旅游年",设立"泡菜节""假面舞节""电影节"等,将传统服饰、饮食、音乐等传统文化元素渗入电视剧、服装、音乐、电子游戏等,成为不容小觑的"韩流"。

同样,闽台文化创意应从内容、形式、媒介、运作模式等全面入手。具体而言,可以是表现题材的提炼和拓展,增强作品的现实关注度;可以是表现形式的革新,以适应现代人的欣赏水平和审美习惯;可以是传统元素的提炼、升华和时尚元素的巧妙运用,既延续传统文化,又焕发时代精神;可以是传统文化与现代科技的结合,拓宽艺术表现形式和传播途径;还可以是运作模式的改变,适度引入商业运作,增强盈利能力。以台湾答嘴鼓为例,它之所以长盛不衰,是因为在文化创意上下了一番苦功,在表现题材上,关注当下,贴近生活;在表现形式上,弱化情节和主题,增强语言表现力,注重"镖笑""讲花",营造风趣幽默、轻松愉悦的氛围;在演出方式上,注重古今结合,引入流行文化元素,如通过脱口秀、真人秀等增加人气;在运作模式上,变事业扶持为主为商业运作为主,广泛运用于综艺、娱乐、广告行业等。

(二)依据地域优势发展特色产业

闽台非物质文化遗产产业化应以地域自然和文化生态为基础发展特色产业,维护和发挥地域生态优势,差异为本,特色为本,避免产业同质化,逐步形成闽都文化圈、闽南文化圈、妈祖文化圈、客家文化圈等子系统,系统内围绕文化主题形成合力,塑造独具个性的城市形象。

闽都文化圈应以省会福州为中心,依托政治、经济、文化、人才优势,在网游动漫、创意设计、文化旅游等方面加强闽台合作,形成闽台高端创意产业区。闽南文化圈以厦漳泉等地为主体,在综艺表演、手工工艺、生产技艺、数字媒体、文化旅游、文化会展等方面加强两岸的对话和合作。妈祖文化圈是以妈祖信俗为核心的文化区域,其辐射范围包括泉州、台湾、东南亚等地,依托信仰无边界的理念,建立跨越台海的双边或多边交流合作机制,以妈祖文化为主题加速产业聚集,不断吸纳绘画根雕等工艺美术、戏曲音乐、曲艺表演、影视文化等向文化母题靠拢,形成上下游产业链。客家文化圈以闽西客家聚集区为中心向周边辐射,凭借客家文化在台湾的影响力,发挥闽西自然环境优势,突出客家祖地游、中华文化寻根、生态养生的主题,借鉴台湾"客家桐花祭""台湾客家文化艺术节"的制作经验,以演艺拉动旅游,丰富文化旅游内容。

(三)依靠产业发展形成循环经济

经济效益背弃自然生态和社会效益的事实,在许多地域的发展中一再复演,如文化资源的滥开发、过度开发,自然和文化生态原真性的破坏,自然环境和文化实体的过度承载等,致使丽江古城、颐和园、故宫、布达拉宫等世界非物质文化遗产被亮"黄牌"。文化经济的可持续发展应杜绝涸泽而渔的短视行为。闽台文化圈在建构和推动产业发展过程中,应避免文化和自然资源的过度产业化或商业化,坚守保护在先、开发在后、以开发促保护的发展理念。具体做法如下。

首先,自然和文化生态保护先行。自然生态是发展地域经济的外在环境,文化生态是发展创意产业的内在资源,对它们的保护和适度开发不仅能够彰显地域特色,而且能展示文化对生产力的巨大推动作用,使文化资源成为文化资本,实现无烟、绿色和循环经济。日韩等国的文化经济发展经验表明,文化传承与自然环境保护是经济发展的前提。日本明治维新时即出台《古器旧物保护方》《古寺社保护法》《国宝保护法》等多部法典,更难得的是,它很早就确立了以文化资源为依托的文化产业发展国策,1950年又颁布《文化财保护法》,保护对象遍及美术工艺品、建筑、史迹名胜、天然纪念物、无形文化财及埋藏文化财,为保护传统资源提供法律依据。韩国同样秉持先保护后开发,以开发促保护的产业发展道路,以历史文化资源为产业依据,坚持政府主导型的发展策略,注重文化遗产、民间艺术、传统工艺、信仰习俗的保护与振兴,注重文化资源的合理开发,以文化节事活动拉动旅游产业。

闽台非物质文化遗产的产业化离不开切实有效的文化生态保护,可从法律法规上完善闽台生态立法,加强对闽台非物质文化遗产的保护,可从文化教育上加快闽台文化普及,亦可从文化政策上鼓励闽台文化交流和民间习俗复兴,营造浓郁的闽台文化氛围,为闽台文化产业开发奠定基石。

其次,文化事业和产业协并发展。文化事业是公益性的,强调社会效益,文化产业是经营性的,追求经济效益,两者定位不同,但应形成协调促进机制,以文化事业提升文化品格,增强地方软实力,促进文化产业的飞跃发展;以文化产业增加财政收入,充盈国库,利于文化事业的持续开展。两者之间相互融合,文化事业适度引入产业经营,如博物馆出售各类的文物复制品进行创收,可在文物保护、便民服务等方面增加投入;文化产业则应投入事业心,在文化培育、售后服务、社会公益上加大投入,提高市民关注度和社会影响力,形成良好的企业形象和品牌,推动产业持续发展。

最后,产业利润用于闽台非物质文化遗产的完善。文化利润抽成指从开发利润中合理抽取文化产业的相应盈利额,以财政税收再拨款或文化资本投入的形式,用于自然环境维护、文化遗产和非物质文化遗产保护、文化事业发展等方面,促进闽台非物质文化遗产的完善和发展。从短期效应上看,文化利润抽成妨碍资本再投入,放缓了文化开发步伐,但从长期效应看,它有利于文化开发和文化保护的良性互动,促进文化产业的稳健发展。以文化旅游为例,部分旅游收入用于自然生态维护、文化遗迹保护、文化活动扶持等,保证旅游开发和文化保护的双向和谐发展。

三、透过闽台古镇看福建古村镇发展

闽台古镇位于厦门后溪镇城内村,是由台商投资开发的具有闽台民俗特色的旅游项目,也是政府颁发的第一个对台交流文化基地。

闽台古镇所在"城内村",故名"城内""霞城",兴建于康熙元年(1662年),是清朝为实施"迁界海禁"政策特命施琅将军在古月海滩上督造的城池。《泉州府志》载,霞城位于同安仁德里十三都后溪城内。顺治十八年(1661年),"迁沿海居民,以垣为界。三十里以外,悉墟其地"。古城占地约50亩,整体呈现椭圆形,四座城门分设观音庙、王爷庙、城隍庙和玄天大帝庙。

在历史长河中,霞城经历了沧海桑田之变。古月海滩早已不见踪影,退却了的海岸线被绵延的陆地所取代,空余"临海门"御赐匾额静静躺在重建后的城隍庙里。观音庙、王爷庙空余名称,城隍庙毁于1958年,2000年后由台胞宗亲捐资在原址复建,唯有北面拱辰门和玄天上帝庙一同保存至今,拱辰门尚有施琅的亲笔题字。

闽台古镇之所以能够作为闽台民俗旅游景区进行开发,不仅因为它处于对台文化交流的前沿——厦门,具有难能可贵的地缘优势,而且因为它的外在形制和内在文脉未曾有大的走样。

首先,历史悠久,显示闽台之间深厚的文化渊源。霞城三百余年的历史见证了闽台之间传承与衍化的整部历史,让世人生发对明朝遗民与清政府殊死对抗、施琅与郑氏家族恩怨纠葛、城隍信仰随闽南先民跨海入台的历史遐想。其中,霞城城隍庙不仅是台北霞海城隍庙的"祖庙",更是台湾其他城隍庙的"太祖庙"。

其次,城池格局和大小基本保持不变,只是功能发生变化。城隍庙位于旧时临海门处,拱辰门保持不变,南北向格局固定,主巷沿城隍庙至拱辰门,是城内村的中轴线。西向至停车场、艺术中心,东向至老电影博物馆附近,直线距离亦和城池原貌差不多。不同的是,霞城原为军防城堡,现在则是地道的闽南居民区。

最后,民风古朴,信仰繁盛,文脉相承。闽南人膜拜天地、崇信自然、敬畏神明,集体无意识里积淀着不甘认命的拼搏精神和对超自然力量的崇敬心理。城内保存有100多间闽南古厝,门前屋后对冲路口、巷口之处均安放着形态各异的石敢当,有时简化为一方矮石柱,有挡风护屋、辟邪镇宅之意。入城主巷口有施琅将军像、貔貅石雕,亦有守村护宅的含义。闽南人喜在庙前植榕树,认为参天古榕是汇聚岁月精华的灵物,对之敬若神明,北面拱辰门即因百年古榕倚墙而生才免遭拆毁,重建城隍庙前的榕树也已合抱,足见喜榕之风不减。

城隍崇拜是霞城人的集体信仰,城隍庙也是他们的公共空间。殿内面目黧黑的城隍老爷坐镇中央,牛头马面,黑白无常侧立两旁,是守护一方太平的使者,是正义和秩序的象征,寄予村民们惩恶扬善的美好理想,也承载他们行善积德、莫行恶事的人生信条。每月初一十五、初二十六,每年五月十三日城隍诞辰、十一月二十二日祈安日庙会是全村人的共同节日,众人敬拜、祈福点灯、舁神巡境、"颠轿"、踩街等,吸引闽台众多信众参与。

(一)闽台古镇开发的前后历程

闽台古镇是由厦门政府牵头,由台湾洪全民俗文化开发有限公司投资开发的文化旅游项目。项目负责人洪明章旨在打造"闽台民俗文化古镇",树立村口"功德坊",翻新道路,设置路标,重建池王爷庙和观音庙,修建黑猫餐厅,租赁并修葺古屋,培训人员,购置万余件历史文物,开发成八座博物馆和文化馆,使闽台古镇项目初具规模。笔者于2016年7月中旬考察闽台古镇,采访了古镇相关管理人员杨建,走访当地住户。据悉,闽台古镇自2013年1月整修后对外运营,当时台湾地区领导人马英九、国民党荣誉主席连战、台湾地区立法机构负责人王金平均发来贺词,可谓盛况空前。可2014年年底景区接待游客量明显减少,至2015年夏则基本停止运营,前后持续时间不足三年,目前仅对预约参观者开设个别场馆游览服务。

首先是项目运营的差异。闽台古镇之前采用一票制,独立门票为60元,和鼓浪屿的联票为128元(包接送费),镇内所有场馆均可免费参观。项目开发者适时举办摄影比赛、绘画比赛、摘草莓、赏油菜花、民俗表演(三太子踩街、木偶戏、歌仔戏)等各类活动,甚至在游客密集期于村口空地安排斗鸡、喂鹦鹉等阵头娱乐节目,让游客体验个中乐趣。如今,闽台古镇处于整顿状态,取消门票制。其中闽台老电影博物馆等几个场馆处于维修中,闽台匾额博物馆A和B提供预约免费参观服务,公司仍支出房屋租赁和管理费用,处于亏损状态。

其次是参观人群的变化。第一,人数缩减。闽台古镇旅游鼎盛期每天接待四五百名游客,而现在隔三岔五才接一两团,每周接待人数仅为几十人。第二,参观受限。原来基本所有场馆每天都接受旅游团或散客的参观,现在只接受旅游团在预约日参观个别场馆。第三,年龄改变。原来参观者无明显年龄分布特征,现在预约者多为慕名而来,以中老年人或热衷传统文化者为主,平均年龄大幅增加。

最后是社会影响的缩减。闽台古镇与鼓浪屿捆绑销售门票时,可倚借鼓浪屿5A景区的全国知名度进行对外宣传,扩大社会影响力。现在,闽台古镇缺乏常规宣传活动,仅于城隍诞辰、庙会日举行大型闽南民俗节庆活动,如每年一度的"海峡两岸城隍文化节",参与者多为闽台地区城隍信众,社会影响力有所缩减。

(二)闽台古镇难以维系

1.人文生态受破坏

闽台古镇位于厦门市集美区后溪镇,商业相对发达,经济发展水平较高,

2015年集美区农民人均可支配收入19 894元,仅次于海沧区,年增幅为10.5%,城乡差距逐步缩小。"文革"期间,村内不少历史建筑和文物遭到毁弃,老城隍庙在"破四旧"运动中破坏殆尽,青石城墙也被村民拆下建屋,仅余拱辰门、临海门匾额等少数古迹、遗物。改革开放后,村民经济收入和生活水平明显提高,不少住户拆了古旧祖屋盖四五层楼房,新建楼房和古厝交错相间,古厝在楼房的遮拦下若隐若现,且居住者少,缺乏整体修缮,使闽南建筑风貌和地域风情受损。

同时,本村青壮年常年在外办厂、创业或打工,居家者少,一般过年时才回家团聚。常住人口以中老年人为主,外加一些妇女儿童,文化传承也存在断代问题。

2.旅游项目较单一

闽台古镇以民俗游为主,60元门票与其他同类景区价位相比偏高,难以满足"挑剔"游客的观赏愿望和心理期待。镇内共开设闽台老电影博物馆、闽台匾额博物馆、闽台酒博物馆A和B、爱情文化博物馆、官用品博物馆、海峡两岸博物馆、白蛇馆这八个场馆,以静态历史文物展示为主,对游客文化素养和历史求知欲要求较高,并不能唤起多数人的文化认同,也难以满足他们求新求异的旅游需求。同时,景区管理人员配备不足,除预约参观外,一般只开放4个场馆,导致散客投诉"闽台古镇门票缺斤少两"。

另外,简单的民俗表演因审美习惯和语言隔膜的问题收效甚微,拼盘式的娱乐项目减弱闽台民俗文化旅游的鲜明主题。

3.利益分配不平衡

闽台古镇的旅游开发有赖于城内村天然文化生态,包括静态的文化遗迹和动态的文化习俗,但运营模式并不妥当,未把文化生态的拥有者和制造者——村民纳入文化符号生产和利益分配体系中,把闽南人的日常生活开发成旅游体验项目,充分调动其积极性,让他们对项目开发有知情权,协商合理的开发路径。虽然古镇旅游给村民带来房屋租赁、小摊买卖等现实利益,但不能使之产生主体意识,纷至沓来的游客使得小村变得杂、乱、脏,侵扰了村民原本宁静安详的生活,因此不少村民不愿配合,甚至产生不满情绪。据管理人员介绍,前两年项目开发组为了吸引游客也想了不少主意,在游客密集时会在城隍庙前的广场上开展娱乐表演,10:00—14:00是游客最多的时间,因此娱乐项目被村民视为扰民之举,时有矛盾发生,后来就取消了。

4.周边配套不健全

闽台古镇前不挨村,后不着店,周边缺乏其他知名自然和人文景观,和鼓浪屿门票打包固然解决了游客稀少的问题,但是它与鼓浪屿距离远,驱车来回接近三个小时,交通不够便利且成本较高,难以实现项目盈利度和游客满意度相平衡的目标。对于散客而言,通往闽台古镇的公共交通不发达,从岛内出发须倒换班车方能到达,路标指示不明显,自驾游也有一定困难,阻碍了游客前往参观的热情。公共卫生配套也明显不足,游客曾投诉,博物馆群附近找不到卫生间,只能到村外停车场如厕,又脏又臭难以忍受。

5.政府扶持不到位

闽台古镇项目政府介入力度不足,在旅游路线整体规划、古镇整修、项目扶持、交通配套等方面缺乏相应扶持,开发企业单打独斗收效甚微。据管理人员介绍,他们期待中的政府扶持措施未见踪影,景区停车场因公司资金不足迟迟未动工,影响了景区接待能力。

(三)由鹿港小镇引发的发展思考

1.鹿港小镇九曲巷——化于无形的文化行销

鹿港是台湾西岸的著名小镇,兴建于乾隆四十九年(1784年),因港口商贸而繁荣,有"一府二鹿三艋舺""繁华犹似小泉州"的美称,后因港口泥沙淤积和在铁路规划线路之外而没落,但也因此躲过现代都市改造的浪潮。20世纪末起,鹿港因寺庙古迹密集、传统建筑完好、文化格调高古逐渐进入世人眼界。罗大佑的《鹿港小镇》唱响华语文化圈,"我的家乡没有霓虹灯""门上的一块斑驳的木板刻着这么几句话:子子孙孙永保佑,世世代代传香火",带有浓郁的怀旧气息和都市文化批判意味,一下子抓住都市迷惘者的心,进一步推动鹿港文化寻根游。游客们纷至沓来,把它当作梦中迷失的故土和向往的精神原乡。鹿港的风靡,类似于因沈从文《边城》系列而闻名的凤凰古城。

鹿港这个不足十万人口的古老小镇已然成为台湾重要的文化旅游景点,

九曲巷作为鹿港的缩影,日渐成为都市游客追慕的圣地。九曲巷的成功在于它消除生活营造与文化行销、传统文化与现代文明之间的隔阂,让游客很快产生融入其中的回家之感。

首先是它的年轮感。九曲巷是台湾闽南人聚居地,很好地保存了中华文化底蕴和闽南地域风情。巷内闽南红砖古厝鳞次栉比,凌空飞起的燕尾脊、精致秀雅的镂花窗、变化无穷的装饰墙,给人错彩镂金、富丽堂皇之感,墙基、影壁、斗拱、檐角、门楣、窗棂、梁栋等无处不是工匠们挥洒艺术灵感的场所,似乎要在有限的空间融入无限的艺术想象,彰显着别具一格的闽南风情。"松下斋""合德堂""岐阳衍派"等门匾沿巷随处可见,潜藏着不曾走远的祖地记忆、儒风古韵以及华夏道德信仰。"摸乳巷"因窄长深邃不容二人并肩通行而得名,又名"君子巷",实则体现当地人优雅出入、悠然生活、崇尚揖让的理念。卖虾猴、乌鱼子、青草茶的小铺散发着浓郁的闽南风和古早味。

其次是它的人情味。九曲巷不收门票,也不迁移居民,蜿蜒曲折,但干净得不可思议,随处可见花架、盆栽和探出屋角的花枝,不经意间显示屋主人的生活情调。沿巷开设特色商铺,所售多为特色物品,以新奇吸引游客,不需要喧哗的兜售声。小巷居民对来往穿行的游客安之若素,游客亦不敢打扰它的宁静。老年人拍打着扇子门口纳凉,小孩子扶着墙壁蹒跚学步,中年人拉着自行车出入小巷,这里的人们循着自己生活的节奏走,对游客司空见惯,游客进入九曲巷,也不敢高声喧哗,在九曲十八弯的街巷里走迷宫,赏花架,看建筑,逛老店,静静地来,悄悄地去,带走的只是美好的回忆。

最后是它的完整性。九曲巷的美在于它完整保留了闽南古风,较少受现代钢筋水泥、嘈杂都市的侵扰。它似乎在老时光里盹着了,成为都市人怀旧的好去处。同时,鹿港不大,九曲巷与鹿港天后宫、龙山寺、文开书院、古月民俗馆连成一体,小镇历史情境未破坏,游客徜徉其间,可以尽情领略闽南人传统起居、审美、信仰等生活图景。

总之,鹿港九曲巷没有刻意为之的旅游开发,将生活情境和旅游融为一体,富有浓郁的怀旧气息,又传达慢生活、精致生活的理念,将文化行销化于无形,反而带动世人对鹿港的文化朝圣热潮,真正做到"无为而为"。

2.闽台古镇何去何从

闽台古镇与鹿港小镇九曲巷文脉共通,但在文化保护和产业发展上相形见绌。闽台古镇的整修和开发有模仿九曲巷之嫌,甚至也将一条小巷取名为"霞城摸乳巷",但在文化生态保护上远不如九曲巷。闽台古镇之难以持续经营暴露了古镇、村开发的普遍性问题,即"文化搭台,经济唱戏"的纯商业化运作并不可行。原因在于,文化资源向文化资本的转化是厚积薄发的过程,需要历史的积淀和巧妙的转化,需要用做事业的心来做产业,保护优先于开发,不断夯实文化基础和提高社会知名度,使得后续资源开发水到渠成。鹿港小镇正因为在都市化、商品化浪潮中耐得住寂寞,以平常心维系传统文化,方有现在的文化旅游热潮。急功近利的商业植入只能为旅游产品贴上文化商标,带来一时效益,但最终要自砸招牌的。

因此,闽台古镇在重整过程中应注意如下问题。

首先,地方发展应和城市文化品格塑造融为一体。小地方发展旅游不能关起门来单打独斗,要有通盘意识和全局观念,紧扣城市文化定位,与周边资源的整合开发配合,孤立的文化景点难以集聚人气,缺乏市政配套的偏僻小镇更难吸引回头客。闽台古镇应呼应"美丽厦门、和谐厦门"的城市发展定位,传播闽南地道慢生活、精致生活理念,作为老厦门的文化地标崛起。

其次,文化重塑应内外兼修,凸显闽南活态情境。旅游的真谛在于生活在别处,体验不一样的人生。闽台古镇要重回公众视野,必须摒除各种文化元素杂糅一体的"拼盘"现象,进一步彰显闽南文化特色,除了按历史原貌修复霞城城门、庙宇、古宅之外,还应加强文化活态保护。具体而言,古镇应通过项目资助、减免税收等优惠政策鼓励中青年回乡创业,改善乡村人口比例,扶持闽南乡村农业、特色手工业及各类非遗,推动闽南文化传承,做好重要民俗节庆活动的策划、组织及对外宣传工作,扩大古镇社会知名度。

最后,企业运营应和政府管理、民间协商相结合,形成"政府+村委+企业"三位一体的商业运作模式。政府负责文化维护和配套服务,重点做好城内建筑修复、停车场建设、周边环境整顿以及交通配套等工作。企业负责项目运营和管理,重点做好展馆布置、节目策划、人员培训等工作。村委负责收集民意和组织各类活动。三者之间按照贡献大小协商利润分成比例,充分调动各方面的积极性,凝聚合力共同打造闽台古镇。

(四)福建古镇、村的发展困境及其出路

闽台古镇之喧嚣与沉寂折射出福建众多古镇、村在现代化进程中的艰难处境。与众多古镇、村相比,闽台古镇幸运之处在于地处于社会经济相对发达的厦门,拥有较强的抗经济萧条和文化式微的能力,而其他古镇、村更面临着因商业炒作或少人问津所导致的传统文化之殇。

福建古镇、村的两极分化现象十分严重,可谓冰火两重天。一类是文化底蕴深厚但保护力度不足的古镇和古村。笔者于2016年8月1至7日寻访并考察了中山、和平、五夫、下梅等地,发现不少古镇、村与城市差距逐步拉大,越来越多的中青年告别乡土,步入城市,人口流失日渐严重,仅剩老弱病残守护家园,古屋常年失修,趋向"空壳化""老年化",不同程度存在社会留守、经济下滑、古迹破坏等一系列问题。另一类则是申遗成功后陆续开发的古镇和古村,如永定、南靖等地。它们摇身一变成为知名文化旅游景区,但也很快走上急功近利的文化行销道路,圈起土楼,迁出原住居民,划定收门票的城堡,似乎如此即可一劳永逸地坐等游客上门,殊不知近年社会、媒体对土楼空巢、文化流失、胡乱宰客、过度商业化、卫生环境差、"野导"扎堆等诟病不已。2016年8月国家旅游局对福建武夷山、福建永定南靖土楼发出5A景区摘牌的严重警告,足见事态之严重。

上述现象警醒世人重新思考古镇、村能否开发、如何开发的问题,思考在现代化语境下如何安放前现代文明的问题。古镇、村承载着民族的过去和地域的历史,是区别于现代都市的乡野社会,能够唤起都市人沉甸甸的历史回忆和别样的生活体验,不应该被扫入历史的故纸堆中,应该重新度量自身的价值,作为现代社会的有益补充。古镇、村应如何发展,方能既保存自我,又能融入现代社会建构呢?

首先,文化投入是硬道理。城市化、现代化进程中,古镇、村普遍面临人口迁徙、经济萧条、社会关注度低的问题,物质文明无人保护,如古建筑年久失修自然风化,精神财富无人传承,如民间非遗后继无人。商业开发注重短期效益

和利润回报,不是解决古镇、村保护问题的首选良策。国家、地方应将文化保护纳入财政预算范围,结合古镇、村建设和新农村发展,加大古迹修缮、非遗传承方面的财政投入,吸引青年人回乡创业,增强新农村自身的文化"造血"功能。

其次,良性循环是关键。古镇、村在文化保护的前提下,也可进行适度开发,借助商业投入改善居所环境、硬件设施和社区氛围,与其他景点进行资源整合,设计出合理的旅游主题和路线,形成投入—产出—再投入的良性循环,逐步脱离政府的财政扶持,走上自主发展的道路。

最后,多元监督是保障。古镇、村的产业开发应接受政府、机构、民众以及游客的合理监督,避免文化损坏、胡乱收费、过度商业化等旅游开发中的常见问题。政府、机构定期巡查,在地民众参与文化制造和监督,游客拥有线下和线上反馈渠道。

四、闽台合作探索福建嵩口古镇自体活化

嵩口镇位于福建省福州市永泰县西南,距福州100公里,是永泰重要的文化中心和交通枢纽,作为商贾汇集之地形成繁荣的街市,有过辉煌的历史,保存了丰富的文化遗产,也和其他传统乡村一样面临人口流失、乡土文化衰落的问题。2008年,嵩口获"中国历史文化名镇"称号,成为福建省国家级名镇、福州市唯一的国家级历史文化名镇。此后的2014年,在政府主导下,拥有丰富改造经验的台湾"打开联合"创意文化公司团队进入嵩口,介入古镇改造的进程,导入台湾积累了二十多年的相关经验,对古镇进行修护和再发展。从本土文化发掘到建筑改造到深入社区生活,花尽量少的投资来干预、活化古镇,吸引更多人来此生活和体验,不同于丽江、大理古镇旅游开发改造做法的嵩口模式循序渐进地慢慢展开,嵩口古镇正在开展的修复改造实践对于解决当下传统乡村的保护和改造问题提供了有意义的参考。

(一)嵩口古镇改造的整体思路

千年古镇的复兴并非一朝一夕能完成的,修复和发展是乡村改造必须关注的两大基本问题,古镇不仅需要保存、保护,更需要活化。对此,当地政府和

台湾团队的改造思路理念相同,即放慢脚步,给古镇和当地人更多的时间和理解,在此基础上进行修复和发展。

嵩口镇政府和台湾"打开联合"创意文化公司团队给古镇改造制定的第一阶段计划跨度三年,第一年为调研定位,在古镇选取部分点进行改造示范,第二年重点是进行公共设施和基础设施的建设,第三年重点在开发扶持嵩口民间业态。

在思路上,政府和改造团队确定了新旧融合、新建筑和老建筑共生的理念,亦格外重视人的力量,通过各种方法留住人,引进人。一方面,充分认知和发掘传统文化的力量,调动本地人的力量,让本地人对本地有信心,加入复兴传统业态的队伍;另一方面,引入外来文创力量开发当地特色的文创产品、发展新业态,两者相互中和,培育新的古镇业态。

在硬件方面,古镇景观改造不搞大拆大建,强调尊重平凡而多元的现实、尊重原貌、历史和本地人生活和发展需求的原则,初期市场尚未打开的阶段,由政府介入并出资,改造团队承担,建设示范运营点,采用节点式整治、以点带面的方法,循序渐进地推进。在资金有限的情况下,先在古镇中选取32个节点,像针灸一样做好节点上的改造,由点到线,一一打通,再进而打通至全线。

(二)嵩口古镇改造的基本经验

1.古镇保护和新城镇建设新旧共生

随着城镇化进程的逐步加快,乡镇村落居民改善居住环境的需求旺盛。当前,在广大乡村中,新建筑与传统建筑杂糅并存是当前很多村镇的现状。新建筑与老建筑风格、材质迥异,如何改造成统一的整体?

把新房拆掉改造成百分百都是老建筑和仿古建筑并不现实,也不符合在地居民提高生活居住条件的需要,因此,在景观改造方面,嵩口强调尊重历史,尊重生活并接地气的改造方式。

在嵩口,每个古村改造项目都强调同一个原则,即用最少的预算投入和最少的破坏,发挥最大的效益让新老建筑共存,不打扰本地人原本的和正在延续的生活方式。改造团队把这种理念概括为"自然衣+历史魂+现代骨"的新旧共存方式。

"自然衣",是通过不同方式让古镇整体建筑风貌统一。嵩口古建筑往往采用有地方特色的建筑形式,使用封火山墙、牌楼拱券。改造,对于古建筑,是整体保护和修复,而对于已建的与嵩口整体"灰白土黄"基调不符的新建筑来说,则是使用传统材料和与古镇风格统一的元素进行装饰,让外立面与古建筑的色调一致,使古镇整体视觉感官协调。"历史魂",是尊重建筑和居住者原有的历史文化传统和习俗,保留历史的味道。具体体现为不改变原有的古镇整体格局,不轻易扩建老街和改变道路。"现代骨"则是追求建筑的现代宜居功能。在具体的改造中,项目首先实施与本地百姓生活质量相关的排水排污系统的改造、街巷改造、公共空间的改造、厕所改造、环境整治和绿化等。

2.吸引当地居民共同打造家园

古镇的改造发展,靠政府保护是一方面,更关键的是要从百姓的源头上来解决,千年古镇的复兴不是短时间能完成的,当地居民的态度对改造的执行以及后期的持续发展有至关重要的作用。以往,古镇进行建设和旅游开发时先把当地居民转移走,嵩口的古镇建设思路则是留住当地居民,引导本地人共同参与,打造更好的家园,走由内而外的活化复兴道路,这样的道路费时费心费力,但比简单的旅游开发更具意义和发展潜力。

在老百姓眼中,老房子、老物件、老传统是落后的东西,带着过去贫穷的烙印,他们想尽快抛弃过去,人的流失和现代社会的冲击也使古镇很多宝贵的东西正在消失。改造团队入驻嵩口后,和政府团队一起做了大量的工作,不仅介绍古镇改造的整体方案和古镇旅游的思路,还通过开大会,开听审会,现场沟通,到百姓家走访等多种方式引导居民的观念,让大家理解老房子、老传统的价值,让群众逐渐认识到老房子越老、保护得越好,越有旅游经济效益,从而主动保护和管理老房子。

一方面古镇采取群众民间集资和政府补助结合的方式,对老建筑进行修缮和再利用。另一方面发动本地人作为老建筑的经营者加入古镇保护、改建的进程,让本地人看到和享受古镇保护带来的实惠。

嵩口龙口祖厝周边的改造就是很典型的例子。通常情况下,某一姓氏迁入嵩口后会修建自己的厝,子孙后辈陆续向外修建新的厝,原有的厝改成族人共有的祖厝。龙口祖厝是龙口郑氏的祖厝,虽然有一千多族裔,但后代陆续迁出,使得重修之前,龙口祖厝已经无专人管理维护好几十年,只有两户老人家居住在内,房屋破败不堪,附近著名的鹤形路也被沿路修建的新房子所侵占。嵩口改造过程中,龙口郑氏家族重新关注祖辈留下的产业,自发组织力量清理和修缮古厝,积极与政府和改造团队对话,参与政府对周边鹤形路的重修和改造,在这个过程中,郑家过去少有联系的族人重新聚在一起。

目前,龙口家族开始计划族谱修订,族中老宅宴魁厝也协议长期租给政府作为整个嵩口项目中的闽台合作交流中心,具体为租用代管模式,即一部分房间留给房东居住,一部分房间租赁政府做创客基地。对于房东来说,一方面祖宅得到资金进行修护,另一方面未来还有租金收入。在老建筑改造中,本地老工匠也被组织起来,老手艺有了用武之地,老手艺也得到传承。这样,通过与本地人合作,把本地人和外来者的博弈变为共谋,让创造与传统社会形成合谋、共享,这种思路和做法拥有无限价值,也能为未来开发产物价值的增值奠定坚实的基础。

3.营造氛围召回人、引进人

古镇的活化不仅要从内部挖掘传统的力量,而且持续发展需要有想法有能量的新生力量加入。为此嵩口一方面鼓励本地在外年轻人回归,一方面创造条件吸引外来创业者入驻。

乡村文化有成熟完整的体系,随着城市化进程的加速和乡村的衰败,传统的乡村体系渐渐瓦解,复兴古镇、取得发展必须解决人的问题,将人召回来是复兴乡村的重要思路。和中国很多村镇一样,过去一二十年,嵩口人口大量迁出,年轻人外出就学或者打工,就不再回来。老一辈的观念里,年轻人在外读书后应该留在城市里,回乡村,意味着要回来围着田间地头的农事转,这是他们不愿接受的。

2008年,嵩口成为"中国历史文化名镇"后,有关嵩口的照片和历史文化资料被整理出来通过互联网四处传播,线上关于家乡的信息吸引了一部分在外的嵩口年轻人的关注。2015年最早一批关注家乡的在外青年共同开设嵩口古镇微信群和微信公众号,公众号整理和发布了许多嵩口的文章,吸引了更多出门在外的嵩口人的关注。嵩口镇长也加入微信群,介绍嵩口的变化,与大家沟通嵩口的改造事宜。各种宣传和信息扩散,各方面力量动员,在这样的氛围下,在外嵩口人对家乡的关注多了,看到游人的到来、家乡的变化,慢慢发现老房子、老传统上有无限的潜力和价值,对故乡发展的信心也多起来,怀乡之情和创业机遇让一些年轻人回过头来关心自己的家乡,其中一部分人已经先行,果敢地回到家乡探索在家创业的道路,加入嵩口的改造建设,为家乡做贡献。

政府和外来团队主导的改造并不能解决所有问题,当地人的加入、年轻人的归来,给嵩口带来诸多可能性,使得嵩口改造有机会走上从内活化、持续发展的路。

4.进行软性改造引进新业态

古镇游线路规划完成以及硬件设施改造后,嵩口着手引进和打造新的业态,政府组织了行业协会,引进台湾业态运营顾问团队,用试点建设方式,为古镇植入能在本地良性运营的业态,以起示范作用。

为了布局业态,嵩口将古厝改造成闽台交流中心,交流中心既是公共空间,也是客栈民宿,未来还将集合各种业态,成为农文创产品研发中心、旅游服务中心、各种相关培训的中心,成立工作室,组织传统工艺培训,成为业态孵化示范和培训的据点,镇上居民可以来学习,吸收外来文化、外来专业人才。

改造团队在进行规划时,建议镇政府找一处常见的平凡老房,进行设计和改造,让其成为样本,也成为嵩口各种交流活动的公共场所。松口气客栈就是这一思路落地的产物。它由嵩口随处可见的土房子改造而成,它对面的宴魁厝未来规划为"闽台交流中心",松口气客栈则可成为各种交流、培训活动的住宿、餐饮服务的配套。客栈一层是公共空间,二、三楼是住宿房间,客栈改造时关注安全性、宜居性,改造大大提高了老房子居住的舒适程度,客栈内部装饰布置使用了大量闲置的寻常老物件,通过设计和改造,用这些旧物营造出了富有生活温度和嵩口韵味的独特客栈环境。松口气客栈于2015年年底开业,很快成为远近闻名的所在。在社交网络中,松口气客栈的介绍是这样的:"走进一座古老的小镇,凝固在时光里,缓缓地松口气,一家民宿,一段旅程,一种心情……"很多周边城市的旅行者甚至因为在社交网络看到别有韵味的客栈照片而来到嵩口。2016年春节,客栈已经实现满客运转,老家在泉州的明星姚晨春节返乡后也选择到松口气客栈小住,通过微博发布了很多照片,松口气客栈知名度飙升。改造团队希望通过这样的示范样本向居民证明,脏乱旧的老房子,把脏乱去掉,留下的"旧"是有欣赏价值和创造价值的,这样改造样本让更多本地人对自己老房的改造抱有信心。

在传统农业转型升级方面,嵩口的思路是导入农文创,学习台湾经验,用创意的方式来增值农产品,把一方风物做出一方特色。改造团队利用嵩口李果大镇的优势,开发出李子酥等10多种伴手礼,各种农家土特产——柿饼、茶油、胭脂李干、橄榄、野山茶、地瓜粉等也经过包装后在线上线下店铺中进行销售。

5.发掘和传播本地文化

千年古镇留下无尽的文化资产,为了发掘和整理本地文化,改造团队专门组织人员,对本地的历史、文化、建筑、传统工艺、饮食文化、习俗传统等进行调查整理,组织汇编嵩口画册,举办"嵩口故事会"等活动,讲述嵩口古渡口、嵩阳诗社、嵩口古乐队、中山打猎队的故事。

在对外传播方面,嵩口通过微信公众平台,建设自行发声的自媒体,向外传播本地信息。嵩口古镇公众平台目前设置了玩转嵩口、嵩口导览、嵩阳乐购三个主体板块,内容丰富详尽,包括嵩口的游记攻略、吃喝玩乐路线导引、古镇发展的实时动态以及特产线上商城等。公众平台同时集结本地现有商铺、民宿、文创力量,联合相关传统媒体,嵩口在移动互联网时代有了立体丰富的对外传播和呈现。

第三节　闽台文化企业与业态协同发展案例研究

闽台共同文化市场如何建构?文化创意产业如何深度合作?重点在于文化贸易开放、文化市场开发、示范区合作、文化创意产业人才合作,等等。而就产业实践而言,闽台在合作过程中必须要有选择地确定产业内合作重点领域与区域,树立市场合作的标杆,再"以一带十"扩大合作规模。由企业、民间社团、产业园区、商家等共同参与市场开发合作,形成突破的可能性最大。

一、闽台服务业合作机制构建的"天福模式"

总部位于厦门的福建天福集团是台湾天仁集团创办人李瑞河在大陆创办的世界最大的茶综合企业,原以产茶、销售茶为主,随着市场环境的变化及企业转型升级的需要,渐渐转型为以服务业为主体的企业,即集茶叶分级包装、茶产品销售、茶旅游、茶教育、茶科研、茶文化等为一体的茶业集团。"海峡两岸服务业合作机制"用相对稳定的运行方式把两岸服务业合作行为体(上至相关公权力部门,下至行业及企业等)联系起来,其运行过程中发挥联动、协调、约束和促进作用,使之朝向预期合作目标发展。天福集团突破两岸服务业合作的政策局限,转型为以服务业为主体的实践经验,为两岸服务业合作机制研究提供了典型案例。本节对天福集团的高层管理者进行深度访谈,探寻吸引天福集团到大陆投资发展的主要动因,考察政府的制度安排、行业协会搭建的合作平台及两岸企业间合作模式对天福集团在大陆发展所发挥的协同作用。

二、天福集团到大陆投资的主要动因

20世纪90年代,台湾当局为了保护茶业的优势和利益,制订了一些禁令政策,如"在大陆地区从事投资和技术合作的许可办法"明确禁止台商在大陆从事农业投资或技术合作的项目。为了避开直接投资,李瑞河利用美国天仁茗茶的资金名义,于1993年2月,以"天福茗茶"品牌为载体,应用台湾运营模式,在大陆不断开拓市场。①

天福集团初入大陆时,吸引其投资的主要因素首先是大陆丰富廉价的劳动力(1993年大陆普通劳动力的薪资仅为台湾的十分之一)、充沛廉价的原材料和宽广的土地。当时,大陆的茶叶市场是未开发的处女地,缺乏专业的市场、技术和人才。台湾拥有比较先进的茶叶加工技术和经营管理经验、专业人才和服务理念等比较优势。

随着海内外市场环境及两岸顶层设计制度安排的变化,真正促使天福集

---

① 刘震涛:《经赢之道》,清华大学出版社2009年版,第20页。

第二章　闽台文化市场协同发展案例研究

团扎根大陆发展的是大陆庞大的内需市场。在开辟大陆内需市场的过程中，天福集团经历了两次市场转型。

(一)第一次转型：由外销转型为开辟大陆华南市场

1993—1996年，天福集团主要以外销出口为主，茶叶出口到世界各地。1994年，天福茗茶第一家门市店在福州成立，主要经营批发茶叶，兼营零售。至1996年，天福在大陆的门市店只有几十家，以批发茶叶为主。当时天福集团的茶叶利润并不高，因为在1996年之前的大陆，茶叶属于"专营"，必须持特殊的执照才能出口茶叶。所以，天福集团必须向中国茶叶进出口公司购买配额，方能出口茶叶。外汇结算时，茶叶出口商会被中国茶叶进出口公司扣除一部分利润，出口退税也归中国茶叶进出口公司所有。这无形中增加了天福企业的经营成本，茶叶出口的利润空间因此变小。李瑞河、李世伟均感到外销出口茶叶生意越来越难以经营，企业需转型才能突破困境。20世纪90年代中后期，越来越多的台商到大陆做生意，他们常常带台湾茶作为伴手礼送给大陆朋友，受到他们的喜爱。华南一带老百姓出现喝台湾茶的时尚，台湾茶开始在大陆华南地区有一些市场空间，当时大陆很多茶叶经销商向天福茗茶购买台湾茶。李瑞河原本是要在大陆发展天福茗茶，他在台湾创办的天仁集团可以供应原料。但由于李登辉当局禁止大陆茶叶出口到台湾，李瑞河、李世伟便抓住大陆华南地区的市场机遇，转型为进口天仁的台湾茶到大陆销售。于是，从1996年开始，李瑞河就把台湾天仁的茶叶出口到大陆的天福，通过对台小额贸易的免税通道，节省了大量成本。当时，大陆台湾茶的市场需求很旺盛，天福集团便增开连锁直营店销售台湾茶，挖到大陆市场的"第一桶金"。对李瑞河、李世伟而言，这是一个惊喜的意外，他们尝到开拓大陆内需市场的甜头。

(二)第二次转型：由占有大陆华南市场转型为全面开拓大陆内需市场

1998年左右，由于台湾茶利润空间大，仿冒产品越来越多，难以辨识。天福的正品比仿冒品价格高一些，经营台湾茶的商家越来越多，经销商便渐渐没有动力销售正品台湾茶，天福台湾茶的利润空间和市场空间变得越来越小，企业又需转型了。从1998年开始，为了进一步开拓大陆华南地区以外的内需市场，天福集团在引进台茶品种、台湾技术、台湾地区干部到大陆深耕发展的同时，尝试开拓产品品项，开始经营销售绿茶和花茶，以满足大陆华东、华北一带消费者喜爱喝绿茶的偏好。接着，天福集团从销售绿茶、花茶拓展到销售铁观音、乌龙茶、红茶、普洱茶等大陆各地茶叶。到2000年，天福集团转型为全面开拓大陆内需市场，主要销售大陆各地茶叶，即铁观音、乌龙茶、绿茶、花茶、红茶、普洱茶，同时销售台湾茶和茶食品。

所以，吸引天福集团到大陆投资发展的主要因素先是大陆丰富廉价的劳动力和充沛廉价的原材料、宽广的土地，其次是大陆庞大的内需市场。这正是大陆服务业的比较优势，天福集团的比较优势是拥有先进的台湾茶产品加工技术和经营管理理念、专业人才和服务理念，这也正是台湾服务业的比较优势。双方互补的比较优势促成天福集团扎根于大陆发展。

三、大陆惠台政策对天福集团的促进作用

为了招商引资，大陆针对台资企业制定了相关优惠政策，主要体现在以下四方面。

首先，台商登陆初期给予税收优惠，如实施"两免三减半"税收优惠政策，即第一、二年免企业所得税，第三、四、五年企业所得税减半。但从2006年开始，各地都取消"两免三减半"税收优惠政策，逐步对台资企业开放大陆市场。这给台商带来无限商机，对其而言是巨大的利好。

其次，土地优惠政策。由于两岸特殊的政治关系，为吸引台商到大陆投资创业，促进两岸关系发展，大陆各级政府给予台商各种土地优惠政策，对台资企业的土地取得、地段、地价都给予优先照顾。天福集团的成功之处之一在于设计并运用两岸服务业跨界融合机制，以"茶"为中心串联整合相关产业，以达到经营技术或经营模式的创新，实现传统产业的文化创意升级。跨界融合举措的实施需要广阔的土地空间支持，土地优惠政策为天福集团尝试跨界融合打下良好的基础。例如，由茶业延伸发展茶文化休闲产业，如创建茶博物院、石雕园及高速公路服务区等，发展茶教育业如创办茶学院，发展茶生物科技产业，如研发茶保健食品和美容用品等茶生物科技产品。在拓展延伸产业链基础上，推动以茶业观光和茶文化推广为核心的茶园旅游，进而带动茶叶等系列

产品的销售。上述举措的实施主要得益于大陆的土地优惠政策。

再次,开放大陆内需市场。天福集团开始到大陆投资时,大陆零售业尚未对外开放。天福作为茶叶加工基地,以第二产业(工业)招商引资进入大陆,当时大陆对经营出口的台资企业的政策为:70%的产品必须外销,30%的产品可以内销。大陆茶外销台湾又遭到台当局禁止,外销缺乏通路,李瑞河只好运用"化整为零"的方式销售天福的茶叶,让大陆下属以个体茶经销商的方式向天福购买茶叶,再把茶叶卖给消费者,通过这种变通的方式,天福的茶叶得以销售到大陆市场。2008年,大陆取消政策限制,允许向台资企业开放零售业。于是,天福集团大力发展连锁直营店,营业额大增。2011年,天福集团成功在香港上市。截至2015年12月,天福集团在大陆的直营连锁店达1 357家。天福集团的营业额连续多年位居大陆第一位,位居第二位的茶企业与天福的营业额差距约为20亿元人民币,二者营业额差距之大足可见天福在大陆茶产业中的龙头地位。

最后,地方政府对台资企业办理各种手续、申请水电等给予协调和照顾。各级政府先后设立侨办、台办帮助台商处理在大陆创业过程中遇到的各种难题。

由此可见,天福集团除了企业家自身的努力经营外,适时借助了大陆一系列优惠、开放政策,如虎添翼,不断发展壮大,成长为上市公司。

四、行业协会合作平台对天福集团的促进作用

1993年,天福集团刚到大陆发展时,中国茶叶协会等组织早已成立,但一直由官方控制,未能发挥其应有的民间宣传、沟通功能。2000年之后,协会渐渐民间化,转变为介于政府与企业之间、行政司法部门规范管理与企业自我调整约束之间的中间协调组织,发挥实质性的沟通、协调作用,通过举办茶研讨会、茶博会等活动,为两岸行业合作发展搭建良好的平台。两岸茶业界聚在一起交流学习,交换经营心得,获取商业资讯,探讨今后行业合作、市场运作可能共同面对的问题,相互协调,寻找解决方法,促进合作。诸如两岸茶业交流协会、两岸茶博览会这样的中观交流平台对整个茶产业的促进作用较大,尤其对需要提升知名度的中小企业而言,其促进作用更大。但对处于茶产业龙头地

位的天福集团,这种合作平台的促进作用有限。虽然天福集团每年受邀参加这样的交流活动,但对市场通路、合作伙伴已经比较稳定的天福集团而言,这样的平台对其增加营业额无法发挥实质性的作用。不过,这种平台促进了茶产业的发展,无形中也有助于天福集团经营茶业,因为只有茶产业发展了,身居其中的茶企业才能在更好的产业平台上大展宏图,打造更加美好的未来。

五、天福集团与大陆企业间的合作模式

天福集团在大陆发展了二十多年,从默默无闻的茶叶加工基地成长为驰名中外的茶业集团。在其发展历程中,天福集团和大陆国有单位、民营企业有着广泛的合作关系,其中有成功的经验,亦有失败的经历。其主要合作模式有以下四种。

(一)股权合作

目前,两岸服务业企业间合作较紧密的模式是"股权合作",即合资,双方各持一定比例的股份,由持股比例高的一方掌握控股权。初到大陆发展时,天福集团和福州农垦局等国有单位合资,天福占51%的股份,福州农垦局占49%的股份,天福提供资金,掌握经营主导权,大陆合作方提供茶园等。天福集团在大陆各地设立连锁直营店时,由于资金短缺,开始和民营企业进行股权合作,合作方占30%的股权,天福占70%的股权。但上述合资均不成功。失败的原因主要是双方经营理念不同。由于茶业的投资回报周期较长,至少5年,大陆合资方喜欢追求"短、平、快",等待不了这么长时间,觉得天福固定资产投入太多,股东分红太少,于是纷纷撤资,转而投资其他见效快的行业,如房地产。因此,大陆和台资服务业进行股权合作时,成功与否的关键在于合作双方在价值观、经营理念上要大体一致,对投资回报周期要达成共识,不至于朝秦暮楚,甚至反悔撤资。

(二)产业链的配合

产业链是基于分工经济的产业组织形式,它强调相关产业或企业之间的分工合作关系。[①] 对天福集团而言,其原材料供应商全部是大陆企业,因为在

---

① 张琰:《生产性服务业创新问题研究》,复旦大学出版社2012年版,第20页。

第二章 闽台文化市场协同发展案例研究

大陆就地取材,时空上比较便利,成本也相应降低。开辟大陆内需市场,以最近的市场为销售对象,更能降低运输、销售等各种运营成本。因而,与大陆企业进行产业链的配合,是降低天福集团运营成本的有效途径。其与大陆企业进行产业链的配合主要体现在以下三个方面。

1.天福集团与大陆茶农、茶经销企业间的合作

2000年左右,天福集团从经营出口转为开辟内需市场时,出于降低成本的考虑,采用"本地化"的策略,即原材料、员工等本地化。为了采用台湾的行销策划理念,引进的台湾地区干部主要用于管理和行销策划。天福和大陆茶农合作时,把集团对茶叶的要求(外形、香味等)、根据等级按不同的价格收购等价格信息告知茶农,对他们进行技术辅导,从原材料、施肥、技术工艺、加工设备等环节进行把控,使得茶叶原料品质能够得到保证。

天福集团现转型为从事茶产品的精加工,重点放在商业模式的经营上,即以茶销售业为主业。1994年,天福茗茶第一家门市店在福州成立,以批发茶叶为主,批发给大陆茶经销企业,兼营零售。天福的茶产品品质良好、包装精美,颇受广大消费者喜爱,大陆商机不断增加,在大陆各地连锁直营店数量不断增长,与天福合作的茶经销企业也越来越多。双方之间是供应商和零售商的关系,天福是供应商,批发给作为零售商的大陆茶经销企业。天福和大陆茶农、茶经销企业之间的产业链配合关系见图2-2。

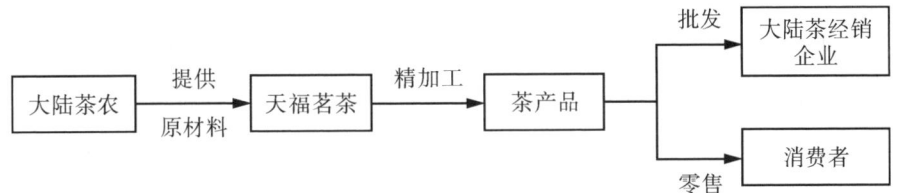

图2-2 天福与大陆茶农、茶经销企业的产业链配合

2.天福集团与大陆民营包装企业间的合作

天福集团的茶产品需要大量包装——茶叶包装、茶食品包装、茶具包装等,在产品包装上,与大陆民营企业和台资企业合作,大陆民营企业合作方达

10家以上,占合作伙伴的80%。天福集团的包装设计使用台湾的创意及丰富的色彩,采用大陆的材质,和大陆各地的包装厂、印刷厂、胶带厂、泡棉厂、纸箱厂全面合作。这种就地取材、合作本地化的发展模式,大大降低了企业运营成本,提高了企业的运营效率。

3.天福景点与大陆旅行社间的合作

天福集团开辟的茶观光旅游景点主要有天福石雕园及天福茶博物院,其中,天福石雕园位于厦汕高速公路的醒目位置,即厦汕高速公路漳浦天福服务区旁。汽车行驶在高速公路上,距离服务区约2公里的地方,游客就可以看到高大醒目的天福标志和雕像。游客的旅游项目由服务区、石雕园、茶博物院三部分组成,服务区内有商场、茶庄、餐厅、加油站、停车场、汽车管理所等一条龙服务项目。2003年,天福集团刚刚向游客开放这些景点时,知名度不高,游客也不多。为了推广茶文化、茶旅游景点,天福便与景点周边城市(龙岩、厦门、汕头等)的数百家旅行社合作。天福茶博物院和石雕园门票每人30元,给旅行社的价格是每人16元;中餐每人20元,给旅行社的价格是18元,旅行社给每位游客的报价是每人50元的旅费。在景点门票低价营销策略的推动下,各地旅行社积极向石雕园、茶博物院输送大量客源,游客在景点不仅欣赏景色,了解茶文化,也购买天福的茶叶、茶食品、茶具,大大推动了茶产品销售。因此,天福景点与大陆旅行社之间的合作模式是产业链的配合关系,即旅行社揽客后,向天福景点输送客源。这种合作模式是双赢的合作模式,天福景点盈利的重点不在于低价门票上,而在于游客购买景点里的茶产品,旅行社亦从门票的回扣中获取利润。这种互利互惠的合作模式具有可持续发展的动力。厦汕高速公路漳浦天福服务区便在这种合作模式下,打造成集旅游、购物、娱乐、住宿为一体的服务区,年营业额由四五十万元发展到上亿元,由30多名员工发展到500多名员工。这是全世界高速公路服务区经营的成功典范。[①]

---

① 文国清:《天才的冒险家》,中国国际文化出版社2012年版,第30页。

(三)共同研发或由大陆独立研发

天福集团刚到大陆投资发展的初期,便和大陆企业合作提高茶叶的品质,包装茶产品。合作一段时间后,大陆合作企业了解了天福集团对茶叶品质和茶产品包装的要求,渐渐地转向独立研发设计。又如,天福茶学院(现更名为漳州科技职业学院)的师资力量主要来自大陆各地农校的教授、博导,如现任院长吴长彬教授为原三明学院退休院长。少数师资来自台湾,如台大的教授阮逸明——海峡两岸第一位茶学博士,茶学院的名誉校长。美国芝加哥市立大学教授李瑞荣(台湾人)是茶学院的特聘教授。① 天福集团和大陆企业、大陆高校之间存在着共同研发或由大陆合作企业独立研发的合作模式。

(四)连锁加盟

连锁加盟指主导企业以营业合同的形式,将自己开发的产品、服务的营业系统(包括商标、商号、经营技术、营业场合和区域),授予加盟店在规定区域内经营。② 连锁加盟通过让加盟店使用知名度和美誉度较高的加盟总部品牌、声誉、产品及服务模式等,吸引消费者前往消费。加盟商正式营业之前,加盟总部会先将本身的技术经验传授给加盟商,协助其创业与经营,双方签订加盟合约,以获利为共同的合作目标,加盟总部可根据不同的加盟性质向加盟商收取加盟金、权利金以及保证金。

为了更好地发挥"天福"的品牌吸引力和降低企业运营成本,从 2012 年开始,天福集团以连锁加盟的模式与大陆企业合作。天福集团与大陆加盟商签订加盟合约,天福集团向加盟商收取一定数额的加盟金、保证金及权利金。出于对"天福"品牌的保护及对大陆合作方的诚信度的考验,天福严格选择加盟商,从经济实力、管理经验、对茶事业的热爱度等多方面进行严格考核。目前,天福集团先采取"内部加盟"的模式,即由天福内部干部作为加盟商,其基本条件是,担任店长以上职务且在天福集团工作五年以上的干部,连锁加盟店址只能选择在天福茗茶原先未设点的区域。但随着连锁加盟模式的成功试行,会

---

① 严利人:《李瑞河传奇》,国际华文出版社 2011 年版,第 30 页。
② 刘杰克:《互联网时代的连锁加盟经营》,《经营管理者》2012 年第 11 期。

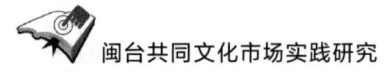

慢慢放开至由天福集团以外的大陆商业伙伴加盟。

就天福集团在大陆的发展历程而言，宏观层面的制度安排起积极的促进作用，如一系列惠台政策降低企业的运营成本、对台开放大陆内需市场拓展其发展空间等。行业协会等中观合作平台发挥着桥梁和纽带的作用，为两岸行业合作发展搭建了良好的平台，促进了茶产业的发展，无形中也有助于天福集团经营茶业。行业协会对稳居茶产业龙头地位的天福集团发挥的不是立竿见影的作用，而是"润物细无声"的影响。就微观企业间的合作模式而言，天福集团随着内外市场、政策环境的发展变化，在各个不同的发展阶段适时采取不同的合作模式与大陆企业合作，即合作模式随着时间维度的变化而变化。"产业链的配合"在各个阶段都存在。"股权合作"在发展的早期和中期存在过，但均以失败而告终。"两岸共同研发"在发展初期存在过，但随着大陆技术的发展，现今某些环节（如包装）已由大陆合作企业独立研发。为了降低企业运营成本及充分发挥品牌影响力，连锁加盟模式于2012年开始采用，处于集团推行的阶段。两岸服务业企业间的六种合作模式，天福集团除了"共同创立品牌"和"共同开辟世界市场"这两种模式尚未运用外，其他四种模式（股权合作、产业链的配合、共同研发或由大陆独立研发、连锁加盟）均已得到运用。由此可见，天福集团是两岸服务业合作机制的典型个案。

天福集团在大陆的发展历程，体现"自助、人助、天助"的精神。先是企业家自身不断努力经营，后是外来的各种人力、政策等方面的援助。其成功主要归因于李瑞河、李世伟等企业家及时抓住大陆市场发展机遇及充分利用大陆惠台政策及其廉价丰富的劳动力、充沛低廉的原材料、巨大的内需市场，结合台湾较先进的茶叶加工技术、专业人才、经营管理经验和服务理念，适时发展壮大，不断融入新的商业模式、新的发展理念，跨界融合，延伸产业链，最终打造出茶业帝国。天福集团为两岸服务业"跨界融合"提供了成功的典范，也为两岸传统产业转型升级路径选择提供了有力的借鉴。两岸服务业宏观、中观、微观三个层面的合作机制对天福集团的发展发挥不可或缺的作用，天福集团在大陆发展的过程中，在两岸顶层设计的制度安排下，两岸行业协会搭建的合作平台上及两岸企业间稳定的合作模式下，与大陆服务业形成稳定的合作机制。该机制发挥协调、联动、约束和促进作用,使天福集团不断开拓大陆内需市场,最终稳居大陆茶产业的龙头地位。

六、台湾电影产业发展与两岸竞合分析

在创意经济列车中,电影产业是负责拉动整体成长的引擎动能。自2010年7月1日起,台湾针对后ECFA时期打造黄金十年的经济战略,提出"黄金十年台湾愿景计划",纳入"2013年台湾发展计划"并不断修正,拟订未来四年具体目标及政策措施,并研拟年度台湾发展计划分年落实。包括爱台十二项建设、六大新兴产业、四项新型智能型产业、十大重点服务业发展等经济政策。其中文创产业计划结合"创意台湾——文化创意产业发展方案",针对电影产业提出《电影产业发展旗舰计划》,作为台湾电影产业2010—2014年产业发展的政策最高指导方针,更进一步提出"台产电影招商计划",希望在ECFA正式实施后,台湾制作的电影将不受非大陆电影每年配额50部之限制,可在大陆进行商业映演,获取大陆广大市场。此外,外国电影公司亦可借由与台湾电影公司合作制片,争取进入中国大陆,台湾当局更打算透过其"发展文化创意产业计划"把台湾打造成亚太文创产业汇聚中心。在此态势下,2013—2014年,台湾电影产业发展如期进入良性状态。

(一)台湾电影产业发展概况

台湾方面对于电影产业中的电影创意、制作融资、营销映演、人才培育、后制技术等产业链制定各项扶持补助措施。台湾自2002年1月加入WTO以来,由于删除"电影法"中的"台片映演比例"和"对外片征收辅导金"条文,对海外电影已经形同门户大开,形成毫不设防的电影自由贸易区。台湾电影票房一直处于低迷状态,直至2008年《海角七号》创下5.3亿新台币票房才使台片重拾信心。2010—2014年,三年来台湾当地所产影片年产量更是提高为40~50部,造就目前台湾影片的复兴热潮。

从台湾电影产业整体统计数据(详如表2-1)看,台湾电影票房在2010年之前有十多年时间,维持在每年约60亿新台币水平,台片票房多在总票房2%上下起伏,然而自2010年起明显升温,2011—2014年,每年票房80亿~

85亿新台币,台湾片票房12%～18%市场占有率(图2-3所示)。

表2-1 台湾电影事业登记数量历史统计

年度	项目				
	电影片制作业	电影片发行业	电影工业	电影片映演业(营业中)	
				家	厅
2014	1 512	2 068	204	120	628
2013	1 362	1 958	180	117	605
2012	1 211	1 833	143	114	568
2011	1 065	1 708	109	115	574

资料来源:本研究整理自台湾电影网。

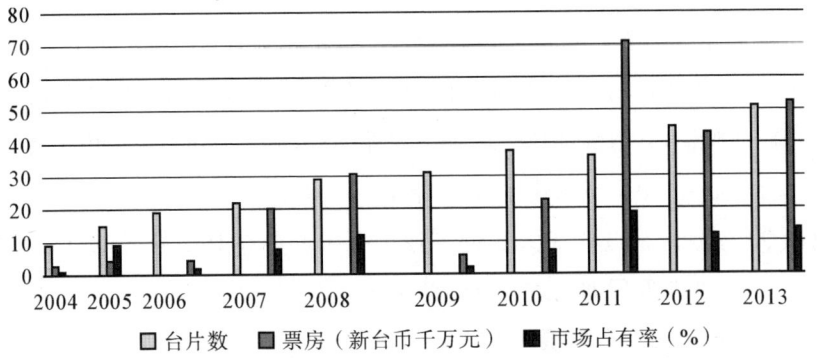

图2-3 台北市首轮院线映演本土影片票房①历史统计(2004—2014)

资料来源:本研究整理自台湾电影网。

(二)台湾电影的产业环境

1.电影辅导金政策

从1989年起,台湾当局透过新闻主管机构电影处"电影制作辅导金"对电影业进行正式补助,促进电影产业发展(表2-2)。

---

① 台北市票房约占全台湾票房四成至五成。

表 2-2　近年台湾当局电影辅导金总额及辅导片数统计

年度	辅导金总额（元新台币）	应辅导片数（部）	说　明
2011	8 000 万	18	一般组:7 部,共 4 100 万元 新人组:10 部,共 3 800 万元 电视电影组:1 部,共 100 万元
2012	8 150 万	17	一般组:9 部,共 5 100 万元 新人组:6 部,共 2 650 万元 纪录片组:2 部,共 400 万元
2013	17 350 万	33	一般组:9 部,共 7 400 万元 新人组:9 部,共 4 600 万元 多元内容组:2 部,共 1 800 万元 电影短片:10 部,共 980 万元 旗舰组:2 部,共 2400 万元 纪录片组:1 部,共 170 万元
2014	21 490 万	36	一般组:9 部,共 7 900 万元 新人组:14 部,共 9 600 万元 多元内容组:3 部,共 3 000 万元 电影短片:9 部,共 940 万元 纪录片组:1 部,共 50 万元
总计	54 990 元	104	

资料来源:本研究整理自台湾文化主管部门影视及流行音乐产业局与新闻主管机构电影处及台湾电影网。

此外,2001 年,台湾为了加入 WTO,台湾地区立法机构通过删除"电影法""台片映演比例""对外片征收辅导金"条文,更使台湾文化贸易逆差剧增。根据 2006 年经建会统计资料,台湾的文化贸易逆差,已经从 2002 年的 16.1 亿元新台币,上升至 2004 年的 149.5 亿元新台币,三年间暴增 8 倍多,其中电影与电视作品占约 75%。由于台湾急欲加入世界贸易组织,不断放开市场,但又无法比照欧盟以"文化例外"原则,抵抗美国强势电影文化入侵,使得电影政策只能沦为加入世贸组织筹码。

2.现行产业发展政策

2009 年 5 月通过的为期五年的"创意台湾——文化创意产业发展方案",涉及电影产业的重要政策是:2010—2014 年,以各项推动策略,期望达到"攻占大华文市场,打造台湾成为亚太文化创意产业汇聚中心"之愿景,针对电影产业提出"电影产业发展旗舰计划",作为台湾电影产业于 2010—2014 年产业发展的政策最高指导方针,更进一步提出"台产电影片招商计划",希望在两岸签订的 ECFA 正式实施后,受惠于台湾制作的电影将不受非大陆电影每年配额 50 部的限制,可在大陆进行商业映演,获取大陆的广大市场。此外,外国电影公司亦可借由与台湾电影公司合作制片,争取进入中国大陆。其中"电影产业发展旗舰计划"为文化创意产业项下的执行计划,时间为 2010—2014 年,总经费计 64.4 亿元新台币,其目标在培育相关人才,辅导业者开发营销,活络台湾市场及开拓国际市场。

为了积极推动文化创意产业的发展,协助产业解决集资问题,台湾自 2005 年起,分别在优惠贷款、投资基金、辅导金、策略性补助、投资抵免与台湾影视创投博览会等方面,采取与以往截然不同的方针,台湾电影产业进入多元资金渠道时代。

(1)影视优惠贷款。分别由"中长期基金"与"开发基金"提供融资贷款 200 亿元新台币,透过工业局的"数位内容产业及文化创意产业优惠贷款办法"与"文化创意产业适用促进产业研发贷款办法"实施。另外,新闻主管机构自 2007 年 10 月起亦以"电影事业及广播电视节目供应事业优惠贷款要点"为据提供影视贷款。目前,两大基金结合中小企业信用保证基金,主要为电影、电视产业与动画制作提供贷款。

(2)投资基金。由开发基金投资 200 亿元新台币,直接或透过新闻主管机构、文化事务主管机构与工业局,据"申请行政主管部门开发基金投资服务说明"与"办理加强投资数位内容及文化创意产业方案实施要点"实施。200 亿元新台币用途主要分成三个部分:直接投资模式(50%)、投资创业投资事业(25%)、投资国际指标性事业(25%)。

(3)电影辅导金。2012 年 5 月起,影视及流行音乐产业局承接以往新闻主管机构电影处的电影辅导金业务,以"台产电影长片辅导金办理要点"和"台产电影短片辅导金实施要点"延续过往的辅导金补助办理制度,年度预算提高至新台币 1.5 亿元以上,审查与预算核拨相关办法均较以往严密。以 2013 年为例,分为长片辅导金与短片辅导金两大类组,全年分二梯次申请办理。

(4)略性补助。以中大型电影为主,2007—2011 年,分五年期程,以"策略性台产电影片补助要点"为据实施,每年以2亿元新台币作为本计划预算,新闻主管机构电影处针对3 000万元新台币以上的电影企划案,且具市场竞争力的中、大型类型电影给予30%预算之辅助,协助制片团队取得开发基金投资或优惠贷款融资。以落实"振兴电影产业计划",发挥产业点火功能,分散民间投资风险,积极辅导台片拍摄。目前如蔡明亮与所拍摄的2008年作品《脸》总预算高达2亿元新台币,获得策略性辅导金3 000万元新台币。自2010年起,则以"旗舰组及策略组台产电影片补助要点"及"旗舰组及策略组辅导金"为据办理补助。

(5) 票房奖励。自2011年起,为鼓励首轮商业映演票房优良的台产电影片,特制定"票房奖励制作台产电影片补助金办理要点",激励电影产业冲刺票房成绩。以2012年度办理要点为例,当年度在台北市地区首轮商业映演票房达1 000万元新台币,以其票房纪录所载票房总金额两倍的百分之十为上限申请核定领取制作补助金,且以5 000万元新台币为上限。

(6) 映演补助。为协助台产电影片的映演,鼓励开拓市场及保障台片映演空间,制定"台产电影片岛内映演补助办理要点",提供参与申请"台片院线"所要求电影片映演业映演场所进行台片首轮商业映演,并于全台首轮商业映演完成后,可申请映演补助。

(7) 投资抵减。为推动投资台产电影片的减免赋税,以"营利事业投资电影片制作业制作台产电影片投资抵减办法"为据实施,将"电影法"部分条文修正案增列第39条之1之投资抵减条文①,内容为:"为奖励投资台产电影片,个人或企业投资制作台产电影片,其投资金额20%限度内,自当年度起五年内抵减各年度应纳营利事业所得税额。"②通过上述投资资金税赋减免,以吸引资金投资电影产业。

---

① "电影法"部分条文修正案于2004年1月7日经法令修正公布。
② 但每一年度抵减总额,以不超过该营利事业当年度应纳营利事业所得税额50%为限,但最后年度抵减金额,不在此限。投资抵减之适用范围、抵减总额、核定机关、申请期限、程序、抵减率及其他相关事项之办法,由"主管机关会商财政主管部门拟订,报请行政主管部门核定"。前开投资抵减办法已于2004年7月6日经行政主管部门审议通过。

(8)国际影视创投会。自 2005 年起,台湾方面通过举办台湾影视博览会,结合金钟奖、台北影视节、金马奖、金马影展及影视创投会等,经由这个博览会提供平台,将广义的电影、电视人士与投资人、创业投资公司聚集在一起,让不同行业、国家、区域的影视产业工作者齐聚一堂,增加合作机会,与国际接轨,以打造国际影视产业平台,成功达成资金与人才融合的目的。

3.电影产业发展旗舰计划

为协助业者拍出在华语市场上叫好叫座的台片、策略性辅导台片华语市场营销及推广、厚植台湾电影人才及工业基础,推动以下三大重点计划。

(1)影航争锋计划——协助业者拍出在华语市场叫好又叫座的台片;

(2)四海翱翔计划——策略性辅导台片华语市场营销及推广;

(3)神鬼奇兵计划——厚植台湾电影人才及工业基础。

4.ECFA 与电影政策

2010 年 12 月底生效的海峡两岸 ECFA 早收清单中,台湾开放大陆电影片每年 10 部来台映演,大陆则开放台湾电影片无配额限制到大陆映演。截至 2012 年,台湾有 21 部电影片在大陆映演,票房收入 29.96 亿元新台币,已对台湾电影产业带来利多;大陆电影片虽然也有 20 部至台湾映演,但票房收入仅 2 457.5 万元新台币。两岸 ECFA 电影市场谈判,已为台湾电影开启大陆市场商机,台湾对于大陆电影进入台湾,在评估衡量岛内市场容纳量后,采取逐步放宽政策,未来将增加商业映演配额至 15 部;同时,大陆将开放大陆影片及合拍片在台湾进行后期制作及冲印作业,台湾文化事务主管部门允许台湾影片因剧情需要,在影片中如有方言,可以原音呈现。台湾亦将协调陆委会修正放宽大陆专业人士来台得申请多次的规定,以便利大陆影视专业人士来台进行后期制作及冲印,争取大陆影片及合拍片订单及商机。

(三)两岸电影产业合作发展开拓新局

大陆电影产业经国家政策全力发展,2012 年票房总收入已超越日本成为全球第二大电影票房国家,根据国家新闻出版广电总局通报,2014 年中国电影总票房达 296.39 亿元,同比增长 36.15%(未包括港澳台数据)。目前依据各项预估报告:我国电影票房将于2020年前后正式超越美国①,成为全球最大国内市场国家。2010年,国务院办公厅颁布《关于促进电影产业繁荣发展的指导意见》,以及2012年推出的文化部《"十二五"时期文化产业倍增计划》,对我国电影产业发展在宏观政策上给予大力支持。我国电影产业在良好的大环境下取得快速发展。

台湾地区电影发展已超过60年。20多年来已投入相当多的台湾当地资源于产业发展,且因电影产业兼具文化和经济双重特质,在2000年之前,台湾当局着重于电影高度敏感的文化特质,设有严格的审查机制对剧本内容进行层层把关的检查管理;然而,2000年以后,在联合国教科文组织的宣示下②,全球进入文创产业时代,电影产业的经济特质受到瞩目,且因在文化创意产业发展中扮演火车头之关键地位,在产业发展政策规划上得到高度重视;台湾当局将之定位为文创重大产业,希望能在两岸政治关系和缓且全球华人经济圈崛起的时机中,由"电影产业发展旗舰计划"带动电影产业蓬勃发展,期许达到"攻占大华文市场,打造台湾成为亚太文化创意产业汇聚中心"之愿景。在文创经济潮流与政策的推波助澜下,台湾地区电影产业自2010年起发展明显升温,2011—2013年,每年票房大幅增长,台片票房市场占有率一举增加8~10倍之多,电影产业也因而带动新的一波繁荣前景。

两岸在2001年与2002年先后加入WTO,台湾自2002年1月加入WTO起,全面取消对海外影片的所有限制;大陆自2001年12月加入WTO之后,2002年起按照有关协议放宽进口电影配额。2012年2月18日,中美再就进口电影配额达成新协议,在每年进口20部电影的配额上,容许多14部3D或IMAX格式电影进口,票房分红由13.5%至17.5%,将增至25%。

两岸电影产业历经长期以来各自发展的局势,到2010年出现突破性的进

---

① 时代今典电影集团董事长张宝全认为,中国电影市场将持续保持高增长,或将于七年后超过美国,成为全球最大电影市场。

② 2001年11月2日,联合国教科文组织第31届大会在巴黎总部通过《世界文化多样性宣言》,提出多项各会员方发展文化产业的原则和建议。

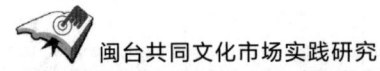

展:2010年6月29日第5次"江陈会"①正式签署完成ECFA,12月底生效的ECFA早收清单中,台湾开放大陆电影片每年10部来台映演,大陆则开放台湾电影片无配额限制到大陆映演。自此,两岸电影产业走向共存共荣的崭新竞合时代。

---

① 陈是指海峡两岸关系协会(海协会)会长陈云林。江是指海峡交流基金会(海基会)会长江丙坤。

第三章　闽台共同文化市场决策分析报告

闽台两地在文化产业合作方面经历了浅层交流、深入交往、深化合作以及正在进入全面合作的过程。这个历程与两岸关系紧密相关，反映出一定的时代特点。凭借"五缘"优势和"先行先试"的政策，两地在许多优先产业领域展开了比较深入的合作，呈现出巨大的合作潜力。在全面推进深化改革和福建自由贸易试验区正式挂牌的新背景下，推动闽台文化市场一体化，改革闽台文化产业合作水平的政策创新体系，构建闽台文化市场协同发展的体制与机制，找准闽台共同文化市场构建的路径，创新闽台共同文化市场模式，具有重要的意义。

第一节　闽台共同文化市场协同发展的体制与机制创新

体制是关于国家机关、企业和事业单位管理权限划分、组织结构的制度，包括关于国家组织结构和管理权限划分的政治体制，关于经济结构组织和管理的经济体制。机制是领域或系统内的结构关系和运行机理，如合作机制、创新机制。体制与机制之间存在密切关联，前者是根本性、纲领性的制度原则，后者则是具体的运行方法，前者决定后者，后者影响前者。两岸体制和运作机制影响闽台文化市场的建构水平和发展速度。学界对这一论题已有研究，但仍存在重描述轻分析，重局部轻整体等不足。张宝英、叶琪的《论区域金融视阈下的闽台文化产业对接》一文重点分析闽台金融政策对产业合作的影响，黄一峰的《基于行业协会平台的闽台人才交流合作机制研究》则侧重于讨论人才合作机制，都缺乏对两岸体制和机制的宏观研究。帅志强在《关于提升闽台文化创意产业合作水平的政策创新体系的思考》一文中提出,两岸应制定宏观政策以推进文化市场"减政放权",但未对政策背后的内在机制进行透彻分析。

一、两岸体制和机制对闽台共同文化市场建构的影响

两岸共同文化市场建构对于重塑文化共同体,促进大陆经济转型,发展台湾经济,实现和平统一大业以及增强区域国际影响力等都具有深远意义。"两岸共同市场"由萧万长于2001年前后提出,后得到岛内外学者的呼应,出现"共同文化市场"或"共同文化区"概念。共同文化市场是在文化认同前提下的文化贸易一体化空间,共同文化市场建构就是为双边商品、技术、劳务、人才等流通提供平等、双向、和谐的经济环境,两岸自贸区正是基于上述理念兴建的。

十余年来,闽台共同文化市场建构初见成效,但也存在诸多瓶颈,其中两岸体制和机制差异是导致共同文化市场建构屡现危机的关键所在。两岸政治局面是两岸市场格局和经济形势走向的重要风向标。2009年王毅首访美国时在华盛顿侨界座谈会上指出:"两岸关系的改善和发展不存在只谈经济不谈政治的问题,而是需要把握轻重缓急和优先顺序,重要的是适应两岸关系发展的现实需要,符合两岸民众的共同意愿。"大陆在对待台湾问题上态度始终如一,坚守"一国两制"的基本立场,在此前提下促进两岸经贸合作、文化交流。台湾在回应这一问题上,却常面临政治与经济的龃龉,政界和商界的矛盾,政策主张的变化使得闽台共同文化市场建构跌宕起伏,一波未平,一波又起。

1979—1991年是两岸体制对话的起步阶段。台湾当局相继设立多个针对两岸统一的对口机构,重提一个中国的政策,推动开放通邮、通航、通商,为闽台共同文化市场建构铺垫道路。

1991—2005是两岸体制对话的波动阶段。这期间的千岛湖事件、李登辉"访美"、李登辉连任、陈水扁上台等政治事件使得两岸关系出现龃龉,台湾当局的许多论调背离两岸体制对话基础,使得两岸直接经济合作受挫,台商大陆投资额明显下挫,闽台共同文化市场建构化为泡影。

2005—2015是两岸体制对话的深化阶段。2005年胡锦涛和连战在北京会谈,国共两党发布《中国共产党总书记胡锦涛与中国国民党主席连战会谈新

闻公报》，确定"优先讨论两岸共同市场问题"。同年亲民党主席宋楚瑜访问大陆，共同发布《中国共产党总书记胡锦涛与亲民党主席宋楚瑜会谈公报》，"就建立两岸贸易便利和自由化（两岸自由贸易区）等长期、稳定的相关机制问题进行磋商"，为两岸共同市场建构抛来和平橄榄枝。2008年两岸重回"一个中国"和"九二共识"基本原则，两岸进一步落实共同市场建构问题。2013年两岸两会第九次会谈签订《海峡两岸服务贸易协定》，扩大两岸服务贸易合作面和自由度，有利于闽台社会、通信、旅游、娱乐文化、体育、运输、金融等方面的深度融合，为扩大闽台文化市场和深化文化贸易提供有力保障。近年，闽台文化贸易出现大幅增长，在出版、影视、会展、旅游等方面合作逐渐深入。"率先推进与台湾地区投资贸易自由"成为福建自贸区的重要使命。截至2015年，福建自贸区已确立了88项机制创新试验项目，其中对台项目20项；确立了98项扩大开放试验项目，其中62项仅对台开放。2006—2013年，福建出口台湾出版物累计超过4亿人民币码洋，占大陆对台出版贸易额的50%以上。

可见，两岸政治和经济体制制约着经贸关系的发展态势，是影响共同文化市场的关键因素。两岸体制建设和机制创新是建构共同文化市场的首要问题。

二、闽台共同文化市场建构的体制壁垒和机制问题

闽台共同文化市场是两岸共同市场的重要构成和实验基地，闽台共同文化市场建构拥有文化、经济、政策等优势。首先，闽台文化同源，闽南文化、客家文化构成台湾的主体文化，两地居民文化认同感强。其次，闽台经贸合作密切，在先进制造业、现代服务业、现代农业等方面形成互补优势，加快福建旅游会展、文化创意、电子信息、金融、电子商务等产业升级与转型。截至2013年，福建省累计引进台资项目13 524个，实际利用台资220.79亿美元（含第三地），实有台资企业3 908户，均居大陆各省市第三位；闽台贸易进出口总额1 145.14亿美元，居大陆各省市第五位，2013年台湾成为福建第四大贸易伙伴；台湾百大企业已有60多家在闽投资设厂，助推福建形成千亿产业集群。2015年闽台交流合作持续深化，闽台贸易额达695亿元人民币，实际利用台

资13.1亿美元,同比增长10.3%。福建自贸区建设是发展闽台共同文化市场的重要契机,厦门、平潭全岛和福州的江阴港区、泉州部分将加入福建自贸区行列,建成后将有力促进闽台经济。闽台海峡两岸文博会、艺博会、版权博览会等初显品牌效应,区域影响力逐渐扩大,海峡电子商务产业基地、筹建海峡出版物博览交易中心相继成立,推动闽台文化产业深入合作。最后,福建是两岸交流的重要窗口,拥有对台先行先试的政策优势。2006年海关总署签署《关于加快海峡西岸经济区建设合作备忘录》,同意"服务对台大局、允许先行先试、坚持务求实效"三项原则,有助于闽台经贸合作。2009年5月国务院发布《国务院关于支持福建省加快建设海峡西岸经济区的若干意见》,确立福建省建设海西经济区的战略地位。福建拥有"小三通"、货运包机、"个人游"试点等诸多对台政策优势,和台湾文化产业的多领域合作前景广阔,为共同文化市场建构提供重要保障。

闽台共同文化市场建构还存在诸多瓶颈,其中两岸体制和机制差异乃是关键。

首先,贸易逆差,投资悬殊。闽台贸易逆差较大,有碍共同市场发育,近年有缩小倾向,但弥补历史差距仍待时日。2014年闽台贸易进出口总额764.1亿元,下降4.2%,其中出口234.7亿元,增长17.4%,进口529.4亿元,下降11.5%,累计贸易逆差294.7亿元,逆差较上年收窄35.1%。以电影产业为例,自2013年广电总局公布《关于加强海峡两岸电影合作管理的现行办法》以来,大陆放开对台湾进口电影数量限制,凡取得"电影片公映许可证"的台湾影片,进口大陆不受进口影片配额限制,对两岸合拍电影也放宽条件。同年台湾当局也适度增加大陆片进口配额,由原先的10部上升为15部,但政治松绑程度仍远远低于大陆。

闽台互惠条件不对等,文化投资有悬殊。福建凭借先行先试优势对台开放探亲、旅游、定居、投资、置业、经营、子女就学、人才补助等优惠政策,台湾对福建的政策红利似乎没那么优惠,尤其在创意产品出口、人才输出、产业投资等方面有较大瓶颈。福建对台投资刚刚起步,虽处于全国领先水平,但闽台投资差距仍较大。至2012年4月,福建省经商务部核准在台投资企业和机构共

29家,共计投资额7 958万美元,约占陆资赴台投资总额的三分之一。2013年1月商务部核准福建在台湾设立9家企业和分支机构,投资额(含增资项目)1.02亿美元。台湾对福建投资仅2015年就达到13.1亿美元,同比增长10.3%。

其次,合作面较窄,发展不平衡。其一,从地域上看,闽台文化产业合作主要集中于沿海一线,台商主要投资区、台资项目、自贸区主要分布在福州、平潭及闽南地区等,闽西北和台湾的合作项目相对较少。其二,从行业上看,闽台合作主要集中在图书出版、会展旅游、文化创意等领域,海峡两岸图书交易会、文化产业博览会、旅游博览会等活动每年如期在厦门举行,推进闽台相关产业融合,但在视听、影视、动漫等方面的合作仍有待发展。其三,从合作类别上看,闽台在资金、技术等方面合作较多,台湾文创企业进驻福建自贸区,技术入股、投资设厂、产品销售等合作逐步深化,但在双边劳务和人才合作上仍有待加强,福建文创人才入台学习、培训、就业或创业机遇较少。

再次,合作机制上趋向政府主导,市场调控力度不足。闽台共同文化市场建构符合闽台双边文化需求和商业利益,应该由市场自由配置为主导,但由于体制隔膜,双边合作机制上还不够灵活,在合作范围、品类、形式、数量、时间上仍有诸多限制,随双边政策变化而变化。闽台文化产业在资金、人员、产品流通上仍受直航、直飞政策限制,贸易、往来成本相对较高,甚至部分资金往来、货物流通需经香港中转,不利于共同文化市场的培育。

最后,配套服务不到位。与闽台文化产业合作相关的管理部门包括海关、质检、交通物流、金融管理、版权保护等,分别应对关税、商品质量、物流、汇率和贷款、知识产权及版权管理等问题。目前,闽台在关税互惠、质检简化、金融一体化、版权立法等方面仍存在差异,不利于共同文化市场建构。同时,闽台之间仍缺少将上述配套服务融为一体的综合性服务平台,达到闽台文化贸易和合作顺畅化、便捷化的目的。

闽台文化市场建构中的上述问题,与两岸体制差异和机制灵活度不够有密切关系。

就体制而言,两岸之间存在较大的立场和原则差异。大陆所持立场大致为维护民族统一、求同存异、响应民意、经济惠民、和平发展、促进政治经济良性互动,其原则为"和平统一""一国两制""政经分离"。台湾方面的立场则随政党之间、政党与民意、政治与经济等的博弈出现波动,分离主张时有抬头,甚嚣尘上,违背"九二共识"初衷。受此影响,台湾对大陆经贸政策难免顾虑重重、抱残守缺、游移不定、左右摇摆。与大陆的经贸合作对维护台湾经济持续增长和民众和平发展诉求有直接影响,但台湾当局在政治、经济管理体制上拘泥于政党利益,采取单向保护措施。2010年两岸签署ECFA,提出双边贸易自由化,减免关税壁垒,减少双边投资限制,投资便捷化等发展目标。但事实上,大陆对台的优惠政策远胜于台湾给予的优惠条件。在双边贸易上,台湾实行"宽出严进",给大陆商品设置进口壁垒,ECFA自实施起,大陆对台降税产品达到529项,台湾对大陆减免关税项目为267项,仅为大陆对台优惠项目529项的半数左右。① 另外,至2013年12月台湾8 726项进口项目中仍有2 000余项未向大陆开放。大陆产品自身竞争力也较弱,不利出口。在投资上,台湾曾规定投资大陆金额不得超过海外总投资的5%,更对大陆对台投资设置各类门槛,且放松台湾传统劳动力密集型、资源消耗型产业(如出口加工业)对大陆输出转移,严格限制技术密集型产业对大陆投资输出。这也是导致闽台共同文化市场建构出现诸多问题的核心原因。

可见,两岸体制上的基本共识是维护闽台贸易自由发展,建构闽台共同文化市场的前提条件。

就机制而言,闽台合作虽走在两岸前列,但也存在机制不够全面和灵活的问题,影响了闽台文化市场建构的速度和水平。首先,机制不够全面和完善。经过多年努力,闽台在合作机制上形成诸多共识,如民间先行机制、优势互补机制、先行先试机制等,但仍存在一些缺口。闽台共同文化市场的建立还需打造合作机制,应在平等对话、文化共融、创新激励、生态保护、社会共建、共同防御等方面完善相应机制,以经济、文化、社会一体化为目标维护闽台共同文化市场平稳、健康发展。其次,机制现实满足度不高。随着大陆经济发展和产业

---

① 陈键兴:《ECFA红利充分显现》,《人民日报》(海外版)2014年1月2日。

升级需求的逐步凸显,未来闽台合作应向纵深和新兴领域发展。ECFA确立两岸贸易自由化、投资便捷化的目标,但在贸易管理和产业对接机制上不能满足闽台高新产业、现代服务业合作的现实需求。再次,机制灵活度不够。尤其是文化贸易与投资和政府决策相绑定,只能通过上行下效的方式执行,政策影响力过大,市场调节机制不灵活,极大影响闽台共同文化市场的健康培育和发展。最后,机制运行有效性不足。闽台合作机制常随台湾当局政治决策意图改变而难以落实,缺乏运行长效性和保障措施。随着两地合作的深入,已有的配套服务显然无法满足现有需求,配套服务机制建构十分有必要。

因此,机制创新是加速闽台文化市场建构的必要条件。

三、体制建设与机制创新的基本路径

首先,两岸体制建设关涉两岸关系的重要问题,对闽台文化市场建构影响重大。但这不是闽台两地能够协商解决的问题,应回到两岸基本决策上来。两岸在政治、经济体制上存在多方面的差异,求同存异方能解决问题。两岸体制建设的关键点在于倾听和遵从民意,原因在于台湾政党意图随时可变,而民意走向却基本稳定,大多数台湾民众对维护两岸和平和经贸往来关系持积极态度,"台海两岸日益密切的经贸往来对台湾非常重要。绝大多数台湾民众对与大陆签订各种经贸协议和民间交往持积极态度"[1]。两岸体制对话应顺应民意,听从两岸民众心声,再用民意来影响台湾政治决策,带动两岸体制建设。就闽台共同文化市场建构而言,闽台双边可发挥区域文化相近和先行先试优势,签订闽台共同文化市场合作协议,借助政策红利大力发展闽台共同文化市场。

其次,闽台共同文化市场机制创新则可以从两岸对话和地方协商两处着力。截至目前,有利于闽台共同文化市场建构的政策办法包括《福建省对台湾地区旅游外汇管理暂行办法》《福建省实施〈中华人民共和国台湾同胞投资保

---

[1] 萧师言.台湾民众对两岸关系态度积极 选举并非"统独对决"[EB/OL].(2014-12-01)[2015-06-01].http://mil.sohu.com/20141201/n406555195.shtml。

护法〉办法》《福建省促进现代物流业发展条例》《海峡两岸服务贸易协议》《海峡两岸食品安全协议》《支持平潭综合实验区建设若干意见》，既包括福建省专属的政策，又包括全国性的对台政策，对投资贸易、产品流通、物流、金融等给予保障措施，助力闽台共同文化市场建构，但仍不够完善。

第一，闽台共同文化市场创新机制应符合市场规律和民间立场。闽台共同文化市场建构机制以政府为主导，行政效力强，但市场主导性不足；应辅以市场调控机制和民间协作机制，增强市场调节度和灵活性。为了达到上述目的，福建在制定相应文化政策时应调整思维，变准入制为门槛制，即改变"怎么做"的各种条款为设定"不能做"的基本门槛，适度放权于市场和民间，让它们在承认"九二共识"等前提下通过自由协商方式确定各类合作协议，更大限度发挥市场在资源配置、利益协商方面的作用，调动社会各界的积极性和参与度，让闽台共同文化市场自由、健康地发展。

第二，闽台共同文化市场机制创新应考虑社会环境要素，包括政治、经济、文化、科技、社会等方面。具体而言，政治层面上应建立平等对话机制，借助海峡论坛等平台促进两岸民众交流，以两岸民意为政治对话基点，呼应民生需求；文化层面上应建立文化共融机制，利用闽南文化、客家文化、妈祖文化、海丝文化、船政文化等共同文化资源建构闽台文化圈，增强文化认同；社会层面上应建立家园共建机制、生态保护机制，建设闽台共同家园，给予来福建经商、投资或置业的台胞正常待遇，尽力争取福建赴台民众享有最惠待遇，建立闽台共同生态保护机制，促进闽台大力发展生态经济，促进产业升级；科技层面上，建立创新激励机制，促进科技成果移入和转化；经济层面上，建立综合服务机制、产业对接机制和共同防御机制，促进金融一体化，服务高效化，知识产权保护同步化，实现产业无缝链接，建构闽台经济同盟，共同应对国际竞争。

第三，闽台共同文化市场机制创新应兼顾产业间的和谐发展，可分别建立旅游、会展、文创、出版、影视等分类市场，根据已有合作程度制定相应的市场机制，把闽台共同文化市场和福建千亿产业链打造连为一体，为建立闽台经济共同体和文化共同体奠定基础。

第二节 闽台共同文化市场构建路径研究

要想使闽台文化产业的合作顺利进行,共同文化市场的构建就应加快,为闽台共同文化市场创建平台,让闽台文化产业的交流和合作成为机制,加深两岸的文化认同。应打破建设这一市场的体制瓶颈,规范市场适用的法律机制,促进共同文化市场的形成。

一、挖掘闽台文化内涵,加深两岸文化认同

一个民族的文化是这个民族的基本价值所在,对这个民族基本价值的认同就是文化认同。没有充足的文化支撑,文化认同就是无根之木、无源之水,增加两岸的认同感极为重要。2012年12月10—12日,台北福华大饭店举行了"台北会谈"学术研讨会,该研讨会以"强化认同互信、深化和平发展"为主题。会上,台湾学者提出一个令大陆学者为之震撼的看法:"近年来两岸关系发展主要以经济利益为动力来源,但两岸经济日益密切,无助于彼此的认同,甚至交流愈频繁,台湾'主体意识'却越强。"认真揣摩台湾学者的观点,我们可以看出,仅仅依靠经济上的让利及合作,难以使台湾民众增强对大陆的认同感和推动两岸关系的和平发展,更遑论进一步实现国家的和平统一。显而易见,当前最主要的问题是使台湾民众能够认可直至认同大陆的思想文化观念。

实现文化认同,需要文化的交流,即人与人之间和人与文化之间的交流,然后通过这种交流实践完成文化的认同。节日民俗因其观赏性、参与性和直观性等特性,深深植根于当地人民的民俗生活之中,故符合当地人民的价值观念和审美概念,得到当地人的广泛认可和熟知。民俗的根本即是传统文化,传统文化渗透在民俗各种表现形式中,这种厚重的文化性正是闽台传统民俗形成的基础,催生闽台文化认同的基础。因此,人们往往通过节日民俗这一途径来进行交流,进而催生文化认同。节日民俗与其他的文化形式类似,都是人们的生活习俗,一代一代传承下来,几乎不会出现大的改革,从中体现民俗文化具有的坚韧性和传承性。闽台两地的节日习俗具备共有的文化特质,闽台地

区在端午节时都会举办龙舟竞渡,这一赛事体现闽台地区特有的水神信仰文化,又包含与大陆中原地带相似的龙文化和爱国情愫。这一民俗,一方面能够加强人们对"龙的传人"这一文化身份的认同,另一方面能够增强人们的爱国情怀和对闽台地域水神信仰文化的认识程度。

从地理位置上来看,闽台地区相对较远,远离内陆主要的政治、经济和文化中心,两地在民俗文化上受外部的影响较少,所以民俗文化的保留程度更高、传承性也更强,比如说闽台方言这一中国传统语言活化石就体现这一特点,闽台方言中保留诸多北方方言中早已消失的词语,如"膺""鼎""著""丈夫子"等。许多古代的民俗活动在闽台保留得较为完整,如每年的正月十五赏花灯和除夕围炉守岁,其中除夕围炉守岁就是在西晋形成的。闽台地区有众多传统民俗节日,大多数都得到闽台民众的重视,这就为传统节日民俗的传承及其在现代生活中的延续提供了相当稳定的文化环境,闽台传统节日民俗要想成为文化认同的有效途径,稳定传承的文化环境是前提。

第一,充分利用闽台节日民俗来促进两岸文化认同。闽台地区的民间民俗文化是综合性的文化,既包括物质文化又包括精神文化,这两种文化的有机结合就是实物和精神的整合,这种整合为闽台地区的社会连续发展和两岸民众个体的社会化提供了充足的社会文化资源。在这之中,闽台地区的民间信仰起到精神纽带的作用。闽台地区的民间信仰者众多,共同的民间信仰包括处处可见的妈祖信仰、陈靖姑信仰以及保生大帝信仰,这些信仰一方面承载台湾民众对身份和文化的认同,另一方面承载台湾民众对文化之根的追寻。对于台湾同胞来说,妈祖信仰已经成为他们怀念故土的精神寄托。台湾民众对妈祖文化的重视和表现出来的寻根、追本溯源对海峡两岸的合作和祖国统一有极为重大的意义,应重视以妈祖文化为代表的闽台民间信仰,把闽台民间信仰作为重要内容,用这种交流来引发台湾民众追本溯源、寻根故土的强烈情感。利用好中华妈祖文化交流协会,举行国际性的有关妈祖文化的研讨会,加强海内外各类妈祖文化机构和妈祖信众之间的沟通和交流,进一步弘扬妈祖文化。

第二,深入发掘闽台民俗的文化内涵,着力增进两岸文化认同。充分利用大众传媒,加大对两岸共性文化的宣传力度,逐渐让闽台文化融合这一理念深入人心。为此,大陆的作家和艺术家们在创作时应弘扬中华传统文化,体现闽台文化的共性和祖国统一等情感,扩大闽台文化的影响。宣传重点应该在台湾青少年身上,应采用各种形式加大针对台湾青少年的宣传力度。一是要创建适合两岸各种年龄层次青少年进行文化交流的平台。可让两岸各类学校之间定期开展交流活动,或者利用寒暑假让两岸学子通过赴闽和赴台旅游观光,加强两岸青少年之间的文化交流。二是要充分利用互联网的便捷,设立有关网站,采用青少年喜闻乐见的宣传形式向他们展示闽台文化和中国传统文化等文化资源。三是要重视福建的乡土文化教育,结合学校教育和大众媒体,增强福建青少年对本土文化的认同感和归属感,为两岸青少年的文化交流提供便利。

第三,传承和保护本土文化资源,拓展闽台地域文化。目前,福建的民间祖庙、民居、寺庙等承载闽南地区乡土文化的物质文化遗产都遭到不同程度的破坏,两岸文化之根正是沉淀在这些物质文化遗产中的福建乡土文化。应加大对这些民俗文物的传承和保护力度,投入足够的人力物力和资金,对闽台地区乡土文化资源进行普查、搜集、整理和抢救,最大限度地传承和保护这些珍贵的传统文化。当然,物质文化遗产只是传统文化和乡土文化的表现形式而已,非物质文化遗产中包含的传统文化和乡土文化也应受到重视,比如民俗、信仰和语言,这些非物质文化遗产也需要投入足够的人力物力和资金,通过文字、音像等形式进行保护和传承。与此同时,对于那些适合宣传的民间民俗文化,可以通过互联网和大众传媒等形式进行宣传和推广,让这些民俗文化在保留本土特色的同时融入时代,更好地被海峡两岸的民众所接受。福建这一闽台祖地应发挥文化的辐射作用,增强闽台地区核心文化的凝聚力,促进两岸闽台文化认同,达到祖国和平统一的目的。

为了持续推进两岸的交流合作,文化的交流和增强民族认同只是其中一个方面,两岸文化交流若想达到可持续发展,两岸共同文化市场的构建和交流是必不可少的基本要求。党中央明确指出:"扩大文化交流,增强民族认同。密切人民往来,融洽同胞感情。促进平等协商,加强制度建设。希望双方共同努力,探讨国家尚未统一特殊情况下的两岸政治关系,做出合情合理安排;商谈建立两岸军事安全互信机制,稳定台海局势;协商达成两岸和平协议,开创两岸关系和平发展新前景。"

二、创建闽台共同文化市场平台,扩大文化交流

要想建设闽台共同文化市场的平台,使闽台两地文化产业之间的合作愈加深入、广泛和常态化,就必须将相关机制的健全作为突破口,闽台两地的相关单位应在两地文化产业的交流与合作中制定或者采用相同的规则、程序、组织和规章制度来进行调节和规范。当然,这个机制的建立一方面要符合两岸文化产业交流合作发展中的客观规律,另一方面要符合闽台双方共享的价值理念和利益基础,为实现闽台两地互利双赢的局面服务。

第一,建立健全闽台文化的共同协商机制,优化政策环境。

首先,在现今两岸关系不太明朗的背景下,要吸取之前 ECFA 的成功经验,促进两岸文化的交流,推动两岸地区在文化方面的讨论和协商,将两岸文化 ECFA 的签订提上日程,推动闽台两地文化产业的合作平台更加规范化、常态化和制度化。例如,可以成立一个领导小组专门管理闽台文化产业的合作,对闽台两地的文化资源进行整合和统筹规划,促进两岸文化产业合作平台的创新。其次,优化平台政策环境。福建省要积极响应党中央的政策,加快落实台商在大陆进行文化投资方面的系列优惠政策,在国家鼓励的文化项目上实施进出口免税等优惠政策;大力支持台资企业扩大生产规模,尤其是文化产品的生产规模,促进文化产品的技术成果转化;为台资企业提供资金支持,为台资企业提供在对接文化产业方面的项目用地;在新闻出版产品方面,一方面重视对台新闻出版产品的开发和宣传,另一方面要奖励新闻出版方面的优秀企业。还应加快合作园区的建设,园区建设要利用台湾的先进理念和科技手段,引进台湾文化产业的管理经验、高端人才和新兴业态,深化两岸文化产业合作。最后,健全"政府引导、企业主体、金融支撑"的多元化投融资体系,充分利用福建省及各地政府的专项资金,大力发展文化产业园区等重大项目和重点文化企业的建设;降低民营资本和文化企业的准入门槛,鼓励支持民营资本参与建设两岸文化产业合作平台,鼓励民营资本在文化产业和文化设施方面的投资和经营,鼓励民营资本兴办文化事业和公共文化设施;鼓励支持台商和

台胞团体或个体来福建省投资经营文化产业,在闽建立生产基地和研发中心。

第二,健全两岸文化资源的共享机制,为合作提供文化信息支撑。

在健全完善文化资源共享机制方面,两岸文化产业的互动要更加积极,互动方式也要更加开放,充分利用互联网和现代信息技术与台湾的文化产业协会进行合作。首先,构建文化产业数据的共享平台,综合利用互联网和现代信息技术等手段,将福建省省级文化产业的研究成果整理入库,建立福建文化产业专门网站,构建文化产业咨询的专家库,促进两岸文化产业方面数据的互动和融合,真正实现文化资源的共享。其次,要重视文化产业方面文献资料的共享平台的建设。海峡两岸应制定统一的、长期的、稳定的文化产业文献资料的共享计划,利用互联网和数据库技术等形成便利的闽台两地文献资料共享体系,加强两岸文化产业的互动。

第三,完善项目和品牌的带动机制,推进合作平台的规模化和集约化。

在"十二五"和"十三五"期间,福建省重点建设了一大批重大文化项目,其中包括"海西动漫创意之都"、台湾群创创意产业园、闽台文化影视城(漳州)。所以,完善项目和品牌的带动机制是重中之重,以文化项目带动文化品牌的塑造,文化品牌反过来也可以带动文化产业项目,项目和品牌的联动机制有利于进一步提高闽台文化产业的市场竞争力。

首先,打造具有闽台两地特色文化的"海峡品牌"。围绕着闽台地区共有的妈祖文化、茶和陶瓷文化、船政文化等区域特色文化,建设闽南文化保护区,重点开发闽台文化产业园区,引进台湾文化产业的人才、项目运作和国际交流等方面的经验,与台湾文化产业交流和合作;具体说来,福州地区着重开发船政和坊巷等文化资源;泉州地区应充分开发海上丝绸之路资源,积极响应国家政策,设立具有海丝之路独特内涵的文化产业园区;此外,文化旅游平台建设也应得到重视,比如湄洲妈祖圣地、武夷山、鼓浪屿、福建土楼,加强闽台两地同胞的文化认同。要想以文化产业项目来推动闽台共同文化市场平台的规模化和集约化,就要以国家重大台资文化产业项目为龙头,带动教育、科技、体育和金融、旅游等产业的发展,建立各个产业之间联动发展的完整产业链,重点加快建设动漫、会展等文化产业的共同文化市场平台,推动整个闽台文化产业共同市场合作平台的规模化和集约化。

第四,拓宽闽台文化发展交流新领域,创新闽台共同文化市场交流平台。

福建和台湾两地有相同的语言、相似的宗教、相近的民俗、相亲的血缘,拥有多种多样可进行开发的文化资源和历史题材;妈祖文化、闽南文化、客家文化是两地民众共有的精神财富和心灵家园,应将之运用于特色文化物品的创意,使闽台两地老百姓感同身受。应加强多种形式、多样群体的对台交流活动,扩大扩宽福建的祖地文化在台湾地区的影响。

为加大闽台民俗文化在民间交流的接触面,截至目前,闽台演出艺术文化交流已拥有十多个平台。如,举办多年的海峡两岸歌仔戏艺术节,已举办十几届的泉州国际南音大会唱;特色鲜明的海峡两岸木偶节、海峡两岸民间艺术节、福建文化节;创新意味十足的海峡两岸歌手大赛、海峡两岸舞蹈艺术文化交流活动;传承历史文化的"海峡情梨园百花春"戏曲晚会与全球闽南语歌曲创作演唱大赛;带有信仰文化的"妈祖之光"电视综艺晚会等大型活动已成为品牌。经过长期的经营发展,这些文化交流活动已经初步形成两岸交流的通道与重要机制,如 2006 年以来每年都在台湾岛举办的"妈祖之光"系列大型电视晚会,现在已经成为台湾民众家喻户晓并且广泛接受的品牌活动,在全球华人及海峡两岸民众当中产生良好的反应。其中,为妈祖信俗配套的相关活动"福建文化宝岛行"更是两岸经贸合作的一大推动点,推动闽台文化之间的双向交流,应促进这些已经取得初步成功的文化交流活动进一步发展。巩固发展已形成品牌的旅博会、台交会、海交会、茶博会。为了扩大闽台民俗文化影响力,应定期举办各种闽台民俗文化艺术节,增强闽台文化认同,像举办妈祖文化节一样,定期举办各种与信仰有关的活动,吸引台湾同胞参加。

两岸关系发展态势良好,为适时构建平台促成闽台文化历史交流乃至两岸文化交流,大陆第一个文化生态保护区——闽南文化生态保护区应运而生。国民党主席萧万长、吴伯雄前往漳州,立体多元的交流平台为两岸和平谈判增加了可能。可以将两岸各党派及行政部门官员的交流固定下来,建设成一论坛或者例会,将以上述会展和论坛等历史文化之间交流的"软手段"活动(如博鳌论坛、海交会)为依托载体的两岸最高领导人之间的会谈、对话形成固定方式规则,使之成为既定的周期性活动。

创建闽台共同文化市场应大胆应用区域性的文化一体性的概念,为闽台区域共同文化市场对接协作扩展空间。建构海西的文化中心价值观,强化海峡两岸文化一体的解释力,大胆创新闽台文化交流合作的方式和业态,增强对台文化钻研,大力促成文化产业交流与合作,建成规模性文化创意产业方案,努力建设"文化海西"。为使文化影响力与经济影响力比翼齐飞,积聚海峡两岸民众的文化认同感和文化向心力,必须用心发掘文化与经济之间的价值链。

三、弥合共同文化市场的文化产业政策差异

拥有共同历史文明的台湾与大陆,用相同的文化历史为纽带维系两岸关系,成为双方合作的重要基石。面对国际竞争,为加强两岸交流、拓展市场和弘扬中华文化,闽台之间需要克服文化产业政策差异,主要着意以下三点:

其一,台湾文化产业起步较早,政策的完整性较强;大陆地区发展不平衡,政策的地域性特征明显;台湾文化产业政策整体发展阶段较超前。

此外,台湾文化创意产业的政策规划较为深入。目前大陆的文化产业政策还停留在产业目标制定、产业发展方向确立和产业发展战略规划部署阶段。台湾的文化创意产业规划细致化、可行性高、具体化。以《文化产业振兴规划》为例,它大篇幅地讨论文化产业发展的主要目标和任务,措施和具体策略部分只提纲挈领;台湾的文创发展计划一开始就详尽触及具体措施,规划内容涉及多行业、多层次,操作性强。从竞争优势看,各省市还结合自身定位量身打造发展规划,如河北省、辽宁省、天津市、深圳市等都依据自身情况出台各自的振兴规划,弥补了国家层面规划的不足。

为建立闽台共同文化市场,大陆应进一步细化发展规划,从可操作性、针对性角度完善规划,而不只公布宏观的、面上的指导意见。

其二,台湾奉行低度管理、高度辅导原则,大陆采取政府主导原则。台湾的政策更倾向于为文化创意产业的发展提供各类辅助支持。如2010年二次修正计划中提出研发与辅导计划、人才培养计划、资金补助、市场拓展,每个计划都强调政策的辅助功能。2010年的"文化创意产业发展法"更明确提出"低

度管理、高度辅助"。从宏观角度看,这一原则与马英九团队倡导的开放、松绑政策是协调一致的。

相比台湾,大陆发挥政府主导功能,其产业发展的综合环境和现状决定文化产业要走"政府主导、专家论证、市场运作、群众参与"的发展之路。从文化产业出现之初,政府就起核心作用,一直推动文化产业不断向前发展。

台湾文化创意产业的主管机构相对集中,在台湾,文化创意产业的主管部门有四个;部门分工较为明确,这是其发展成熟的重要原因。

大陆的文化产业政策由多个部门分头负责,管理相对分散,部门之间协调性较低,权责分工不明确,效率低下。另外受区位因素影响,各地区文化产业发展程度有差异。因此,各省市出台各自的发展规划、支持政策,中央和地方共同建构文化产业的政策体系①。因此,在闽台共同文化市场建设中,双方文化产业政策要注意衔接,政策方向要对应。

四、打破闽台共同文化市场的体制瓶颈

结合台湾在文化创意产业发展方面的经验优势和大陆在文创产业发展中广阔的未来市场,两岸未来的合作有诸多可能,但体制瓶颈成为闽台共同文化市场面临的巨大挑战,制约闽台共同文化市场的发展。比如,大陆对台湾电影有配额限制政策,对台湾电视剧、综艺节目的内容审查和引进限制,对台湾资本进入大陆、台湾企业在大陆设立分公司等限制一定程度上制约了两岸的合作与交流。台湾对大陆影视作品也实行配额限制,也不利于两岸共同文化市场的合作与交流。闽台建设共同文化市场的体制瓶颈体现在以下两个方面。

第一,互信缺失成为两岸文化市场交融的主要壁垒。台湾方面对两岸政策的不信任在两岸2013年6月签署的《海峡两岸服务贸易协议》至今仍未在台湾地区立法机构通过这一事件中表现出来。

一方面,台湾岛内泛滥的民粹主义和选举政治使两岸经济议题政治化,严

---

① 熊澄宇:《发展两岸文化产业的政策思考》,《福建论坛》(人文社会科学版)2012年第2期。

重阻碍了两岸经济协议的顺利通过及其效用的发挥,在一定程度上阻碍了两岸 ECFA 后续协议的签署。经济与政治的双重作用使得两岸文化交流特别是文创产业交流的发展举步维艰。

另一方面,大陆在 ECFA 等协议中实施的"单边让利"措施陷入瓶颈。回顾 2008 年以来签署的两岸合作协议,大陆让利的色彩浓重,如早收清单方面,大陆给予台湾方面的优惠目录及力度都远大于台湾给予大陆的。2013 年 6 月签署的两岸服务贸易协议,大陆向台湾开放的服务行业类别及给予政策均超过 WTO,台湾给予大陆的政策则尚未达到 WTO 标准。ECFA 等政策的促进效应及大陆单边让利难以成为拉动两岸间友好关系的推动力,两岸贸易投资额停滞不前,令人担忧的是,近两年出现徘徊甚至倒退,动摇了台湾部分人对促进两岸经贸发展的信心。大陆一边倒让利容易被岛内分裂势力贴上"统战"标签,被视为所谓的"糖衣炮弹"。

第二,陆资赴台投资企业在经营生产中存在诸多限制,阻碍了两岸经贸关系的正常化。2009 年 4 月 26 日,在两岸海协会和海基会第三次会谈中,双方就陆资赴台投资达成共识,约定尽快出台相关规定和配套措施,循序渐进扩大陆资赴台投资领域。2009 年 5 月 17 日,商务部、国台办正式发布《关于大陆企业赴台湾地区投资或设立非企业法人有关事项的通知》,明确了陆资入岛的办理程序。同年 6 月 30 日,台湾经济事务主管部门正式公布"大陆地区人民来台投资许可办法"和"大陆地区之营利事业在台设立分公司或办事处许可办法",公布开放制造业、服务业和公共建设三大产业类别共 100 项,标志着陆资入台的正式启动。2009 年全年,陆资赴台投资金额为 0.37 亿美元。2011 年 3 月 2 日,台湾开放第二阶段陆资入台项目 42 项。2012 年 3 月 20 日,台湾开放第三阶段陆资入台投资项目,包括制造业、服务业、公共建设在内共 161 个项目,2012 年全年,陆资入台金额升至 3.28 亿美元。2013 年,台湾当局计划出台第四波陆资入台项目,但受两岸服务贸易协议在岛内引起反弹的影响而暂时搁置。

与台资进入大陆相比,陆资入台,无论在投资数额还是在投资件数上都微不足道,表现出增速慢、规模小、质量低的特点。截至 2013 年,陆资赴台投资项目仅 54 件,总金额仅为 8.6 亿美元;大陆累计批准台资项目已达 90 018 件,实际使用台资591.3亿美元。仅2013年一年,大陆共批准台商投资项目就达2 017件。两岸相互投资数额悬殊。原因是政策措施导致发展壁垒,影响投资者的积极性和信心;台湾方面对陆资赴台施加诸多限制,成为阻碍陆资赴台的"罪魁祸首"。一是台湾当局对陆资入岛设置门槛太高,且配套措施不完善,在赴台员工数及申领工作等方面设置诸多障碍。二是台湾开放业别与陆资期望不甚相符。从制造业看,目前虽然几乎全部对陆资开放,但是对陆资感兴趣的集成电路、半导体封装机测试、液晶面板机器组件、金属切削工具、电子及半导体生产用机械设备等项目的投资条件很苛刻,使陆资望而兴叹。行业发展的政策瓶颈、主体的动力不足和两岸行业产业对接结构失衡成为两岸文化产业交流的主要障碍。

综上所述,应努力突破障碍——建立两岸文化交融的良好局面要以两岸进一步开放为重要前提。应扫清合作障碍,实现进一步开放。只有政策上进一步放开,台湾的创意人才和资本才会有效地与大陆市场对接,实现双赢。文化共同市场因其对经济政治的推动作用使其交流与合作愈发重要。因此,两岸要共同积极创造条件,一方面,大陆将那些拥有优秀的内容故事力、科技创新力和创意领导力等管理能力的台湾拔尖创意经理人才吸引到大陆发展;另一方面,台湾要积极与大陆开展深入紧密的合作,将台湾文创优势输入大陆,实现双赢。

五、规范适用于闽台共同文化市场的法律机制

文化创意产业处于产业链、价值链的高处,是跨越多个行业,涉及诸多范围的产业。通常来说,产业的发展往往推动区域经济的成长,但文化创意产业自身的创造性往往极易被"偷窥者"模仿,这种现象,不但破坏区域经济发展的方向与平衡,也严重挫伤文化创意产业工作者的积极性和企业进行技术创新改革的热情,所以文化创意产业的知识产权保护极其重要。2010年1月7日,"文化创意产业发展法"在台湾地区立法机构获得"三读"通过,这是对于文化创意产业的法律保护。另外,"莫拉克台风灾后重建推动委员会办事细则""莫拉克台风灾后重建推动委员会暂行组织规程""文化建设委员会文化资产总管理处筹备处景美文化园区场地设施使用费收费标准"等法律规范也涉及

文化创意产业的保护。台湾已经初步形成对于文化创意产业保护的法律机制,这非常值得大陆借鉴与学习。

(一)闽台共同文化市场存在的法律问题

闽台间合作法律要从海峡两岸合作的角度进行探讨。

1.规则供给层面:相关法律不健全。

法治应包含两重意义:已经成立的法律获得普遍的服从,而大家所服从的法律本身又应该是制定得良好的法律。提供较为健全、优良的法律规则是新时期两岸文化产业对接合作深入发展的必备宏观环境因素。目前涉及两岸文化产业对接互相合作的法律制度仍不够健全,尤其是在以下方面存在不足。

(1)相关的著作权法律保护制度不够完善。文化产业作为知识创意型产业主要的经营成果体现为文化艺术产品,这类产品会涉及诸多著作权法律问题,大陆对著作权的制约主要凭借2001年年底修订的《中华人民共和国著作权法》。然而,目前这部法律,从促进两岸文化产业对接合作这个角度来看,仍有许多不足,主要体现如下:

首先,纳入《著作权法》保护范围的作品仍不够全面。如著作权法保护条款中未明确列示实用艺术产品、网页,这与TRIPS协议的保护水平存在一定距离,也无法充分顺应两岸文化产业对接合作中工艺创意产业、网络信息传媒产业这类行业的飞速成长。

其次,保护水平不尽统一。作为信息时期极为重要的作品,计算机软件管理涉及的具体法律规则是《计算机软件保护条例》,而非《著作权法》。另外,网络信息传播权这一新型的著作权邻接权也仅仅由《信息网络传播权保护条例》这一行政法规来规范,而《著作权法》行政法规由国务院制定而成,其法律调整效力低于最高立法机关制定的法律。文化产业发展过程中大量涉及计算机软件、网络信息传播权,上述立法状况还不足以保障这些网络传播顺利进行。

(2)缺乏促进两岸文化产业对接合作的配套税法。"税收是国家强制进行的一种超出经济本身的利益分配,这种分配体现一定的社会关系、经济关系、法律关系。"作为经济交易活动,海峡两岸的文化产业对接涉及税收问题,因此也在税法的调整范围内,但大陆方目前与之相关的税收法律制度尚未完善。

首先,法律层级不高且较为分散。到目前为止,大陆尚未出台调整两岸文化产业对接合作的税收法律规范,相关税收关系通常以涉台法律中的个别条款及一般法律中的相关条款为基础。总体上,这些规定较为分散且法律层级不高,更多为财政部及国家税务总局出台应急性的税收规范性文件,其法律效力欠缺且与当代法治国家普遍适用的税收法定主义这一课税原则的内在要求存在差距。

其次,从税法内容上看,税制的设计还不够合理,不能有效体现税收的宏观引导调控作用,"税收替代效应是指纳税人因政府课税而在其经济选择或经济行为方面做出的反应,亦即政府征税改变了一种经济活动的机会成本,使纳税人放弃这种经济活动而代之以另外一种经济活动"。当代税法所设定的税制应当通过税收替代效应发挥宏观调控功能。在这之中,对国家扶持的产业和特定事项,减免相应税负是最能发挥上述功能的工具。海峡两岸文化产业对接合作是国家扶持项目,目前直接针对性的税收优惠待遇政策基本空缺。能够在内涵上关联的税收规范性文件,其所规定的优惠待遇有限,缺乏从低适用税率、强化纳税抵扣等有效的扶持政策,这些规范性的文件的时效也较短,截至目前,大部分都已经到期或即将到期。综上所述,从内容上看,目前大陆对调整两岸文化产业对接合作活动的税收法律规定还不够完善,税制设计不完全合理,不能更好地发挥税收对该领域的宏观引导调控作用。

(3)缺乏统一的文化产业法。为了推动文化产业的繁荣发展,近年来陆续出台诸多政策性文件,如2003年9月文化部出台《关于支持和促进文化产业发展的若干意见》,2009年7月国务院出台《文化产业振兴规划》。2011年10月中共十七届六中全会的决议文件《关于深化文化体制改革推动社会主义文化大发展大繁荣若干重大问题的决定》及2012年11月十八大政治报告也有针对文化产业的发展的专门论述。但上述政策性文件有内在局限性,缺乏稳定性和解决问题方法的可预期性,"政策的不确定性导致投资成本急剧攀高,令投资者望而却步"。法律由国家立法机关遵循法定程序制定,以权利和义务为核心范畴,依赖国家强制力保证实施,比政策性文件的稳定性和可预期性,有较为确定的告示、指引、评价、预测、强制等规范功能,所以是推行市场经济的国家普遍使用的社会控制机制。不过,我国的现状却是只有文化产业的政策性文件而缺乏经由立法机关根据立法程序产生的文化产业法,对文化产业发展的制度性问题无法经由法律这种权威性控制机制来加以划界,这不适合市场经济法治原则,因此会对新形势下两岸文化产业对接合作依据法治路径规范发展的现状造成负面影响。

2.规则执行层面:相关法律规则执行不到位。

法治的基础在于有良法可依、已制定的法律得到有效执行。然而,海峡两岸文化产业对接合作在法律规则的实际执行层还存在诸多瑕疵,无法达到法治的要求。

(1)经营者法律意识薄弱。海峡两岸的文化同属中华文化范畴,受千年以来人治文化传统的影响,经济交易主体往往倾向于寻求人情关系等非法治规则渠道解决行政、商事问题,认为这一人情渠道比刻板的法治渠道更有用。因此在两岸文化产业对接合作的实际操作中,出现有悖法治要求的不利现象,经营者的法律意识不足甚至不了解,更多人认为法律是空洞的摆设,而对权力、人情等非正当渠道无限信奉。法制意识的缺乏是阻碍海峡两岸文化产业交流合作规范有序进行的重要社会因素。

(2)缺乏执行和遵守法律的组织和机制。管理学认为,组织是一个有效的工作体,是一定数量的人为了达到共同目标而聚集在一起的形式。"组织作为企业行为的载体和执行者无疑是企业生存和发展的重点所在。企业的发展都必须要有相应的组织系统来支持。"两岸文化产业对接合作过程中将会面对一系列的法律问题,为了在错综复杂的商业环境下有效应对这些问题,以企业为主体的产业对接合作者理当设立扁平化的法务机构组织来处理法律事务,这个机构的设立是保障企业安全合规运营的组织基础。另外,为了应对法律风险,还要确立一套适合企业经营要求的法律风险评估防范机制,通过这一防范机制来及时梳理、化解经营过程环节中产生的法律问题。然而,大陆方参加两岸文化产业对接合作的这些经营者中,除了少量较具实力的大企业,往往都缺乏执行和遵守法律的组织和机制,多数中小企业在法律组织和机制建设方面完全空缺,这种局面让两岸文化产业对接合作缺乏法令法规执行的基础。

(3)适格的法律人才供应不足。如果两岸文化产业对接合作要在法治化的轨道上推进,就一定要有合格的法律人才。大陆近三十年来的法律教育看似井井有条、繁荣兴盛,法律院系在高校遍地开花,每年法科毕业生人数众多,以执业律师为代表的法律职业从业者数目也相当可观,然而很少人接受过涉台的法律教育,参与过法律实务运作,真正具备法律职业精神又熟悉两岸文化产业及投资经贸法律、精通法律实务操作技能的法律人才十分短缺。许多法科毕业生及法律实务从业者对台湾方面的法律及司法实践往往缺乏了解,从事两岸文化产业对接合作的企业中,这方面的优秀法律人才更是稀少[①]。

(二)推进对接合作之法律完善的主要思路

1.完善海峡两岸文化产业对接合作的法律体系。

海峡两岸文化产业对接合作是两岸经济贸易交流的高级形态,法治途径是确保两岸文化产业对接合作规范有序进行的必然选择。要将两岸文化产业对接合作推进法治化轨道就必须在宏观规则供给层面确立相对完善的法律体系。为此,就大陆方面而言,笔者认为要特别注重以下方面法律的改良完善。

(1)著作权法的改良完善。第一,适当扩大纳入《著作权法》保护的作品范围。从事原创的企业涉及各类实用艺术产品,为健全对这类工业与艺术融合之特殊产品的法律保护,一方面可以借鉴部分发达国家的有益经验,将实用艺术产品以明示列举方式纳入保护作品范围。另一方面,为了顺应当今网络信息传媒业的快速发展,应该将网页这一新型信息媒介也明确列入保护范围。第二,将计算机软件与网络信息传播权的具体法律规定纳入《著作权法》中。信息数字化时代,计算机软件已然成为这一新型经济业态中极为重要的作品,网络信息传播权也成为数字信息化时代新型的著作权邻接权的重要内容。两岸文化产业对接合作进程中,计算机软件将是重要的文化产业研发成果,网络

---

① 李兴国:《海峡两岸文化产业对接合作中的法律问题及其完善》,《中南大学学报》(社会科学版)2013年第19期。

信息的传播权也是文化产业走向市场的重要渠道。

综上所述,我国目前对计算机软件及网络信息传播的相关约束还处在以行政法规调整的状态,而行政法律法规的法律效力较低,在对外交往中容易让人产生法律保护力度不足的错觉。所以,建议在适当时机修订《著作权法》,将现行《计算机软件保护条例》《网络信息传播权保护条例》这两部行政法规中的规则条款经优选完善后纳入《著作权法》中,以此提高计算机软件及网络信息传播权法律保护等级,促进两岸文化产业对接合作在信息化时代的良性发展。

(2)税法的改良完善。其一,税法表现形式上的完善。照现在的情况来看,与海峡两岸文化产业相对接相合作的有关税法处于比较空白的状态,法律权威性较低。对于推动两岸文化产业交流对接合作来说,该情况并不乐观,而且与宪政社会的税收法定主义的课税原则相违背。因此,应该看准时机重启修订现行税法体系,最高立法机关应该将营业税、增值税等主体税种加入立法议程,发布具有较高法律效力的《营业税法》《增值税法》,将近几年在实践中证明合理有效的税收政策加入前述法律之中。转换这么多年来仅靠《营业税暂行条例》《增值税暂行条例》这类由行政授权的法规以及部分税收政策性文件征税的窘迫现象,从形式上对现行的税法体系进行改善。其二,税法实质性内容的完善。需要在税法的实质性条款中设定优惠合理的税制,加以引导。体现税收的宏观调控职能,推动两岸文化产业合作在健康、宽松的税收环境里进行。

扩大文化产业中适用增值税的项目范围,增加增值税进项抵扣。增值税是较晚出现的比较科学的流转税,它可逐环抵扣,只对增加的数额进行征税,这适应现当代的产业分工,具有先进意义。在2012年之前,文化产业中的出版印刷发行企业、动漫软件企业等企业适用增值税,自2012年起,在大陆营改增的试点地区,其文化创意服务企业也适用增值税,但总的来说,文化产业适用增值税的范围仍不广。因此,可以以两岸文化产业对接合作作为试点,通过对增值税相关税收法律规定进行修订,增加文化产业中适用增值税的项目数量。例如,广播影视业可以普及适用增值税,无论是广播影视节目的制作或发行的企业,还是放映传输的企业,皆可纳入增值税的课税范畴。

(3)找准时机发布文化产业振兴发展的专门法律。海峡两岸文化产业对接合作,是在新时期经济结构转型、升级、大力发展文化产业这一宏观背景下进行的。近年来,一整套相关文化产业振兴发展的文件和政策陆续发布,这类文件和政策虽然灵活有余,但稳定性、规范性不足,违背市场经济法治建设目标。发展文化产业、建设社会主义文化强国,是长期战略性目标而不是短期突击就能完成的任务,国家层面必须对其有相对稳定而且理性的法律制度设计,"稳定性与制度化的规则有利于产业的良性发展",法律正具有以上特征。①

可以借鉴韩国及我国台湾地区对于文化产业的相关经验,汲取这几年来已经发布的文化产业政策中合理合法的规定,基于现代法律来制定基本原则,制定《文化产业振兴法》。以该法的发布为契机,为新时期文化产业的良好发展提供制度保障,也为海峡两岸文化产业对接合作提供较高层次的法律规则支持。

2.营造法治环境,健全机制体制,确保法律规则执行到位

闽台文化市场共同建设的前提是"有法可依",真正实现法治化应该"有法必依、执法必严、违法必究",保证已经发布的法律法规执行到位,而不是一纸空文。

(1)提高法律素养,增加主体对依法办事的主动认同。人是主体,是社会运行的主宰者,法律法规要有效持续执行,需要主体对其有确实体会和认同。建设社会主义法治国家,海峡两岸文化产业对接合作就应沿法治化路径推进,全力以赴地在全社会宣传法律文化,培养法治意识,提高主体对依法办事的自觉认同。首先是公共事务管理者——行政机关及其公务员,在行政管理和行政执法的环节要依法办事,根绝权力寻租,为公众提供高效透明的行政服务,剔除"潜规则"。作为社会中心轴的行政机关及其公务员能够树立榜样,带头守法,践行法治,将会起到"其身正,不令则行"的模范作用。所以,要加强对公务员队伍的监督建设,将其参与的行政活动的各个环节公开,规范环节,用"阳光政务"来健全监督机制,根绝私下的违法交易行为。接着是完善法律的惩罚机制,确确实实做到"执法必严、违法必究",不管是当权者还是普通老百姓,只

---

① 何敏:《文化产业政策激励与法治保障》,法律出版社2011年版,第115页。

要其触犯法律底线,都要得到相应的惩罚。从法律经济学角度来说,作为利益主体,人是理性的经济人,如果法律的惩罚机制使违法成本比守法的可得利益高得多,法的实施就有制度性保障。

(2)完善合作企业的法律事务组织机构和执行机制。第一,建立健全企业内设法务机构。海峡两岸虽然有同一个中国母亲,但目前大陆和台湾并存两套法律体系。参加海峡两岸文化产业对接的相关企业,运营过程中会遭遇诸多法律问题,这些问题大部分有文化行业的特殊性以及跨区域法律适用的复杂性,所以有必要建立专门的企业内设法务机构来解决上述法律问题。这一机构应该能克服传统企业机构的科层制组织缺陷,缩短管理链,向扁平化发展,突出专业性。因此,还应该招聘知识型员工(即专业法务人员),发挥其本机构的重要作用。机构可设一名法务总监,在其下配置若干个能力较高的高级法务主办。主办结合自身的专业背景,组织人员成立专业委员会,即管理学中的"簇群",主要负责某一领域法律事务。专家各司其职,且相对灵活,改变之前的行政方式,使企业法务机构提升工作效率,发挥处理两岸文化产业对接合作法律实务的中心作用。

第二,建立健全企业经营决策中的法律评估核查机制。管理学认为,决策必然是有风险相伴随。为此,建立健全决策中的风险评估防范机制是我们所必需的。对于接触两岸文化产业对接合作的企业而言,从对接合作的一开始到后续运营,都会面对一系列十分重要的经营投资决策。对于这些决策,除进行必要的经济和财务风险评估分析之外,还得调度自身法务人员,有时还要利用外部法律服务机构力量,相对比海峡两岸文化产业投资的相关法规,进行较为深刻的法律调查和分析,评估其合法性,了解是否存在重大法律争议风险,根据以上调查内容,完成书面的法律可行性分析报告以及意见,企业的管理层必须对法律可行性分析报告及建议有深刻的认识,最终才进行相应的决策。通过上述法律核查机制,可有效规避两岸文化产业对接合作的法律风险。

(3)营造良好的保护知识产权法制环境。文化创意产业,又称版权产业,"创意"和"创新"是该产业的主要动力和源泉,产品极易被抄袭、模仿,需要对侵权行为严厉打击,使创意果实得到有效保护,保护创意者的积极性。更重要的是,必须出台明确的政策和有效保护知识产权的法律法规,鼓励创作、创新,推动创意产业发展。一是建立健全知识产权保护体系,建立并完善知识产权保护的地方法规,研究制定创意产业知识产权保护和促进办法。二是加强执法力度,建立原创作品版权库,严厉打击假冒伪劣文化产品和侵权盗版行为。

六、优化环境,增强对台资的有效吸引

要强化闽台共同文化市场的建设,需要摸清两地经济发展的客观需求。福建应该采取积极有效的措施,根据海峡两岸各自的优点,支持和开放台资企业投资创意产业,促进两地文化创意产业的合作发展,开辟互补互利的双赢之路。

(一)成立机构,推动两地深度合作

设置相应的组织机构,对经济运行和管理而言至关重要,完整高效的组织机构可以为经济畅通、提高经济效益、协调各方关系提供保证。现阶段,闽台文化创意产业合作还处于初级阶段,必须设立相关的管理机构,共同加以规划、落实,提供有效率的服务和优惠政策,协助文化创意产业形成群聚。

(二)优化环境,增强对台资的有效吸引

1.在中央总体政策框架下制定政策

中央对台湾有相应的总体政策框架,在这一背景下,福建省可以出台行之有效的对台文化产业创新政策。比如努力争取允许台湾文化创意产业的服务提供者,在福建可以与其他企业合资,或者独立出资,试点经营境外会展项目;努力争取放宽赴台条件,简化交流的审批程序;放宽台湾投资福建出版发行行业的准入限制等方面提供先行先试的做法。这既是落实国务院赋予福建对台先行先试权责的要求,同时又能有效吸引台湾文化创意企业来闽发展,加强两地合作。

2.营造宽松、自由的文化环境

宽松、自由的文化环境,是吸引创意人才聚集的重要力量,是提高地方创意水平的重要手段。所以,需要福建全省共同用力,打造放松舒适的文化环境,提高社会对创意文化的宽容度,支持争议较大但有实际意义的创意,进一

步放开文化创意产业从业人员的思维约束,刺激创造思维活跃度,也促进人民对于创新的接受,树立创新意识,支持人民开展与文化创意相关的活动,让创意到处皆有、到处可见。

3.改善投资综合服务环境

提高政府管理和服务部门人员的工作素质,提高效率,简化手续,进一步加强服务水平;对涉外人员的法律法规教育和相关业务进行培训,改善服务质量;设立对台商投资企业合法权益的执法监督机制的维护体系,保护其利益及人身安全。

七、推动人才交流与培养,为共同文化市场提供智力支持

完善人才教育的培养机制,搭建闽台共同文化市场平台,为其提供智力和技术服务。

1.建立教育基地,共同培养创意和法律人才

海峡两岸主管部门可以与高校合作,设立有关文化创意的人才培训基地,充分利用台湾发展较为成熟的培训机制体系,共同培养与文化创意产业相关的经营管理、营销、设计的人才。把握当前两岸积极互动的大趋势,分析市场需求,细分职业,及时促进职业素养的转型提高。培养一批熟悉两岸文化产业和经济贸易法的专业律师,既能提供实务操作技能咨询,又能提供法律诉讼服务,以点带面,建成质和量都有保证的职业团队。

2.引进人才

开辟快捷引进台湾人才的通道,支持和推动福建文化企业聘用台湾人才及在大陆高校毕业的台湾学生;制定相应优惠政策,吸引台湾的高学历人才、优秀文化产业人才和相关人才到福建文化高校、企业、科研机构授课和提供咨询服务;定期不定期邀请台湾著名创意人才到福建交流,进行创作或者到高校授课。

3.走出去交流

挑选突出的创意产业相关专业的在校大学生,与当地高校同专业的学生共同生活、学习和体验;选拔突出、拔尖的文化创意人才到台湾高校进修和培

训;组织省内的创意企业人员,到台湾创意企业参观和考察。

4.支持高校以及科研机构从事闽台文化产业研究

设置相应委员会,整合海峡两岸的人才资源,开展课题研究,合作攻关,定期不定期地举行不同主题的创意培训;通过设立培养基金,促进产学研究与合作。

第三节 闽台共同文化市场构建模式研究

传统的共同市场指在建立自由贸易区或关税同盟基础上,进一步促进各成员方的生产要素包括劳动力和资本在区域内完全自由的流动。闽台共同文化市场与传统共同市场不同,它不是两个不同的国家间的区域文化经济合作组织,它是一个国家内两个单独关税区内的文化经济一体化形式,其建立是一个循序渐进的过程。

一、闽台共同文化市场的目标与特征

根据区域内生产要素的流动程度和成员方之间相互让渡的权利的多少,区域贸易合作可划分为优惠贸易协定、自由贸易区、关税同盟、共同市场、经济同盟、政治一体化六个阶段。闽台所要建立的共同文化市场处于较为高级的区域文化经济合作一体化阶段,闽台通过达成区域文化合作协议,建立统一文化市场,实现文化贸易、投资的自由化,在区域内实现文化商品、资本、人员和劳务的自由流通。

(一)文化贸易关系自由化的制度安排

文化贸易关系的自由化,主要是文化商品、资本、人员、劳务自由流动的自由化。在人员交往方面,可以仿效《关于建立更紧密经贸关系的安排》(CEPA),对福建流向台湾人员(特别是劳工与技术人才)实行配额、延长居留期及合作遣返等措施。取消限制劳务人员流动的技术壁垒,协调闽台在教育水准和教育立法方面的标准,对高等教育文凭及执照互相认证,允许台湾会计、律师、医生等专业人士参加大陆专业考试取得执业资格。在服务方面,福建对台

开放部分服务业,如银行、保险、证券、零售、运输、物流、旅游、影视、展览、房地产、咨询、会计、律师、医疗,比其他外资优先进入福建市场,相应降低准入门槛。对台湾投资企业取消股权限制,允许独资经营;降低对台湾投资企业的注册资本、资质条件等门槛,在行业内建成单一市场,取消闽台间服务行业开业权和经营权方面的限制,实行正常待遇。在资本流动方面,台湾应放松对福建赴台投资及台湾赴福建投资在投资额、投资行业等方面的限制,放松对福建金融业交流合作的限制。在制定投资条款时,可结合其他区域经济一体化组织的经验,制定相关直接投资的基本准则、争端解决办法及与投资有关的贸易措施,包括原产地规则及与关税减让和税收延付有关的措施。除了给予正常待遇外,双方还应协商制定一套有关投资争端解决机制,除利用闽台工商等民间团体发挥商谈和协调的积极作用外,还应在官方形成协商机制,逐步制度化、法规化、程序化。

在知识产权的保护方面,可依据关贸总协定乌拉圭回合的知识产权协定制定投资条款,使投资和知识产权政策互为补充。双方可通过高透明度、标准一致化和加强信息交流等措施与合作,在投资促进、通关便利化、商品检验检疫、电子商务、法律和政策透明度、中小企业合作、重要产业合作等方面加强合作,推动投资便利化。

(二)关税统一的制度安排

在闽台共同文化市场的共同关税构建上,可以借鉴参考欧共体关税同盟和内地与香港、澳门更紧密经贸关系(CEPA)的规则,分阶段逐步取消闽台贸易的关税及贸易限额,最终实现文化商品在共同文化市场内的自由流通。在关税减让阶段的安排上,采取"三步走"措施:对商定的商品,只要符合原产地规则,可享受比WTO规定更加优惠的关税或零关税,双方互不对贸易货物使用限制性法规。第一步,在闽台自由贸易区内取消关税壁垒;第二步,取消闽台间的关税壁垒;第三步,逐步解除非关税壁垒。

(三)建构闽台文化产业合作共建机制

建构闽台文化产业合作共建机制,首要任务是实现文化产业发展双向三通——通人、通文、通市。通人就是闽台的文化产业人的互通有无,通文就是闽台文化产业合作发展畅通无阻，通市就是建立闽台共同文化市场。

近年来，闽台文化产业协同发展初露端倪，问题也不容忽视。一是尚未建立统一协调机制，二是两地人才招聘和培养机制不完善，三是缺乏多元化的资金投入机制，四是缺少两地互动的宣传合作机制，五是资源整合共创品牌机制不健全。因此，借着国家对台政策的东风，应加快建立闽台文化产业合作共建机制，进一步推动两地文化产业协同发展，使闽台文化产业互惠互利真正做到双赢、共赢。

首先，建立闽台文化产业协调机构。该机构全面负责闽台文化产业协同发展的有关事宜，克服体制上的障碍，打造闽南文化产业大品牌。建议组建两岸文化产业集团或文化产业联合协会。以旅游业为例，建设闽台旅游文化产业集团，整合力量，发挥各自优势，分工协作，资源共享，构建精品旅游线路，吃、住、行，让游客都满意，让两岸企业都受益，增强整体竞争实力，实现双赢共赢多赢的目标。

其次，建立两地人才招聘、培养机制。文化产业的经济效益通过开发利用各种文化资源得到的文化附加值来实现，为此，必须拥有一支既懂得经济运作又懂得文化的高素质文化产业经营管理人才队伍。一是要建立文化人才引进机制，建议政府制定优惠政策面向全球引进人才；二是要加强两岸院校交流合作，互相为文化企业培养对口专业学生，政府和企业资助大学专业培养经费；三要推出具有广阔市场前景的文化产业发展项目，通过跨地区机构联合、项目协作、信息交流、资源共享等途径，吸引人才参与开发，借助他们的智慧和本领，提高创意、策划运作的水平，为文化产业发展提供更广阔的空间。

再次，建立文化产业与金融业多元化合作机制。政府牵线搭桥，建立多元化的资金投入机制，促成文化企业与银行建立双赢合作机制，支持鼓励全社会的力量，以多种方式投入文化产业，逐步建立起国家、集体、个人和社会相结合兴办文化产业的投资融资渠道，实现文化产业投资主体多元化，以此构筑两岸文化产业资金体系。尤其要鼓励民营文化产业，实现文化产品民营化。

复次，建立两岸文化产业联合互动宣传机制。建立两岸文化产业合作的宣传平台，利用网络、媒体、车站、码头、机场等公共场所，运用各种宣传手段，借助参加世界各种商品交易会,如台交会、"9·8"贸洽会、文博展销会、广交会等大型交易会,大力宣传展示有闽台特色的文化产业、产品,扩大品牌影响力,提高品牌的知名度。

最后,加大资源整合力度,建立共创市场、品牌机制。文化城市的灵魂,品牌是可持续发展的精神动力。品牌和市场是分不开的,当文化产品成为品牌时,企业就有能力开拓和占有更广阔的市场。树立品牌意识和品牌形象,增强文化产品创新能力,改善传播手段,着力于拓展本土文化元素,走"强强联合、强弱兼并"之路,以合作、联合、共建的方式,促使闽台企业向规模化、集团化发展,培养具有"闽台气派"的龙头文化企业,比如打造旅游、高端会展、戏剧、石雕、木雕、漆线雕、瓷器、影视、动漫等品牌,共同构建两岸文化产业大市场,扩大品牌的影响力,提高品牌的知名度。

二、闽台共同文化市场的模式构建

闽台文化合作领域的拓展,文化合作机制建立的最终目标是推动闽台共同文化市场的构建,其作用与影响主要表现在制度建设、文化共同体与社会文化融合三个方面。要以实现中华民族伟大复兴的闽台文化共识为基础,加快推进闽台文化产业合作,构建闽台共同文化市场。

构建闽台共同文化市场,前提是推进闽台文化市场的双向对等开放,创建符合中华民族核心文化利益的闽台文化贸易和投资体制,促进闽台文化产业的共同发展与繁荣。闽台应努力推动跨海峡文化交流制度的改革与建设规划,使闽台文化产业发展真正享受到优秀的中华文化资源在现代化进程中的收益。

(一)加强"闽南文化生态保护实验区"建设

党中央明确提出,要巩固和深化两岸关系和平发展的政治、经济、文化、社会基础,为和平统一创造更充分的条件。这就要求我们以更加积极的态度、务实的举措,建设好中华文化这个纽带和桥梁。因此,充分发挥福建省的"五缘"优势,以闽台同属海峡两岸文化副区为理论基础,建成以闽南文化为特色的"闽台共同文化区",巩固深化两岸同胞的民族和国家认同。

2010年以来,福建省大力实施《闽南文化生态保护实验区总体规划》,取得明显成效。在此基础上,应加强整体性的指导,实现全面推进。一是根据闽南文化包含的建筑文化、民俗文化、宗教文化、宗族文化、戏曲文化、闽南方言、农耕文化、海商文化等门类的地域特质,在泉州、漳州、厦门等地各有侧重点地完善保护与开发的规划。二是设立文化生态保护实验区专项资金,参照文保单位投入方式,加大对重点非物质文化遗产保护传承的投入。三是启动两岸共同申遗的工作。闽台两地非物质文化遗产非常丰富,"海上丝绸之路"和"闽南红砖建筑"已于2012年年底入选《中国世界文化遗产预备名录》,"中国德化瓷烧制工艺""中国乌龙茶制作技艺"申报进入《人类非物质文化遗产代表作名录》的工作也已启动。两岸共同申遗,更能体现其生态的本真性与文化的整体性,特别是体现中华文化的不可分割。目前就可研究倡议以大陆为主,联合台湾有关方面共同申报"妈祖文化""闽南语族系迁徙"为世界非物质文化遗产。

(二)建立闽台文化产业合作试验区

作为台商投资大陆的初始地,福建主要有三大优势做支撑。首先是区位优势:福建与台湾地缘相近,亲缘相连,两地设有金厦直航、马尾马祖直航、泉州金门直航的便道;其次是政策优势:国家赋予福建多项对台经济优惠政策,目前四个国家级"台商投资区"都设在福建(厦门杏林、海沧、集美和福州马尾),四个"两岸农业合作试验区"中有两个在福建,位于漳州和福州;最后是经济优势:福建省经济发展水平已达到工业化中期阶段,个别地区如厦门已进入工业化的后期,福建省的外向型经济也十分发达。为促进闽台共同文化市场建立,可以借鉴其他经济领域经验,建立闽台文化产业合作试验区。

从"厦—金"直航到建立"厦—金"文化自由贸易区。台湾地区是厦门关区最重要的进出口贸易伙伴,加入世贸组织以来,厦台经贸往来更趋火热。通过建立文化自由贸易区,发挥两地在经贸领域的优势互补。经过长期积累,台湾在拓展海外市场和国际营销渠道方面优势明显;福建以内向型经济为主,内陆地区有广阔的市场和各种资源的优势。双方可发挥各自的经贸优势,互为平台,共同发展。

然后,从闽台文化圈到建立闽台共同文化市场。闽台文化指生活在福建和台湾两地人民共同创造的、以闽南方言为主要载体的区域文化,它既是中国传统文化的重要组成部分,又拥有鲜明的区域文化特色,是内陆文化和海洋文化的有机结合。闽台之间源远流长的文化联系,可以追溯到遥远的原始社会。闽台文化是有特色的区域文化体系,由明郑及清乾隆、嘉庆时大批入台的闽人建立,在闽台经济一体化的历史进程中形成的。闽台文化产业合作优势有两个,一是闽台间难以割舍的"五缘"联系,即亲缘、地缘、血缘、神缘、业缘;二是政策上的"先行先试"。"五缘"联系有力地推动了广大台胞对"根""祖""脉"的认同。"先行先试"的许多优惠政策给闽台两地文化产业合作共赢带来良机。借助闽台特殊的地缘文化关系和经贸互补关系,建立适应新型两岸关系的共同文化市场,以互惠互利,共同发展。

(三)双向对等开放,推动闽台文化市场一体化

闽台文化市场应在信息、人才、市场、营销、资金等方面展开合作,促进资源共享,形成共同市场。可以先从闽台文化纽带最深且民众基础最好的产业着手,双向对等开放市场,如演艺产业。可率先在厦门、漳州、泉州、台北、高雄、新北市等地,由民间演艺服务提供者依据当地有关管理规定设立演艺表演团体和演出经纪机构;对等开放娱乐市场,依据当地规定进行管理;提供闽台演艺、影视服务人员往来工作便利,简化同行手续;互相开放艺术品服务业,允许闽台艺术品服务提供者开办画廊、画店,依据两岸有关规定从事艺术品拍卖业务和交易。同步开放广告服务业和会议展览服务业等。

应推动闽台文化产业合作的深化,加快闽台文化市场一体化的形成。闽台文化产业链条的资金、技术、创意等因素双向流动呈现加速的势头,随着闽台新闻媒体、文化传媒机构、影视制作机构等与文化产业核心层的密切相关机构合作的深入,闽台文化产业市场一体化已经初露端倪。闽台文化产业的核心圈——闽台传媒业可以先试先行,闽台新闻媒体机构探索相互委托定制特定的传媒产品,双方在受众市场、广告市场、收听市场可以加大开放力度,在版权合作、节目制作、图书期刊发行方面展开全方位合作。

(四)成立闽台文化产业合作发展促进会,构建民间制度性平台

闽台文化产业的合作发展必然对两岸原有构架下的文化体制和制度提出

挑战。推进两岸文化体制改革,建构符合中华民族共同文化利益的合作机制,这是两岸文化可持续发展难以回避的问题,为两岸克服原有架构下的文化制度性障碍,创造性构建两岸文化共同而可持续发展的制度性架构提供了历史性的机遇。没有基于两岸文化现代化可持续发展的基本认同,就不可能有真正惠及两岸民众和两岸和平发展的可持续发展的文化现代化。成立闽台文化产业合作发展促进会,构建闽台共同文化市场的民间制度性平台,对于闽台文化产业的合作发展,尤为重要。

(五)促使精英联盟,优化企业竞合

企业经营者是闽台文化产业合作过程中的组织协调者、创新创意者、领导管理者和风险承担者,他们是促进产业经济发展的核心力量,也是合作创新、资源共享、技术进步的推动者。闽台文化产业合作,把不同区域的生产要素进行重新组合,引入新的生产体系,包括引进新产品、新技术,开辟新市场和新的资源供应,因此,无论是台湾的企业经营者还是福建的企业经营者,都面临着强大的竞争压力,让资源分配最优,让风险损失最低,让经验教训分享,是闽台企业经营者合作考虑的重点。因此,闽台文化企业经营者应该和学术研究、官方机构一样,组成闽台文化企业家联合会,根据不同的发展目标,在组织合作中获得双赢。

(六)推动项目落地,加快载体建设

闽台共同文化市场的构建,必须依靠具体项目的落实,这离不开文化产业的载体建设。目前,福建在市场、土地空间上有优势。一方面,两岸应该积极共建文化产业合作示范城市,福州、厦门、泉州等具有较好地缘优势的城市,与台北、高雄、台中等城市的设计产业、动漫游戏产业、民间工艺产业对接,共同对闽台文化企业投资、资质认定、财税扶持方面提供优惠政策。另一方面,要在条件许可的福州、厦门、泉州等城市设立一批台湾文化创意产业园或合作实验区,以促进两地文化产业做大做强。以改革创新为动力,以两岸的历史文化背景与资源要素为依托,着力建设"产业合作、人才开发、论坛活动、展示交易、理论研究"五大平台,切实发挥有利于加强闽台文化产业合作的积极作用。

(七)打造文化航母,参与全球竞争

在全球竞争压力下,只有文化产业产出效率的提高、产业结构的优化才能保有竞争力,台湾文化产业的创意、创新技术与人才培训均行之有年,较有领先优势,福建在市场发展压力下,产业势必加速转型。未来两地合作舞台上,加强文化产业的交流将是重点,也是经济发展的必然趋势。闽台两地应利用彼此在文化产业上的优势、劣势、机会,寻找新的定位。共同交流合作,打造文化航母,实现协同出海,同舟共济,通过积极整合两地文化产业资源,优化资源分配和布局结构,培育文化市场,共同打造文化产业链,形成产业群。深入发掘中华传统文化资源,共同打造具有民族特色、风格、气派和原创性的知名品牌。共同加强推进文化与科技融合,发展新兴文化产业,建设现代文化产业体系,尤其是要注重广播电影电视领域、新闻出版领域的合作,让汉字、汉语、汉文化走向海外市场,打破长期以来中华文化的弱势地位。同时,应推动两岸制定共同的文化创意产业行业标准,加强知识产权保护,优化两岸文化产业合作的条件,让中华文化走向世界,改善中华民族的国际形象。

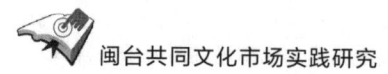
闽台共同文化市场实践研究

第四章 文化创意产业发展的台湾经验

台湾文化创意产业起步较早,在创意、研发、营销、品牌经营、资本运作等方面有优势,但面临市场狭小、资金不足等问题;福建的文化创意产业虽有政策、资金、市场方面的优势,但存在创意不足、缺乏市场化运作经验、经营效率低等问题。闽台两地文创产业的发展可以互补。闽台区域文化圈,在各自经济转型升级的内在需求、增高文化"软实力"等多种现实原因的驱动之下,均应积极探讨文化市场共建的可能性与可行性。闽台文化创意产业协同创新方面,更应相互借鉴,促进两岸文化创意产业共同发展。

第一节 台湾新媒体的产业样态与发展现状

传播媒体科技的发展日新月异。在台湾,"智能设备""社交媒体""跨媒体叙事"是新媒体产业三种主要样态,也是台湾新媒体产业中三种最值得关注的发展趋势。

一、智能设备的普及化

随着科技的进展,人们的电子产品日趋缩小,规格却日渐提高。最早的终端设备为90年代出现的笔记本电脑——将原有的台式电脑轻薄化制作成笔记计算机,让人们可以随时带着做报告、玩游戏,以满足随时用计算机的欲望。2010年,苹果公司推出iPad,平板计算机开始流行,启用屏幕随点随选的技术刺激了智能型手机的发展。人们想要轻薄的载体,希望载体上可以随时看到纸本。于是,智能手机等智能设备的普及化迅速带动媒体发展。

(一)智能型手机

根据资讯工业策进会(资策会)数据,台湾近年来使用智能型手机的比率逐年攀升,已进入成熟阶段。资策会评估后预测,台湾的智能型手机市场于2016年迈入饱和期(图4-1)。

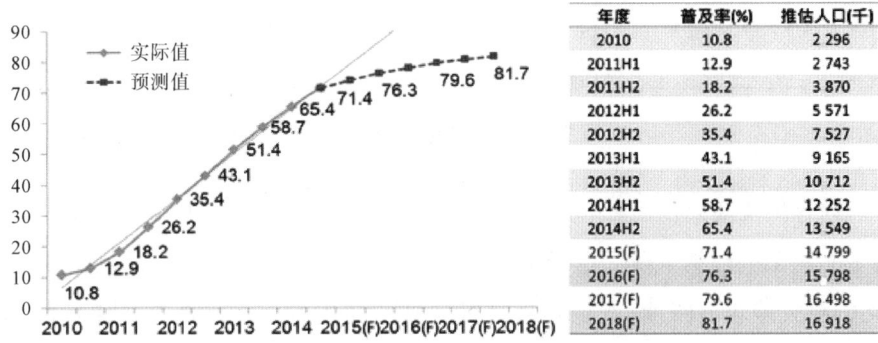

图4-1 台湾智能型手机普及率发展趋势及预测

从以上数据看,台湾使用终端设备的比率越来越高。到2014年,65.4%的人使用智能型手机。

(二)电子书

电子书是书籍上传到服务器系统,抑或转成文字流或PDF文件,供人们下载阅读。并不是一般的网络报纸,也非网络上的多媒体互动,而是将原有的出版品转换成终端可阅读的格式。这种形式如Kindle电子阅读器的格式,也有一般的内容载体,更有各式终端可阅读格式,人们不只能在台式电脑上观看,也可以在网页上呈现,或是下载至移动阅读终端来观看。

如图4-2所示,在台湾,电子书制作,由内容供货商制作,提供到平台上,使用者下载使用,这三者构筑成电子书的发行环节,彼此相关,牵一发而动全身。亦即,当内容的格式不佳,使用者就没有意愿下载;同样,若使用者不愿意下载或购买电子书,内容供货商提供的量也会随之减少。

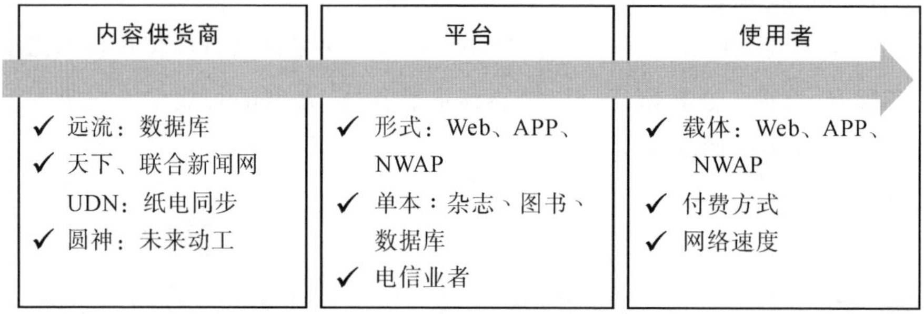

```
┌─────────────────────┐  ┌─────────────────────┐  ┌─────────────────────┐
│     内容供货商      │  │        平台         │  │       使用者        │
│                     │─▶│                     │─▶│                     │
│ ✓ 远流：数据库      │  │ ✓ 形式：Web、APP、  │  │ ✓ 载体：Web、APP、  │
│ ✓ 天下、联合新闻网  │  │   NWAP              │  │   NWAP              │
│   UDN：纸电同步     │  │ ✓ 单本：杂志、图书、│  │ ✓ 付费方式          │
│ ✓ 圆神：未来动工    │  │   数据库            │  │ ✓ 网络速度          │
│                     │  │ ✓ 电信业者          │  │                     │
└─────────────────────┘  └─────────────────────┘  └─────────────────────┘
```

图 4-2　台湾电子书发展

内容供货商以出版社和作者为主，一般由出版社将现有出版的印刷书的电子文档至平台供下载。电子书的格式分为文字流、PDF 文件以及 ePub 的形式，格式越容易阅读，就越容易赢得后端的使用者。在移动工具盛行的今日，PDF 文件难以适应小屏幕，文字流及 ePub 格式则较容易随屏幕大小调整。《台湾图书出版现况及其趋势分析》一书指出，台湾的电子书以 PDF 格式居多，占 88.48%，ePub 的格式仅占 6.22%。此外，多数出版商在出版图书后，多半不留存原始档，只将原有的图书扫描成 PDF 文件，制作成电子书，这也造成电子书无法普及化。

在台湾，Amazon 虽然指称电子书时代已来临，旧有的纸本书将被时代淘汰，但电子书却因为出版业没有留存原档，只能制作不方便终端设备观看的 PDF 文件。出版社也因为担心电子书的发行导致盗版，又遇上台湾出版市场不景气，因而裹足不前。

不过，台湾可阅读电子书的平台有 Readmore 和 PuBu，前者多提供小说下载服务，后者则提供饱读服务，以 PDF 档的格式为主要的阅读方式。此外，许多大专院校也与 HyRead ebook 电子书商城合作。学生只要输入该校图书证账号密码，就可以随点随选，下载电子书。电信业者也多半提供电子书城，远传 e 书城、台湾中华电信 Hami 和台湾大哥大 Mybook 都在此列，手机用户可以月付固定金额，以享有网上阅读的服务。

电子书也可以圆出版梦，许多人不透过出版社发行自己的书，而是委托印刷厂或是各大书局印制发行。电子书出现后，人们不再只局限于纸质的出版，也可以采用电子书的形式推广自己的创作，且永不绝版。Amazon台湾学人出版网就推出各种出版方案，搭配自身发展成熟的电子书市场，让各个创作者完成出书的梦想。再者，现今有相当多平台让用户将自己的作品上传到平台，并代由平台出版发行。Lulu是一个网络出版平台，每个人都可以将自己的作品上传到平台供人浏览，以电子书的形式呈现。若有人要购买，平台根据订单发行、印制。于是，电子书可以促进纸质印刷的发行，更可以刺激个人出版的发展。

二、社交媒体的蓬勃

人类需要群体间的互动，计算机出现以及网络兴起，人们受繁忙琐事牵绊，不一定能够面对面沟通，以计算机中介为主的沟通模式出现。这类沟通模式有非实时性的电子邮件往来，也有可以立即获取信息的实时通讯，让人们可以透过网络表达情感，进而形成互动，以创造出网络上的虚拟社区，或是联系日常生活里的好友。这样的在线虚拟社区建立在社交媒体之上，享有实时通讯的便利，利用社交媒体的链接性，将属于强连接的好友以及弱连接的相识及不相知者，全部串在一块。

不过，人们并不一定只在社交网络上联系朋友，而是在更多的活动中开展。资策会2014年的调查指出，台湾网友最常使用社群网络是"与亲友联系(82.8％)"，而后为"追踪喜欢的网友、部落客(46.4％)，追踪特定的主题性粉丝团(35.1％)，追踪喜欢的品牌(33.1％)，追踪有兴趣的名人(28.4％)"。社群网络的连接能力强，可以将人们生活圈的强弱连接一并串起，促使强连接间的关系更加紧密，从线下的关系发展成为网络上的互动。生活背景迥异的弱连接间也可以在社交平台上得以联系，让信息的分享能力更趋扩大。

(一)台湾社交媒体使用概况

台湾最早的社交媒体为1992年的台湾中山大学美丽岛BBS站，透过网下的交友圈，转移到线上的讨论，继而连接起不同系所的朋友，这更掀起一片台湾大专院校架设BBS站的浪潮。现今最受网友喜爱的BBS非台大PTT莫

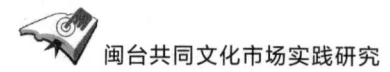

属,网友也在PTT上创建专有的语言,如"推文""补血""水桶"等词,在无形中建立起PTT的特有文化,网友也在一推送一回复之间,有了更多的互动。

在BBS之后,奇摩家族、无名小站及网络聊天室的发展,让更多网下的族群转而在网络上创造社群,保留线上与线下的发展。这些社交媒体的出现,也让人们有机会在网络上拓展人脉,认识新的对象,继而建立起新的社交圈。

时至今日,台湾的社交媒体多样,操作方式也更加便利,逐渐以海外的社交媒体为主要的联系渠道。像Facebook在《数字时代》杂志一连八年的台湾网站调查里,蝉联2011—2013年的网站使用量冠军,只有在2014年时被Yahoo搜寻网站超越,2015年又回到冠军的宝座。资策会的MIC产业调查指出,台湾网友最常使用的个人化网络平台前五名为"Facebook(95.8%)、Google+(24.7%)、痞客邦PIXNET(20.7%)、Xuite随意窝(12.7%)、噗浪Plurk(8%)"。上述的两组排名,都显示出台湾网友对Facebook的依赖程度极高。

于是,社交媒体的使用并不仅限于网站经营和通讯软件联系。在台湾,第一波通讯软件的发展以奇摩实时通为主,接着MSN兴起,但其随着科技的发展而逐渐消失在主流的媒体里。Facebook以社交网站的经营为主,进而发展出通讯功能,人们不只可以在网络上留言,更可以透过附属的实时通讯服务沟通,传递在线上与线下的信息。从韩国进军台湾地区的Line实时通讯APP,也成为台湾人沟通的社交网络,甚至成为工作场所里维系组织沟通的工具。因此,台湾社交媒体的使用,以海外的媒体为主,本土发展的媒体正逐渐消失,MSN就被Skype等海外公司并购。

(二)社交媒体的商机

社交媒体的链接力强,不论强弱连接都可联系上;社交媒体的社交力强,可以塑造出网上的社群,使人们在网络上交友;社交媒体也强,让阅者便于查阅讯息。许多企业因而利用社交媒体当作公司的宣传渠道,借以建立形象并宣传产品。

在台湾企业最爱用的社交媒体中,以Facebook最重要。Facebook遍及全球,也是台湾人最习惯使用的媒体,传播能力相对较强,社交网络也相对较广,还可以透过"小编文化",与网友间产生社交上连接,让他们在潜移默化下购买企业商品，认同企业理念。此外，终端设备的兴起，人们可以透过手机或平板上的APP下载社交媒体APP。透过随点随选，随时随地收到社交媒体送来的信息，也可以随时随地观看小编们提供的信息。于是，不只宣传运用社交媒体的传播力量来触及网络的各个角落，企业里的组织沟通也可以据此进行。因此，社交媒体的影响力持续扩大，也成为新媒体的发展趋势。

Facebook并非企业唯一使用的社交媒体，许多企业看准新浪微博的传播力及大陆的庞大商机，除了在Facebook上架设粉丝专页，也会在微博上书写140字以内的营销方案或是企业形象文宣，借以透过社群的力量，串起两岸的经济贸易。

不过，新浪微博虽被视为进军大陆市场的渠道，但很多人指出微博账号的使用率极低。风传媒认为，仅有5%的微博用户定期发布新文章，其他是转帖信息，活跃的账号不多，企业营销的可信度遭质疑。然而，尚有许多分析师持乐观态度，视微博为传播信息的最佳渠道。此外，新浪科技于2015年4月28日发布政务影响力报告，表示将以微博连接物联网，将大陆打造成为智能城市，增强政务管理的能力。

三、跨媒体叙事的成长

小说、电影、舞台剧、动漫、舞蹈等常相互取材，这样的改编被称为跨媒体叙事，经由改编的媒介文本必定和原先的不同，也会对阅听人施加不同影响。

（一）由平面媒体改编成影视媒体

由平面媒体改编成影视媒体，是最常见的跨媒介改编。这不只因为平面媒体出现的时间较早，更因为文字创造的世界透过读者的想象构筑而成，所以可以有更丰富的故事情节。相较而言，影视媒体以影像和声音呈现出故事，以镜头来定义角色的性格和场景，直接对观众造成视觉上的冲击，但观看时并无太多想象。不过，近年来电影和电视剧大闹剧本荒，所以多半向同样有丰富故事情节的平面媒体取材，以充实剧本来源。

海峡两岸的改编文本，曾因为政治立场不同，有不一样的声音。不过，在政策的开放下,台湾和大陆的改编文本,不只相互取材,片源和剧本也相互流通,影视人才在两岸流动。本章将大陆和台湾从平面媒体改编为影视媒体的状况整理成表4-1。

表4-1 两岸改编电影状况

年代	台湾	大陆
民国以前		从戏曲改编为电影
1911—1948年	改编日本小说,为台湾第一部改编电影	银幕话本
1960—1979年	"反共"题材盛行 "琼瑶热"	红色小说当道 武侠小说改编热潮
1980—1990年	文学改编电影蔚为风潮	严肃文学主导电影市场
1991—1999年		通俗文学出现,让作家电影更贴近庶民
2000年至今	翻拍网络小说	翻拍网络小说

值得关注的是,2000年之后,大陆的网络小说兴起,种类繁多、结构严谨、剧情紧凑曲折,不少电视剧或电影,纷纷向网络小说取材。2013年时有七十几部欲改拍成电影或电视剧的小说,2014年更有高达114部小说被买走,单集剧本的价码比一般的小说还低,又容易进入年轻人市场。于是,和台湾一样,大陆于2013年后进入网络小说的时代。

(二)从平面及影视媒体到数字游戏

数字游戏的叙事不同于平面媒体和影视媒体,需要玩家亲身体验游戏当中的世界,角色也随玩家的指令而动作。在数字游戏的世界里,游戏的故事性渐趋丰富。从20世纪90年代开始,好莱坞就从受欢迎的数字游戏中取材,以迎合大多数的观众口味,《玛莉欧》《真人快打》《快打旋风》等大卖游戏都在改编行列里。不过,这类的数字游戏改编通常无法获得好评,劣评不止,票房惨烈。直到1996年《古墓奇兵》搬上大银幕,这类改编电影才受到观众喜爱,此后偶有佳作,劣作居多。

在台湾和大陆,数字游戏改编成影视媒体的滥觞当属《仙剑奇侠传》。2005年,《仙剑奇侠传》电视剧在两岸播出,主线剧情大多按照游戏设定所写,颇受玩家好评。部分剧情依电视剧特性略微调整,遭到部分玩家非议,认为难以与原著的故事线匹敌。虽然如此,《仙剑奇侠传》却也开启数字游戏改编成影视媒体的风潮,后续改编的更有《轩辕剑》《剑侠奇缘》等,维系旧有的玩家迷群,开辟新的收视群体。

经典的文学小说纷纷改制成电影或电视剧,《三国演义》《水浒传》《西游记》《红楼梦》四大经典名著都在改编的范畴之内。如此一来,就能利用数字游戏的互动性带领玩家主动体验原著世界,因为数字游戏需要玩家全力投注于了解故事的脉络,更容易吸引玩家们沉浸。

再者,从影视媒体改编为数字游戏的案例也很多,但影视公司推出数字游戏并非要强攻玩家市场,更是为了宣传同档的影视。影视推出之际,数字游戏也会随之发行,以吸引观众和玩家的注意。近来终端设备当道,适合轻薄装置的手机游戏应运而生,这使影视公司与数字游戏公司跨界合作的空间更大,能够在影视及游戏市场皆分得一块大饼。不过,凤凰网报道指出,现在改编成数字游戏的电影类型多以动作、喜剧和动画为主,其他类型则较少被改为手机游戏。此外,由电影改编而成的数字游戏以角色扮演(RPG)、赛车和卡牌类游戏居多,少有其他款游戏,在创新上较有局限。在产业发展方面,则较少影视公司有能力筹组游戏公司,需依赖其他公司的协助,方能推出手游。因而,未来商业模式要考虑上下游整合的可能性。

第二节　台湾表演艺术产业的现状与愿景

在台湾的文化创意产业框架中,表演艺术相关产业归属"音乐与表演艺术"类项;表演艺术"通路"——展演场馆,归于"文化资产应用及展演设施"项。《2014台湾文化创意产业发展年报》数据显示,音乐与表演艺术产业全体营业额,2009年为79亿余元新台币(以下同),每年成长率皆超过10%,至2013年达134亿余元。统计项目与表演艺术直接相关者,包括剧团、舞团、音乐表演、民俗艺术表演等,营业额根据各申报单位的税务数据统计而得。2013年,前述项目总营业额为19亿余元,比照业界经验,数字并不精确。第一个问题是,归类方式和习惯认知不同,例如,台湾舞团 2013 年营业总额为 5 000 余万元,但是,最知名的云门舞集,年度财务报告显示该团 2013 年业务收入,包括演出收入、衍生商品销售、基金孳息等,不含企业赞助及当局补助,即已超过 1 亿元;但云门舞集登记营业项目并非舞团,营业收入因此不包括在舞团项下,而在"艺术表演活动筹办与监制"项目中。另一个问题是低估。以民俗艺术表演项目为例,统计公布营业额仅约 500 万元。事实上,大多数民俗表演活动,邀演方以现金直接支付演出酬劳,双方没有凭据或银行往来记录,因此无从统计。以台湾庙宇密度、民间酬神及庆典频次估计,此项目实际营业额,应远大于年报所示金额。

"文化资产应用及展演设施"直接与表演艺术场馆有关的项目,包括剧院、剧场经营、音乐厅、音乐展演空间经营、其他艺术表演场所经营等,2013 年总营业额为 6 亿余元,亦可能低估。根据两厅院年度报告,2013 年业务收入中,场租和票房等收入即超过 3 亿元,差异明显。主因是台湾重要表演艺术场馆均属于当局所有,税务统计归类为"公共服务",统计数字同样无法反映实况。

一、台湾表演艺术产业的投入策略

台湾表演艺术产业的发展,主要靠当局补助,有主管部门、各地政府及台湾文化艺术基金会三个来源。实施约二十年的"扶植团队"计划最为重要,每年大约 100 个团队直接得到台湾当局补助。这项计划在 2009 年扩大范围,由相关部门补助各地政府,委由各地政府在当地推动"县市杰出演艺团队征选及奖励"计划,支持地方小型团队。近十年,"扶植团队"补助团队数及金额如表 4-2 所示,"台湾品牌"计划执行情况,则如表 4-3 所示。

第四章 文化创意产业发展的台湾经验

表 4-2 近十年分级奖助团队数量及补助总金额一览表

(单位：千元新台币)

年度	音乐	戏剧	舞蹈	传统	总团数	补助金额
2005	18	21	18	20	77	130 000
2006	18	21	18	20	77	130 000
2007	16	19	17	19	71	129 000
2008	13	20	15	17	65	100 000
2009	21	23	23	20	87	232 450
2010	27	25	23	21	96	211 300
2011	24	25	25	20	94	174 650
2012	24	29	26	21	100	190 900
2013	23	28	27	20	98	179 400
2014	17	24	26	18	85	154 600
2015	18	26	24	20	88	156 000

表 4-3 "台湾品牌"团队及补助总金额一览表

(单位：千元新台币)

年度	获补助团队	补助金额
2013	云门舞集、明华园歌剧团、优剧场、朱宗庆打击乐团、纸风车剧团	100 000
2014		100 000
2015		99 000

台湾当局对补助团队，每年进行艺术和行政两方面评鉴，决定未来是否继续补助；评鉴指标依据各团队所提计划的完成情况评分，尊重团队自由发展。台湾品牌计划亦同，台湾当局依据团队提出的发展计划考核，不主导或干预。

从 2009 年起，相关部门逐年检讨表演艺术发展需要，提出"项目型补助"，针对不同目的设计补助计划，例如创作提高、培育人才、支持艺术评论，让补助资源发挥生态调整的效果。历年表演艺术相关补助项目内容，详如表 4-4 所示。

表4-4 历年表演艺术项目补助一览表

专案名称	2009	2010	2011	2012	2013	2014
表演艺术新人新视野项目补助计划	*	*	*	*	*	*
艺教于乐专案	*	*	*	*	*	*
歌仔戏制作及发表项目补助计划	*	*	*	*	*	*
表演艺术追求卓越项目补助计划	*	*	*	*	*	*
台湾艺文评论征选项目			*	*		
表演艺术评论平台项目					*	*
艺术经理人项目补助计划				*		
表演艺术营销平台项目补助计划				*	*	
"表演打天下"表演艺术赏析电视节目					*	
布袋戏制作及发表项目				*	*	*
海外艺游专案					*	*

文化创意产业政策的提出,开拓了文化决策的视野。2009年,文化创意产业推动计划"创意台湾——文化创意产业发展方案",将表演艺术列入其中,连续四年、每年一个月时间举办"华山艺术生活节"。华山艺术生活节将创新节目纳入"焦点剧场",参与该计划的团队,可以按照售票金额,得到75%的补助,即每售票所得100元,可以得到75元台湾当局补助。

考虑节目制作成本不同,焦点剧场订有补助上限,大型节目250万元,小型节目120万元。这个创新制度,鼓励表演团队冲刺票房,创造灵活的营销手法。例如屏风表演班节目《三人行不行》,入场券买3张送1张(按照剧名,不能"三人行"),创下票房全满。另外,焦点剧场的补助改变以往"专家决策"的机制,改由观众决定节目得到多少补助经费。由于节目均经过专业策展人挑选,不存在内容不宜的疑虑。这项大胆实验,4年支持27部作品演出共计180场,票房售出将近98%,约4.5万名观众买票进场;票房收入总计超过2 500万元,台湾当局补助约1 800万元,成果相当丰硕。

以"产品"比喻节目,剧场是产品接触客户的"通路"。2010年推动的"文化中心活化计划",采用流通业经验,经改造老旧且失去活力的地方剧场,提高专业经营与服务水平,从活络产业链末端带动整体消费成长。该计划除补助经费,也安排专家辅导,让巧妇难为无米之炊的文化中心再现生机。

二、表演艺术产业在观众追求质量并进中成长

表演艺术必须有观众支持,举世皆然;台湾的特殊情境,却令艺术与市场之间存在鸿沟。台湾没有成熟的商业剧场条件,又经常有巡回世界的重要节目来台,对本地节目形成票房和赞助的竞争。

相对于市场的高风险,台湾当局补助安稳,大部分团体因此谨守分际,追求艺术升级;对市场抱着又期待又害怕的矛盾心态,形成发展模式的制约。经历补助缩水的震荡和文化产业观念倡导,市场和艺术的"分轨并行"大约发生于2010年之后。艺术成就依然是团队主要目标追求,但少数团体跨出局限,扩大演出收入,降低依赖补助。近年来已有大型团队完全不申请当局补助,借由票房和赞助维持营运,例如全民大剧团,借由电视节目制作人王伟忠和剧场导演赖声川跨界合作,成功吸引观众买票看戏,得到许多企业支持,开创台湾艺术团体经营的新模式。

艺术与市场并行,创造出经典。台湾许多重要团队诞生于1980年前后,经过多年历练,累积不少剧目或曲目。过去较少出现的"旧作重制",近年成为常态。

入场券一推出即售罄的"秒杀",以往只发生于流行演唱会,现在,表演艺术经典作品的票房也可能秒杀。表演工作坊的《宝岛一村》、屏风表演班的《京戏启示录》、果陀剧场的《最后十四堂星期二的课》等,都不断重演,叫好又叫座。"观众只看新戏"的市场迷信已被打破,好作品不寂寞,经由市场肯定和口碑扩散得到支持的经典表演,支持了剧团营收,也吸引了更多新观众。

绿光剧团的"人间条件系列",是近十年来开拓市场最成功的案例。作家吴念真跨行编剧和导演,2001年推出首部《人间条件》,到2015年共推出6部作品,内容扣紧台湾历史脉络和人情世故。吴念真的作品已有口碑,几次重演、加演,一票难求。绿光剧团提出,观众没有阶级和族群差异,任何民众都能感同身受。

暂停前的屏风表演班①,因为成功开发新观众,创下许多演出纪录——在百货公司内搭建500人座小型剧场,连续演出《三人行不行》达120场,票券完售。

受限于观光客数量不足,定目剧在台湾难成气候。台北市政府于2011年改建"水源剧场",鼓励"长销型"演出,优先提供场地给使用档期长、演出场次多的表演项目。新措施鼓励了一些团队扩大制作规模,尝试不同的形式与风格,吸引更多观众族群,运用创新的艺企合作模式,增加市场动能。

与"经典"相对的另一股潮流是"实验"节目的蓬勃成长。实验性小剧场,始终是市场里最辛苦的类型,近几年,台北主要实验场所的演出,一场只能售出一两百张票,经常出现观众呼朋引伴的抢票现象。只是实验作品被秒杀的现象,几乎集中在台北市。

市场荣景并非不能创造,吸引新观众进场,是近年观众"量变"的基础。此外,宏碁集团创办人施振荣创立的智荣基金会,旗下的"龙吟华人市场研发论坛中心"(龙吟研论),从戏剧消费现象出发,指出观众"质变"正在发生。

龙吟研论2014年发表《心灵飨宴的消费价值》一文,认为艺文的参与已由"艺术家要带给观众什么"转变为"消费者渴望从作品中得到什么"——消费者希望与艺术家"共创自己的故事"。研究指出,未来艺文消费者有四种典型——实践自我愿望者、寻求生活出口者、刺激生命反思者、丰富生活乐趣者。如果剧场艺术可以满足观众不同的心灵成长和生活实践需求,更多民众可能成为观众。换言之,没有观赏经验,不了解表演艺术的"非观众",也应该是观众开发的考虑对象。

随着生育率下降,表演团体意识到,观众成长瓶颈迫在眉睫,必须开发的"非观众"群体中,学生是首要目标。消费市场中,学生容易定位、接触,也具有成为长期观众的潜力。台湾当局也意识到学生群体的重要性,"文化创意产业发展法"已有"文化创意商品价差优惠补贴"以及学生观赏优惠等设计,但受限于预算,迟迟未能执行。在教育系统,小学和中学已经将表演艺术纳入正式课

---

① 屏风表演班艺术总监李国修去世,2013年8月宣布无限期暂停演出。

程,但长久以来轻忽"非主科"的教育习惯一时难以改变。推动表演艺术普及最积极的,还有表演艺术团队,热情进入学校举办演出、讲座、示范教学,且不需要台湾当局资助。

三、台湾表演艺术产业场馆串联必然趋势

台湾表演艺术资源分布,存有相当大的地域差异。登记立案团队超过4 000个,其中40%集中在大台北地区,主要市场也几乎集中于台北市。团队全台巡回演出,台北以外的场次多为亏损,必须用台北票房盈余填补。因此,中南东部的团队和节目演出数量相对较少,台湾当局对表演团队或演出制作的补助,也集中于北部。

大台北以外地区,民众不习惯购票观赏表演节目,生活形态、经济条件、都市化发展程度、消费水平等都是原因。同时,台湾面积不大,受限于人力和资源,很难跨越所在区域经营大市场。近几年,透过台湾当局"文化中心活化计划"增强剧场经营能力,让部分文化中心转型,但数量有限;这些零散分布的优质场馆,除努力经营所在地的观众市场,很难发挥更大效果。

2016年之后,将有突破机会,脱离展演困境。台湾北、中、南区分别有四个大型场馆将落成。设备新颖、资源相对较充足,带着创新理念的经营团队将为表演艺术带来转机。

新场馆包括台中市"台湾歌剧院"、高雄市"卫武营艺术文化中心"、台北市"台北艺术中心"和"台湾戏曲中心"。4个新场馆共12个厅,总座位数13 000余席,是原来两厅院的4倍。瞬间大量增加的场馆,节目在哪里?观众在哪里?引起广泛讨论。

四、跨越创作断层与积淀剧场美学的台湾表演艺术产业

大陆表演市场崛起,新团队和新节目快速增加,成本人民币1 000万元以上的大制作比比皆是。台湾希望借由经验、多元和自由造就的创意,在华语表演艺术圈内取得一席之地,甚至在未来两岸合作节目中扮演运筹角色,必须重视创作和制作能力。台湾每年成本超过新台币1 000万元的制作,屈指可数,相

对丰富的是中小型演出,制作精简、讲究细节;但节目制作经验非常现实,大型或多团体合制节目,必须参与实务学习,没有经验就不会有人才。

台湾每年推出数百档表演新作,但大型演出的创作和制作人才仍旧缺乏。不过,结合东西方艺术风格、从无数剧场实验中累积的美学元素,成为台湾表演艺术魅力所在。

以京剧为特色的"国光剧团",遭遇人才培养瓶颈,与大陆同行相比,丝毫不见突出。"国光剧团"近年新编作品,例如"伶人三部曲"的《百年戏楼》《孟小冬》《水袖与胭脂》,展现"扬长避短突破困境,将京剧重新定位"的努力,开拓"台湾京剧新美学"的尝试,在两岸京剧传承的对比中独树一帜,"从危机寻找契机,从逆境开创新局,从边缘重返主流"。

当代传奇剧场带来另一番奇幻风景。横跨舞蹈、电影、电视的武生吴兴国,以京剧身段融入现代剧场,能够诠释莎翁名剧,也唱出现代摇滚版《水浒108》;他带着结合东西艺术精华的作品站上欧洲舞台,丹麦著名的欧丁剧场大师Eugenio Barba称赞吴兴国,不仅撼动自己的传统,也撼动欧洲莎士比亚传统。

近年来,由于大师年纪渐长,表演艺术界出现"创作力断层"。2013年,剧作家及导演李国修病逝,讨论再起,但缺乏共识。年轻世代源源不绝的创意,带来丰富节目,关照面广、风格形式多元,很难想象出现"断层";相较于资深团队和创作者经过时间锤炼形成明显风格,累积作品呈现美学脉络,当前台湾剧场生力军的作品大多在中小型剧场或另类空间演出,经常以实验作为创作目标,一时难以呈现风格。随着屏风表演班暂停,表演工作坊将发展重心移往大陆,为新生代创作者提供大舞台成为重要课题。

过去三十年,表演艺术补助以资助团队为主,运用团队能量拉动产业发展。如今,大型剧场骤然倍增,有能力承担大型制作的团队未同比成长。剧场舞台如何填满,如何面对更多来自全球的巡演节目挑战,都是本地创作和演出环境的隐忧。

所幸,几位大型场馆的艺术总监都意识到这个问题。2015年后陆续启用的新场馆,将重心移至剧院出资委托创作、协助年轻团队发展大型制作。同时,过去被忽略的制作人重要性突显。制作人了解市场,善于结合资源,懂得观众口味,理解表演团队运作,娴熟节目制作,透过制作人引导的节目发展,将成为台湾另一个剧目创造的轨道。只是制作人培养耗费时日,目前制作人专业的空缺,需要更努力填补。

资深制作人、台北艺术推广协会执行长陈琪,2013年筹备"屋顶上复合剧场平台",改变剧场主导关系,从"导演导向"转到"制作人导向"。她以接近二十年的制作经验,帮助新世代创作者跃上大舞台;2014年推出第一号作品《大算命家》,成绩斐然,2015年在台北重演之后,已经安排大陆巡演。

目前观察到,台湾当局补助表演团队营运的政策不变,但新场馆投入将产生更积极影响。新旧场馆跨区域合制节目、开发市场与观众,推动跨海、跨艺域、跨语言或结合科技的创新作品,将为台湾的表演艺术开创风景,展开论述,形成台湾表演艺术新美学。

第三节 台湾设计产业发展现状与未来策略

台湾的文化创意产业系以内需为主的产业形态,设计产业则是最具外销潜力的产业。2013年台湾文创产业营业额为7 950亿新台币(下同),其中超过九成为内销,计7 227亿元,外销营业额仅达723亿元,外销占比为9.2%;其中,以设计产业外销比例最高,为整体创意经济的46.3%。台湾设计产业2008—2013年的外销总额均高于内销,是台湾文创产业中唯一以出口为主的产业。2013年设计产业外销约为335亿元,外销占比约56%,是台湾文创产业最具出口竞争力的产业。

一、设计产业的范畴与整体发展概况

设计产业是台湾文化创意产业六大旗舰产业之一,近年来成长迅速,2008年台湾"税务行业标准分类"第6次修订时,设计产业新增"商业设计"与"品牌设计"两项行业分类,显示台湾主计单位对于设计产业专业性、分工精致度的重视。依据工业局2008年"台湾设计产业翱翔计划"所属之"设计产业发展旗舰计划"定义之范畴,辅以台湾2012年"税务行业标准分类"(第

7次修订)进行统计分析。统计数据来源则依据"2014台湾文化创意产业发展年报"之产品设计产业、视觉传达设计产业与设计品牌时尚产业等三项产业的统计范畴中,各子产业的税务行业标准分类代码,这些税务行业代码代表台湾整体设计产业的范畴。目前税务行业标准分类当中计有8项与台湾经济主管部门主管之设计产业有关,包含工业设计、企业识别设计、商业设计、包装设计、视觉传达与平面设计、流行时尚设计、多媒体设计、未分类其他专门设计服务等;表4-5为台湾设计产业税务行业代码、行业名称与行业定义一览表。

表4-5　台湾地区设计产业税务行业代码、行业名称与定义一览表

税务行业分类代码	行业名称	行业定义
7402－00	工业设计	从事产品之外观、机构、人机界面等规划、设计,以利产品之使用、价值及外观达到最适化之行业
7409－11	企业识别设计	包括商标等设计
7409－12	商业设计	商业设计
7409－13	包装设计	包装设计
7409－14	视觉传达与平面设计	视觉传达与平面设计
7409－15	流行时尚设计	包括服装设计、打版、布料开发、图案设计等
7409－16	多媒体设计	多媒体设计
7409－99	未分类其他专门设计服务	包括珠宝、家具等设计

2013年台湾文创产业的总营业额为7 856亿元新台币,2008—2013年的年平均成长率为4.98%。设计产业2013年营业额为603亿元,其中产品设计约有581亿元营业额,占全部文创产业的7.14%,2008—2013年的平均成长率为5.25%,高出整体文创产业0.27个百分点。2013年视觉传达设计则仅有18亿元的营业额,2008—2013年的平均成长率为－5.18%,仅占全体文创市场占有率的0.24%。设计品牌时尚在2013年更仅有3.8亿元营业额,占全体文创市场占有率的0.04%;不过,2008—2013年的年平均成长率则有21.77%。

相关数据显示,设计产业以产品设计为金牛产业,贡献了主要的营业额;设计品牌时尚则为问题产业,虽有很高的成长率,但市场占有率与营业额太低。这揭示设计产业发展上的不平衡。

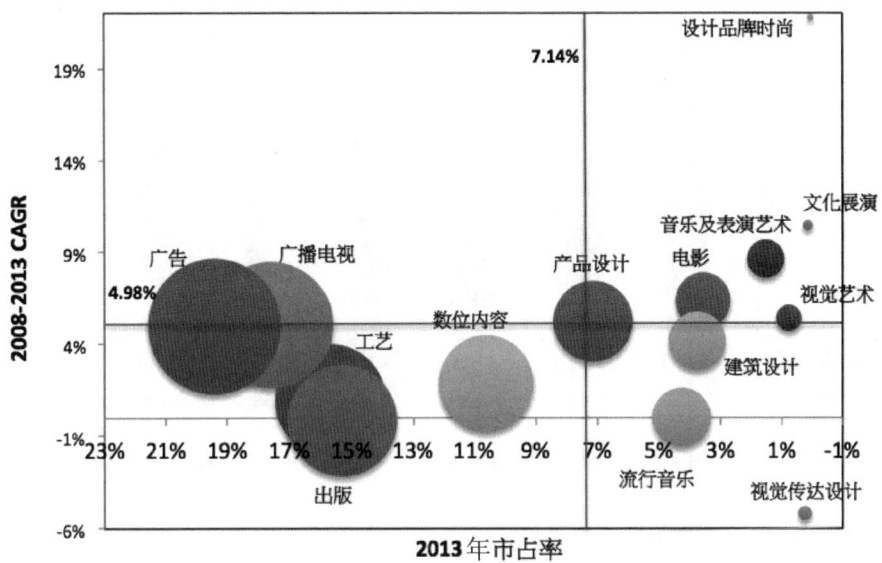

图 4-3　台湾文创产业 BCG 矩阵分布情形

二、台湾设计产业的企业发展趋势

台湾 2008—2013 年设计产业的企业数量呈现稳定的成长趋势;成长最快速的企业,属于资本额 1 000 万元以下的小型与微型企业,这揭示出台湾设计产业的活力,也符合国际文化创意产业发展的趋势。过去六年,台湾设计产业的企业从 2008 年的 2 459 家逐年成长至 2013 年的 3 754 家,六年期间共增加 1 295 家,年均增长超过 6%,揭示台湾设计产业的蓬勃发展(图 4-4)。

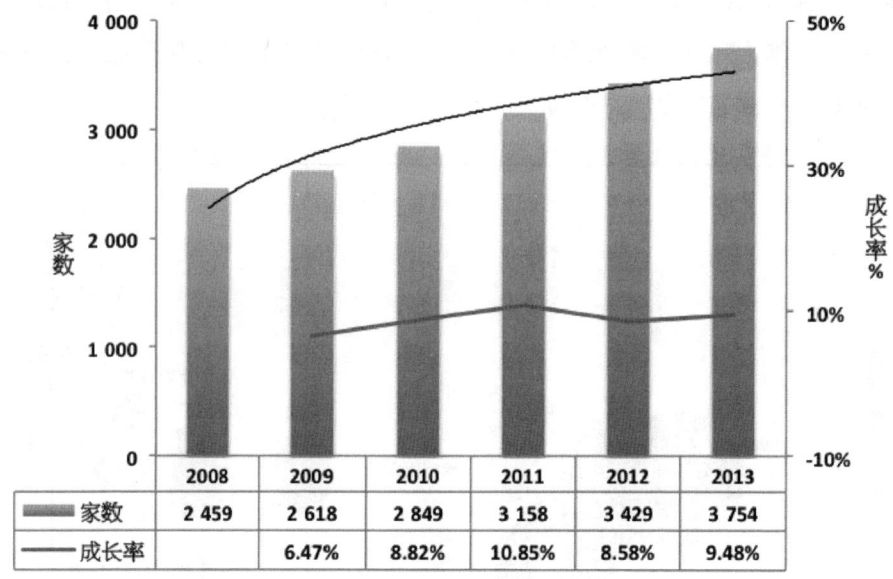

图 4-4　台湾设计产业规模发展趋势图(2008—2013)

从设计产业内部结构变化看,2008—2013 年,除工业设计与企业识别设计业略有减少外,其余子产业呈逐年成长趋势。设计产业中以工业设计子产业的企业数量最多,约占产业总量的 40%,其在 2008 年计有 1 211 家,至 2012 年成长至 1 592 家,但 2013 年小幅下滑至 1 524 家。其次为未分类的其他专门设计服务子产业,占比约 36%,从 2008 年的 927 家成长至 2013 年的 1 384 家,成长接近五成。就成长率来看,以视觉传达与平面设计业成长最多,2008—2013 年企业数量共增加 700%。多媒体设计子产业则是企业数量最少的子产业,至 2013 年多媒体设计仅有 8 家公司(见表 4-6)。

表 4-6　2008—2013 年台湾设计产业子产业结构表

单位:家

子产业别	2008 年	2009 年	2010 年	2011 年	2012 年	2013 年
工业设计	1 211	1 298	1 393	1 496	1 592	1 524
包装设计	15	19	25	29	34	58
多媒体设计	0	0	1	2	3	8

续表

子产业别	2008年	2009年	2010年	2011年	2012年	2013年
未分类其他专门设计服务	927	968	1 033	1 160	1 268	1 384
流行时尚设计	60	73	103	127	151	138
企业识别设计	117	106	99	90	82	101
商业设计	119	141	180	235	280	416
视觉传达与平面设计	10	13	15	19	19	80
合计	2 459	2 618	2 849	3 158	3 429	3 754

若从设计产业的群聚来看,可发现台湾设计产业的群聚态势相当显著,主要均聚集在北部的都会地区。2008—2013年台湾设计产业各区域的企业数量,大多呈现逐年成长趋势。设计产业公司明显集中于北部地区,其次为中部、南部、东部。2013年统计数据中,以北部2 306家最多,其次为中部的723家、南部694家、东部27家。

表4-7 2008—2013年台湾设计产业区域结构表

单位:家

年份	2008年	2009年	2010年	2011年	2012年	2013年
北部	1 556	1 636	1 775	1 950	2 125	2 306
中部	472	500	557	627	669	723
南部	418	465	498	559	605	694
东部	12	16	18	21	27	27

在设计产业的公司资本额结构方面,成长幅度最大的公司为资本额1 000万元以下的小型与微型企业。2008—2013年设计产业以资本额10万～100万的公司占最多,从2008年的843家成长至2013年的1 512家,成长将近一倍。其次为资本额100万～500万元的公司,从2008年的772家至2013年1 096家。资本额未满10万元者,则从2008年的354家,至2013年的553家。2013年资本额在1 000万元以下的共有3 491家,占比92.99%。不过,3 000万元以上资本额的设计公司家数在过去六年则持平,几乎未成长;台湾

设计产业大型设计公司的发展能量受到局限。

三、台湾设计产业营业额与内外销发展趋势

台湾设计产业营业额方面,2008—2010年期间呈逐年成长趋势,从2008年的475亿元成长至2010年的597亿元,成长比率分别为5.03%、19.48%。不过受到国际整体大环境的影响,设计产业在2011年与2012年则分别微幅下滑1.49%～3.60%。2013年设计产业的营业额则回升至603亿元,为近六年来的历史新高,较2008年共增加约127亿元、成长比率为6.05%(图4-5)。

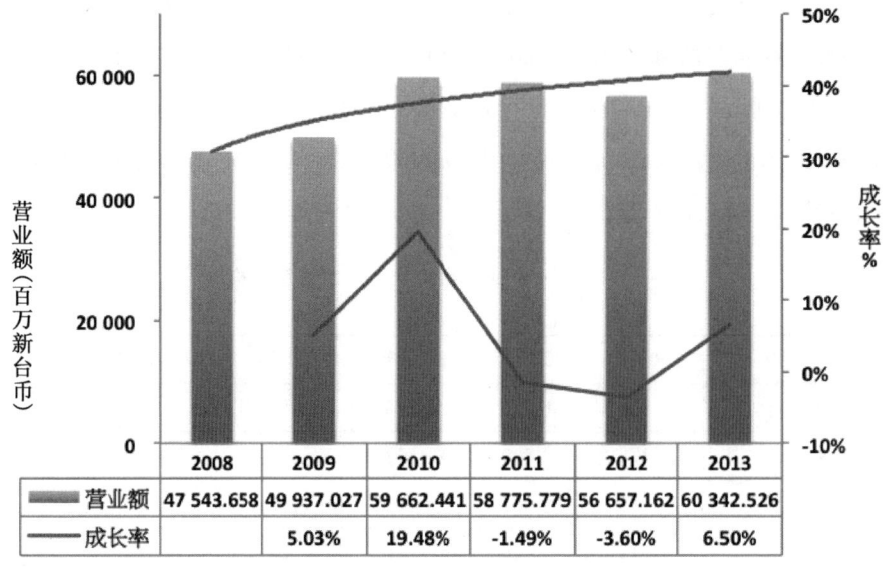

图4-5　台湾设计产业营业额发展趋势(2008—2013)

在设计产业各子产业现况方面,2008—2013年各子产业营业额最高为工业设计业,约占总营业额的67%;其次为未分类其他专门设计服务业,约占总营业额的27%。工业设计与未分类其他专门设计服务的营业额,共占整体设计产业的96.4%,显示了台湾设计产业的集中性。设计产业成长率则以视觉传达与平面设计业最高,平均成长率为265.79%,不过其营业额仅约7 500万;其次为流行时尚设计业,平均成长率167.72%,但营业额亦偏低,仅约3.8亿元(见表4-8)。

表4-8 2008—2013年台湾设计产业营业额

(单位:千元新台币)

产业别	2008	2009	2010	2011	2012	2013
工业设计	30 923 126	34 216 560	39 592 667	38 678 627	38 489 396	43 236 838
包装设计	31 863	31 582	49 652	31 757	38 471	63 772
多媒体设计	0	0	2 370	4 825	3 568	11 552
未分类其他专门设计服务	14 074 199	12 592 119	15 971 696	16 877 518	16 012 849	14 845 504
流行时尚设计	140 905	158 983	210 064	280 933	310 051	377 229
企业识别设计	1 608 540	1 994 020	2 675 751	1 474 375	479 216	311 493
商业设计	744 538	900 641	1 088 313	1 385 666	1 292 196	1 421 199
视觉传达与平面设计	20 487	43 122	71 927	42 077	31 416	74 939

从设计产业在台湾各地区分布的情形看,设计产业营业额高度集中在北部地区,为典型的都会型创意产业形态之产业。以北、中、南、东来区分,2008—2013年设计产业营业额主要来自北部,在2013年营业额为549亿元新台币,占总营业额约91%;其次为中部地区,其营业额为37亿元新台币,约占6%;南部地区营业额为17亿元新台币,约占2%;而东部地区营业额约2 100万元新台币,约占0.03%。数据资料显示台湾设计产业发展上过度聚焦在北部地区(见表4-9)。

表4-9 2008—2013年台湾各地区营业额、比例

(单位:千元新台币,%)

		2008	2009	2010	2011	2012	2013
北部	营业额	43 255 098	46 257 901	54 946 803	53 502 055	51 483 643	54 938 460
	所占比	90.98	92.63	92.10	91.03	90.87	91.04
中部	营业额	3 117 665	2 593 136	3 343 647	3 824 409	3 721 716	3 720 987
	所占比	6.56	5.19	5.60	6.51	6.57	6.17
南部	营业额	1 159 207	1 070 643	1 355 865	1 429 960	1 436 732	1 660 241
	所占比	2.44	2.14	2.27	2.43	2.54	2.75
东部	营业额	10 542	14 202	14 981	18 209	13 638	21 088
	所占比	0.02	0.03	0.03	0.03	0.02	0.03

设计产业若进一步以县市来区分,显示营业额集中在六个直辖市及新竹工业园区所在及邻近的新竹县市;其中又以北部地区直辖市营业额较高。以2013年为例,设计产业营业额以台北市406.88亿元新台币居首,占全台设计产业的67.43%,比率最高,设计产业竞争力其他县市难望其项背。其他各县市的市占比率皆低于10%,与台北市的设计产业规模有极大的差距(见表4-10)。

表4-10 2013年县市别设计产业概况

(单位:新台币)

县市	市占比率	成长率	营业额
台北市	67.43%	12.05%	40 687 945 932
新竹县	8.57%	−4.69%	5 172 197 521
桃园县	6.29%	−0.90%	3 795 825 644
新北市	5.85%	−22.45%	3 527 941 579
台中市	5.69%	−0.52%	3 430 861 805
新竹市	2.79%	29.66%	1 682 291 119
台南市	1.29%	9.94%	778 417 032
高雄市	1.01%	28.95%	607 509 077
嘉义县	0.29%	3.52%	173 970 618
彰化县	0.25%	11.31%	152 148 567
南投县	0.08%	5.96%	49 947 605
苗栗县	0.07%	−15.44%	44 138 166
云林县	0.07%	14.58%	43 890 478
宜兰县	0.07%	10.09%	40 380 379
屏东县	0.07%	−16.55%	40 298 460
嘉义市	0.05%	31.47%	32 691 525
基隆市	0.05%	−0.52%	31 877 401
澎湖县	0.05%	67.21%	27 354 191
花莲县	0.03%	70.39%	17 734 030
台东县	0.01%	3.83%	3 353 917

注:本表依2012年营业额排序。

在设计产业的内外销方面,2008—2013 年台湾设计产业外销总额皆高于内销,其中以 2013 年差距最大,内外销差距约 67 亿元,外销占比近 56%。近六年设计产业外销总额除 2011 年微幅下滑 5.6%、2012 年下滑 4.83%外,其余各年为正增长;2013 年外销总额约为 335 亿元,为近六年最高,较 2008 年增加约 96 亿元;内销总额部分,2008—2011 年内销总额逐年增长,2011 年内销总额达到 276 亿元,但 2012—2013 年开始微幅衰退,分别减少 2.23% 与 0.84%。依上述的统计资料显示台湾设计产业极具出口竞争力,外销收入主要来自资本额超过 2 亿以上的设计公司,显示出口来自资本雄厚的企业。不过,令人忧心的是,相对于外销的发展,台湾设计产业内销营业额几乎持平,显示台湾设计产业内需市场几乎已经饱和,没有太大的成长空间。因此,继续扩张外销、突破已经逐渐饱和的内销市场,将是未来设计产业进一步发展的重点(见图 4-6)。

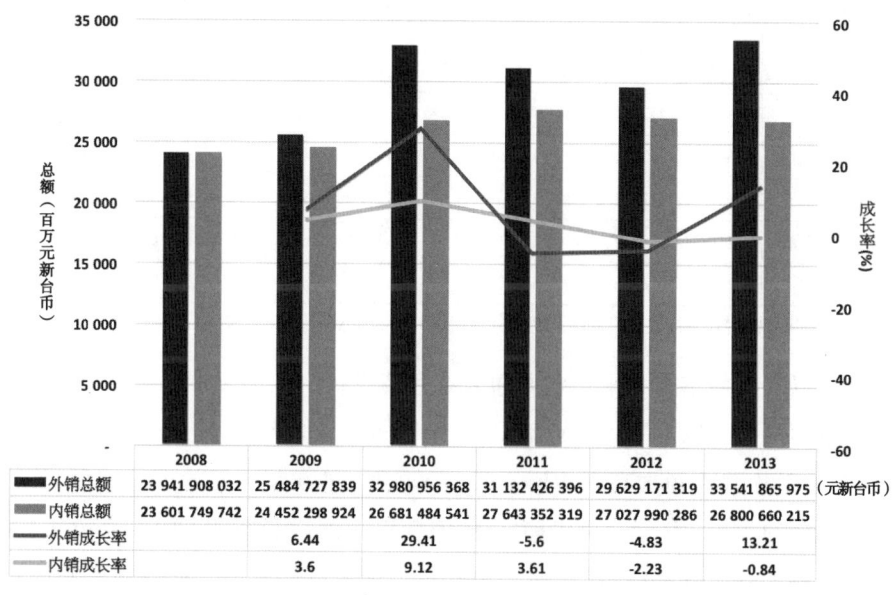

图 4-6　台湾设计产业 2008—2013 年内外销发展趋势

从设计公司的资本结构与营业额观察,台湾设计产业营业额呈 M 型分布。统计资料显示,营业额主要贡献者为资本额超过两亿以上的大型设计公司。2008—2013年设计产业均以资本额两亿元以上的营业额最高,占全部营业额的69%。资本额在1 000万以下的小型与微型企业亦贡献165亿元,占全体营业额的27%。M型双峰之营业额达515亿元,占全体营业额的85%,显示台湾设计产业的发展往资本额的两端发展,因此,未来设计产业政策应朝M型方式规划,以符合设计产业的发展现况(见表4-11)。

表4-11　2008—2013年资本额结构与营业额

(单位:千元新台币)

	2008年	2009年	2010年	2011年	2012年	2013年
2亿以上	26 781 929 025	31 814 782 586	37 468 673 109	35 122 612 036	32 369 840 651	35 314 201 172
1亿~2亿	948 631 704	618 559 380	998 777 966	998 057 365	1 101 464 419	1 135 619 731
0.8亿~1亿	120 609 135	116 375 720	132 562 136	165 631 404	131 815 365	133 983 095
60百万~80百万	169 434 526	210 651 373	210 260 247	228 542 609	274 575 750	300 145 122
50百万~60百万	1 414 294 286	920 545 577	1 352 516 237	1 788 883 654	1 893 312 741	1 945 174 817
40百万~50百万	118 574 967	107 792 879	114 536 364	150 652 200	161 971 855	186 025 245
30百万~40百万	870 072 731	442 107 256	472 601 236	498 070 774	533 409 503	535 971 642
20百万~30百万	1 474 945 292	1 198 536 886	1 429 278 032	1 866 296 800	1 797 861 583	1 710 773 262
10百万~20百万	1 892 973 645	1 935 214 445	2 270 537 041	2 719 402 748	2 674 240 254	2 621 626 784
5百万~10百万	4 662 425 090	4 472 033 454	5 414 007 093	4 918 444 039	5 297 792 193	4 757 767 037
1百万~5百万	4 940 397 317	4 168 131 379	4 840 888 056	4 796 036 359	5 006 400 633	5 777 963 422
0.1百万~1百万	1 413 174 480	1 440 600 221	2 004 075 194	2 284 364 782	2 377 954 283	2 801 062 594
未满0.1百万	2 736 195 576	2 491 695 607	2 953 728 198	3 238 783 945	3 036 522 375	3 122 212 267

资料来源:台湾财政主管部门财税资料中心磁带资料,研究者整理。

若以资本额结构与平均营业额来看台湾设计产业的发展,2008—2013年以资本额两亿元以上平均营业额最高,平均每家营业额达15.4亿元。值得注意的是,平均营业额次高则为资本额5 000万~6 000万元的设计公司,其平均销售额约为1.5亿元。资本额在10万元以下的微型企业,亦比10万~500万资本额的营业额来得高,达到565万元。显示设计产业不同资本结构的企业歧异现象(见表4-12)。

表 4-12　2008—2013 年资本额结构与平均营业额

（单位：千元新台币）

	2008 年	2009 年	2010 年	2011 年	2012 年	2013 年
2 亿以上	956 497	1 178 325	1 387 729	1 350 870	1 244 994	1 535 400
1 亿～2 亿	63 242	38 660	55 488	49 903	57 972	59 770
0.8 亿～1 亿	17 230	16 625	18 937	23 662	18 831	19 140
60 百万～80 百万	15 403	19 150	19 115	20 777	24 962	27 286
50 百万～60 百万	141 429	83 686	112 710	119 259	135 237	149 629
40 百万～50 百万	29 644	21 559	22 908	30 130	32 395	37 205
30 百万～40 百万	54 380	24 562	29 538	31 130	33 339	35 730
20 百万～30 百万	35 118	26 055	29 777	38 088	35 958	34 914
10 百万～20 百万	21 511	21 035	23 408	25 655	23 878	21 666
5 百万～10 百万	17 332	16 381	18 605	15 866	16 251	14 418
1 百万～5 百万	6 399	5 071	5 520	5 048	4 957	5 272
0.1 百万～1 百万	1 676	1 571	1 957	1 926	1 771	1 853
未满 0.1 百万	7 730	6 680	7 100	7 087	6 197	5 646

四、台湾设计产业诊断

（一）设计产业应采"M 型"双峰发展策略

近年来，台湾设计产业内销营业额几乎持平，台湾设计内需市场几已饱和；成长多来自外销之扩张；因此，设计产业的外销策略应是台湾当局在发展设计产业上的主要政策。此外，内销也占整体产业将近一半的营业额，且多来自微型与小型企业，台湾当局若能积极辅导，将有助社会整体薪资之提高。因此，台湾设计产业政策应采"M 型"双峰发展策略。

台湾文化创意产业发展年报的统计资料显示，营业额与外销主要贡献者为资本额超过两亿的大型企业。因此，台湾在设计产业的外销发展策略可为这 20 多家大型设计公司量身打造，以强化设计产业竞争力与扩张营业额。此外，2008 年联合国贸易发展会议出版的创意经济报告统计资料显示，台湾设计产业产品的多样性极具竞争力；不过，市场多样性方面却低于平均水平，台湾设计产业对于新的出口市场的开发应是当务之急。因此，台湾当局可计划性地为这些大型企业规划海外产业媒合机制，参与各项重要大型设计展，争取设计服务计划，补助产业研发与进行海外市场研究等，这些措施将有助于开拓外销市场，进一步增加台湾设计产业营业额。

此外，台湾设计产业的内销市场则以资本额结构在1 000万元新台币以下的小微企业为主。小微企业的发展，不但有助于带动民间薪资之成长，也是整体设计产业成长的重要支撑。因此，内销发展策略应聚焦这些小微企业。台湾当局应持续提供创业补助机制，鼓励青年设计师创新与创业。统计数据显示，目前台湾大专学生创业比例仅达1.5%，这说明台湾青年人的创意动机不足。因此，台湾当局可考虑将台湾设计科系学生创业比率设定在8%左右，逐年订定达成目标，以适度引导更多年轻设计人才投入设计产业的创新与创业发展。

(二)强化设计产业群聚竞争力

台湾的设计产业七成以上聚集在桃园以北地区，北部地区的营业额更高，占整体设计产业九成以上的产值。设计产业群聚，以北部地区，尤其是集中在台北市的态势明确。因此，台湾当局政策应明确以北部地区为设计产业群聚。因地缘集中、产业链完整，可思考加强产业链上下游的整合工作与促进伙伴关系。台湾当局可继续引导设计产业往特定区域集中，建设更多的设计园区。同时，考虑设立设计园区办公室，服务区内的设计公司与设计师，提供交流空间，以创造合作的契机，也应提供最后100米的技术训练，帮助年轻设计师迅速强化其设计能力。此外，台湾高科技产业园区管理之know how极具竞争力，可直接移植至设计产业，强化产业链之管理与经营成效。台湾当局亦可考虑以政策补助方式鼓励整合计划，如鼓励设计师搭配营销与推广人才一同申请补助计划或积极规划媒合机制，创造跨领域的合作与交流。

(三)完备设计产业统计架构

目前台湾设计产业营业额与就业人数均可能被低估，设计产业规划的基础在于掌握产业的完整统计数据，因此，强化设计产业的产业活动、就业人数及出口的统计架构有其必要。然而,台湾设计产业中有数量庞大的个人工作室与自行作业者,并不归入标准行业统计分类的 G 大类,也不归入 M 大类之 740(专门设计服务业)小类中;此外,有多元设计服务的公司之营业额也不会被归入设计产业当中。此外,依台湾行业标准分类系以公司最大附加价值的主要经济活动作为判断依据,许多公司能被归入 711 建筑设计产业,而非 740 设计产业。因此,整体设计产业的营业额被严重低估。另外,目前台湾文化创意产业统计年报系使用职类别薪资调查,职类别薪资调查每年样本数仅 9 000 人,且不计入自行开业及自营作业者。因此,未来设计就业人口调查数据,建议应使用样本达 6 万的人力资源调查报告统计数据;其数据推估将更接近真实数字,同时纳入自行开业及自营作业者。此外,设计产业也应纳入五年调查一次的工商普查调查资料,以补正年度人口调查。

第四节　台湾城市发展文化创意产业的网络化路径

台湾现有五个中心城市,其文化创意产业的发展也围绕这五个城市进行,主要规范性文件是 2009—2013 年间推动的《创意台湾——文创产业发展行动计划》,该计划下有"环境整备"与"旗舰产业"两大内容,台湾当局因产业与资源条件差异,面临不同挑战与产业发展方向,然而,文化创意产业政策推动路径呈现共同点——以创意人才及在地小区发展为核心。

一、文化流脉与环境

(一)台北:设计之都

台北的发展可溯源至 18 世纪的清朝,当时它就已是台湾北部重心。18 世纪之后,台北都扮演重要的角色。1967 年,台北市有 260 万人口。台北是创意城市,成功主办大型国际活动,如台北国际花卉博览会、台北世界设计大会,2017 年夏季还举办世界大学运动会。这些国际大型盛事活动为台北及台湾提升了地位。台北还是 2016 年的"世界设计之都"。

(二)新北:幸福之都

新北市全境环绕台北市,前身为台北县。因地缘关系,新北市持续繁荣发展,至今已经是台北之外台湾第二大商业城市,拥有最多的城市人口,共380万人。台北的房价高,新北市成为最受台湾人欢迎的居住及商业替代地点。根据统计资料,六成五新北市住民由外来迁入,移民为这个城市带来多样化的人才、风俗及饮食,也让新北市成为具备文化多样性与活力的城市。升格后,新北市市长提出"美丽新北市"愿景,希望打造"充满希望与新生活"的"幸福城市"。

(三)台中:创意生活之都

台中位于台湾西部的中心,人口约260万人,是台湾除了新北市及高雄市以外最大的城市。台中市的建立,可溯源至清朝时期。得利于日据时期的铁路与港口运输发展,台中一开始就是重要的政治、经济、交通运输与文化中心;台中市也保留了日据时期的"棋盘式"街道规划,因此拥有充足的干道与公共空间。如今台中市是台湾中部以及周边地区的贸易、制造、服务、物流与运输中心,合并后的大台中市,面积是新加坡的三倍、香港的两倍。台中市市长胡志强指出,台中县市合并后,可以"整合自然与公共建设资源,建立更坚固的发展基础,同时对于文化创意产业也将提供更大的发展空间与舞台……"大台中是一个"人文的、有活力的新城市",将以文化作为城市经济发展的基础,让市民有更多机会参与文化活动。

(四)台南:文化之都,创意城市

台南是台湾起源地,拥有悠久历史及文化根源。台南位于台湾西南部,曾发现史前年代的早坂犀牛、冰河时代的长毛象,亦有新石器时代的遗址和平埔人、西拉雅人等聚落。1683年,清朝政府将府治设于台南,台南成为台湾的政治、文化与经济中心,直到1885年府治移到台北。因此,台南是全台湾城市中文化资产最丰富密集的城市,人口却是五城市中最少的,约170万人。

(五)高雄:海洋创意之都

高雄位于台湾西南,西临台湾海峡,从17世纪的村落转变为台湾最大的工业及商业港都,亦为世界上重要的货运港口。20世纪60年代的"台湾奇迹",得力于领先全球的制造业,高雄是其背后的工业引擎。至今,高雄仍是台湾造船、炼油、轻重工业的中心,人口超过270万,是新北市以外最大的城市。80年代开始,高雄进入长时间的过渡与转型时期,因应产业转型,发展科技产业,变为宜居的国际都市、工业城市。县市合并之后的大高雄是目前台湾面积最大的城市,人口数仅次于新北市。

二、台湾五都文化创意产业实证分析

(一)环境整备:以人为主

"环境整备"策略,以产业经济发展为重点,强调资金挹注,产业整合,市场拓展,人才培育及产业群聚效应。有人认为这些政策仍然局限于发展制造业,但也有人认为,此项策略除了让各地政府改善公众服务质量,也让他们了解如何鼓励创意人才,促进文创产业发展。例如,台北市政府透过举办多项国际型活动,一方面训练公务员,另一方面改变城市形象,吸引创意人才。环境整备,"需要符合国际标准,因此,利用举办这些活动的机会,训练我们的市府官员……提供一步到位的服务,满足创意人才需求,并让他们对我们正在进行的事产生兴趣"[1]。环境整备可以吸引创意人才,以台北市"双L型文创轴带"计划为例,该计划结合现存(例如台北故宫博物院、两厅院)与新建中的文化建设,推动台北城市空间中由东至西的文化创意基地转型,以建立服务平台。实施"艺术回响空间网络"计划,刺激在地小区活化,带动文化观光。上述三项策略的实施,使台北成为综合型创意城市,让每个区域各具个性,以吸引创意人才。受访官员进一步表示:"这些文化创意景点的发展与运用,都是以创意人才为出发点,而'轴带'的发展,是沿着城市里现有的、自然生成的文化与商业路线……我们想要推广一个概念,就是这个城市本身就是一个展览,因为不同的区域和街道,都展示了台北历史中的不同阶段! 我们必须确保所有的区域都拥有自己的文化特色,因为它们都有不同的历史背景与根源,同时我们也要确保艺术家与创意人才在台北有安身之处。"[2]

---

[1][2] 访谈一:台北市政府文化局,2012年5月14日。

鉴于近年来大陆城市经济起飞,台湾其他城市也积极鼓励发展文创产业,造成人才外流现象,所以台北市亦要设法刺激文创产业的发展。此外,环境整备发展也带动相关法规放宽或修改,营造有利于文创产业发展的环境。例如:允许艺术及文化活动进行商业交易,放宽行人徒步商圈的公共区域使用权。受访官员表示,这是一个"跨部门之间的合作",如此措施"让市政府可以探索各种可能性并找出我们的限制,找到最有效可以让台北市转型成为吸引创意人才的城市的途径"[①]。

吸引并留住创意人才也是大高雄市同样要面对的问题。受访市府人员表示,他们采用双管齐下策略,一方面直接营造吸引创意人才的环境,另一方面间接扮演促进者的角色。"驳二艺术特区创意市集的举办,招揽了各类创作人才,便是一个成功的案例",受访者进一步指出,市政府希望透过提供空间场地,"吸引最好的人才,以空间创造出最高的价值"[②]。大高雄也举办各种竞赛,"鼓励在地小区进行合作与互相交流学习",市政府可以从旁提供相关建议[③]。市政府希望借由这些方案,让当地住民更了解市政府在文创产业发展上的施政目标,以达到市民的期望,尽量减少因期望落差而产生的误会。

以上访谈凸显出环境整备中的关键趋势:各市府发展计划中倚赖与在地社群与地方人士建立友好互动关系。以新北市为例,新北市府对于"在地"的重视,可由其提出的策略观之,包括:兴建具备国际水平的公共设施,强调在地建筑特色;建立在地文化主观意识及使命感;强化居民对于在地文化的认同;将发展策略纳入文化预算。

受访的新北市府人员指出,市政府在与当地居民合作的过程中,面临的首要挑战,就是新北市居民的多元文化组成,而此点亦反映在两位受访人员针对环境整备问题的响应上,他们并不直接谈论硬件的公共建设,而是立即直接举例说明一项为期四年的"新北市城市文化体验建构计划"。他们强调,透过此计

---

① 访谈一:台北市政府文化局,2012年5月14日。
②③ 访谈五:高雄市政府文化局,2012年6月13日。

划提供补助经费,目的是鼓励在地小区提出具有各自文化特色的发展计划,"强化小区对于自己文化特殊性、传统及人力资源的自觉"①。举例来说,新北市许多地区拥有密集丰富的自然资源、遗址古迹、古典建筑、传统产业聚落等。因此,新北市府希望借由此项计划,让居民可以"与当地专家合作,透过工作坊等活动,发现并重新评估他们自己的文化与历史资产",让市政府与在地小区之间有实际交流互动,激发创新与创意,与当地居民建立良好关系。为达成这个目标,新北市府也提出"小区总体营造指导方针",结合市政府与小区资源及发展经验,市府的作用在于"提供专业咨询指导,避免小区之间的恶性竞争,鼓励相互良性学习"②。

受访人员同时强调,促成新北市境内的跨区合作,会是形塑新北市未来愿景的关键工作。例如:新北市境内有32间主题博物馆,每年吸引400万名访客,因此市府利用此项文化资源推动"新北市博物馆家族计划",借由串联各类型博物馆,打造共有的城市文化形象,其中一位受访人员强调新北市在推动城市文化品牌上所面临的挑战:"……像是(新北市的)淡水、三峡、金山、乌来,已经是著名的观光景点,因此对观光客而言,这些地方性的文化印象及品牌是可以直接被连结的,再加上它们也各自发展文化节庆商品,因此一般人若提到在这些地方的观光经验,都会直接谈论这些区域、乡镇的名字,而不会说他们去新北市!因此,这个博物馆家族计划,是希望强调这些独特的古迹、文物、珍品,都是我们城市文化实力的一部分……我们必须持续地鼓励博物馆及地方文物馆的参与,整合相关活动节目、信息与资源,共同营销新北市!"③

此外,针对环境整备议题的访谈也发现,多数市府受访人员不只提及市府期望达成的政策目标与施政过程,也谈及他们个人的职业生涯背景及行政专业经验,谈及他们自身历经政策与城市形象转变过程中的看法与感受,如何影响着他们在协助政策推动上的执行方式。受访者的评论共通点在于,要结合文化与产业,市府内部不同局处之间,需要更密切更开放的跨部门合作;文创产

---

①②③ 访谈二:新北市政府文化局,2012年5月21日。

业的环境整备工作,更需要公共部门改变思维方式,从其他形式多元与无形的公共设施发展角度来思考。政策执行人员扮演的角色,必须出自创意人才需求,在市府科层组织管理之间寻求平衡,响应前者的需求愈加重要。

(二)旗舰产业发展:以在地文化为出发点

因应当局发展旗舰产业策略与城市竞争,五城市亦各自挑选本市有优势的产业加以扶植。实证资料指出,市府必须以小区发展为出发点,实施更具全面性、整体性及综合性的产业发展规划。台北市政府的受访人员指出:"在发展这些所谓的旗舰产业上,一直欠缺资源整合与政策协调,在过去已阻碍了如电影、流行音乐等产业自给自足的有效发展。"①台北市申办2016年世界设计之都,也是为了得到更多产业发展资源,创造一个"更全面性、地方性的文创友善环境"②。新北市则致力于政府、产业、学界与小区之间的结合,发展包括动画、漫画、游戏与电影在内的旗舰产业。访谈也观察到,让城乡在地资源保持畅通并有效管理是关键。

相较于台北市与新北市,经县市合并而生的大台中、大台南、大高雄则历经了巨大的行政变革,市政府与更大市辖范围内各区办公室的沟通工作接受直接挑战。台中市府的受访人员表示:"在过去,我们只需要考虑市区部分,但现在……我们必须考虑到过去在台中县内的乡镇区域,尤其这些地方拥有丰富的农业、传统产业资源。"③台中市府的因应之道,是在每一行政区设置人文课,以确保所有区公所可以相互沟通。对台中市府而言,在地文化资源的有效管理,在于保留、吸引人才与外地观光客。台中市南北交通便捷,台中居民习惯性地前往外地旅游,因此市府希望鼓励当地居民"了解并认同大台中当地自有的观光价值,探索属于他们的自然资源"④。

台北市、新北市及大台中市的市府人员清楚地传达出共同讯息:市府扮演桥梁角色,一方面传达推动当局的策略,另一方面协调在地居民与社群参与在地优势产业开发。大台中市也是类似情况。在县市合并后,台中市政府文化局

---

①② 访谈一:台北市政府文化局,2012年5月14日。
③④ 访谈三:台中市政府文化局,2012年5月23日。

第四章 文化创意产业发展的台湾经验

推动"台湾文化艺术馆群整合计划——推动中台湾文创产业",以了解该区文创产业群聚情况,依此拟定《台中市文化局 2011—2014 年施政白皮书》,提出17 项发展策略、69 项发展措施,作为大台中文创产业发展方针。为落实发展策略,台中市府于 2011 年设立跨部门的"文化创意发展委员会",由副市长担任主席。该委员会为一提供审查、咨询顾问与跨局处协调的单位,确保产业发展计划能充分结合当地文化,发展文化经济。受访市府人员指出,文化局的角色在于"提供在地小区小额的种子基金与实验空间,筹划各类竞赛……我们比较像是中介人的角色……而我们进行产官学合作,以加速新创商品的产业化进程"①。

对大台南市的文创产业而言,产业化的发展同样扮演重要角色。台南的文创产业发展策略和其他四个都市不同,台南市府列明四项策略:一是再现台南历史风华,二是打造友善艺术之都,三是建成台南电影中心,四是成为台湾美食城市。由此可见,台南急欲借由观光成长,吸引投资、产业及人才移入,同时保存历史文化资产的丰饶,在这两者之间取得平衡。受访市府人员指出:"台南拥有大量且多样的文史纪念碑、寺庙及历史遗址……这些是发展文化观光不可或缺的……但我们同时也需要城市更新及现代化,才能更具产业竞争力。"此外,为让有形的文史资产"在手机、网络、书籍上被呈现",将全面使用"用新的营销手法,营销新的区域"②。

如同台中市,一方面,台南市政府致力于容纳现行较大的市区版图,发展文化观光;另一方面,文化观光的需求与日俱增,虽带来各种机会,但也瓜分产业资源,挑战随之增加。受访的高雄市官员认为,跨越分歧创造联结,对于发展该市的旗舰产业十分重要。大高雄希望透过文创与软件科技产业之间的合作,打造具国际竞争力的数字内容产业城市。满足产业人才需求成为首要问题,因此,高雄市府发起各种计划,例如高雄文创设计人才回流驻市计划、流行音乐人才培育计划,以吸引动画、绘画、产品设计、音乐的创

---

① 访谈三:台中市政府文化局,2012 年 5 月 23 日。
② 访谈四:台南市政府文化局,2012 年 6 月 5 日。

意人才,"培育(高雄)自己的种子人才,并吸引更多来自其他城市的专业人士"①。

三、台湾五都文化创意产业发展的对策

从实证分析得知,发展文创产业时无法依循既定的架构与方法,各城市的经济与文化条件不同。推动地方自主发展,各市府文化部门可以因地制宜,发展具有地方特色的产业。作为内部网络的起点,它可以让科层体制下的决策单位与执行者扮演催化剂的角色,向外发散联结,跨越产官学研资源,催生以在地文化为出发点、跨越城乡与产业资源分歧的合作模式。

(一)政策推动多面向路径中的执行人员角色

各城市文创产业策略推动过程中,市府单位执行者是重要的催化剂,不仅要充分利用其专业经验与资源,更需善用长期以来累积的在地人际关系,经由他们创造衍生的网络关系,创造出更丰富多元的交互影响,包括促进政策目标达成、满足创意人才需求以及整合都市规划专业人士与在地小区。在满足台湾当局纲领的前提下,每一位执行者都是网络中介者,引导施政方向,传达创意人才与小区的多元化需求与资源,催生多面向的执行推动方式,重视其有效及建设性。

网络化施政使过程变得复杂,受访者在访谈中皆不经意提到"个人感受"及"工作挫折"。身为关键的网络节点,这些受访人员直接影响执行事项的优先级与资源分配程度,他们在部门内部也为跨局处的沟通角色,将经由个人及专业经验所累积的知识与关系疏通分享给其他部门,以促成不同项目及部门之间的知识流通。在网络化组织中扮演多重角色,相较于在传统官僚分工结构中,往往更具压力与挑战,执行人员的个人情绪与需求值得关注。

重视个人发展的网络模式凸显出,城市愿景的形塑已从向内聚焦整合的政策规划转变为向外拓展联结的创意合作,所有网络成员都是城市发展文创产业的重要"基础建设",整备如此网络化的环境需要更有弹性的工作方式,必

---

① 访谈五:高雄市政府文化局,2012年6月13日。

须重视人与人之间的联系关系与中介人的角色，才能形成有效率的信息流通的决策与合作机制。

(二) 创意人才、私部门及小区之间的动态合作机制

各都文创产业发展的相关利害关系人之间需建立一套持续的、内化的规划、决策与参与机制。实证指出，对于市府而言，创意人才与在地小区的早期参与极为关键。当各市市府都将在地观光文化作为始点与重点，而多数市府目前面临管理比以往城区更大的地理范围的挑战，对其中过去乡镇地区内的产业资源并不熟悉，旗舰产业发展挑战着更全面性的思考，因此所有参与方达成共识亦为关键。访谈数据发现，在多方整合过程中，市府人员需要配合市府、在地小区与私部门，他们面临的挑战，不只在于如何取得、动员公私部门资源，更需要在政策执行的弹性路径与僵固官僚体制之间，在多元技能的专业分工与整合之间，找寻平衡与最适性。

此外，为求产业经济发展，各都更应考虑城市品牌发展策略，让城市现有实力发挥最大效力。虽然各个城市的经济实力与文化资产条件不同，但是，实证数据指出，就文创产业发展方式而言，各城市并没有太大差异。产业发展策略的产生，首先是提出一项以在地文化特色为基调与核心的计划，接着研拟将现有创意人才最优化使用，吸引更多人才，以进一步发展具优势条件之产业，市府各部门之间需要更密切频繁的互动。

(三) 网络策略需要可永续经营的协调模式

为纳入现行较广的行政区域需要，规划足以平衡市区、乡间与行政绩效的政策。市区与过去乡镇的两相结合与对照，让人重新审视原生历史与文化资源的重要性，不论在城市或在乡间，文化根源与经济发展之结合都很有必要。市府、区公所、相关文化机关与地方单位之间的协力协调更形重要，以获得最佳的杠杆与沟通推广效果。

从宏观观之，近来台湾产业的转变也映照着文创产业发展与城市竞争力的变革，有助于我们理解五城市政府现行的计划与政策实施状况。从微观角度而言，市府政策执行人员的反映凸显出文创产业发展得力于在地小区的参与与个人(创意人与市府人员)的驱动，交织成一张张复杂的网络。城市面积

扩大有助于文创产业发展,因为市府可取得更多资源,结合牵动多方参与。未来的挑战在于,在仰赖各方合作关系的网络组织中,市府该如何扮演桥梁的角色,连接台湾当局与各自管辖的行政区与小区,提高在地的文化价值与生活质量。

第五节 台湾文化创意产业的众筹模式

因文化创意业者的规模普遍不大,自有资金不足,这是台湾文化创意产业发展面临的重要挑战[①]。有好的文化创意概念或商品,却苦无资金以实现梦想或了解商业潜力。近年来,群众筹资平台盛行,透过社会大众的小额资金赞助,解决此一难题。台湾群众集资报告(2016)的统计数据显示,从2011年年底起,已经有超过上千个回馈型众筹项目,集资成功率达50%~60%,高于Kickstarter和Indiegogo的平均水平[②]。齐柏林的《看见台湾》露天首映会于2013年9月至10月期间举行,共有1 235个赞助,募集新台币250万元,达标率为124.4%。金萱字体集资项目再创高峰,吸引高达7 646个赞助,成功募集新台币2 600万元,达标率为1 727%。这几项成功的案例,为台湾的文化创意产业带来一线曙光。只要将文化元素透过创意包装和活化,依不同市场定位,就能在众筹平台上募集资金。

一、台湾文化创意产业众筹发展概况

目前台湾的回馈型项目众筹平台有FlyingV、HereO(PressPaly)[③]、啧啧、创梦群和群募贝果(表4-13)。截至2016年5月31日,发起2011个众筹项目,与文化创意相关的募资项目共有836个,占比41.62%。HereO(PressPaly)的比例为最高,高达86.60%,创梦群(66.67%)和啧啧(53.40%)次之。

---

① 范成浩、卢皇村:《如何推动文化创意产业进入资本市场》,《证券柜》2013年4月。
② 贝壳放大:《台湾群众集资报告》。https://annual-report.crowdwatch.tw/2015。
③ HereO募资平台已于2016年转型为内容创作者募资平台PressPlay。

表 4-13　募资项目统计

平台	FlyingV	HereO (PressPlay)	喷喷	创梦群	群募贝果	合计
募资专案	1 588	97	206	30	90	2 011
文化创意	582	84	110	20	40	836
占　　比	36.65%	86.60%	53.40%	66.67%	44.44%	41.57%

数据源：本研究整理自台湾众筹平台。

募资活动历经数年的蓬勃发展，提案数成长快速。最早的文化创意项目始于2012年，每年提案量呈倍数成长，由2012年的31个项目提升至2015年的312个项目。图4-7描绘募集成功项目的赞助人次。2014年文创产业赞助人次呈现跳跃式成长，达35 486人次，平均每人赞助1.34千元新台币。主要原因是电影和社会运动相关项目引领一波高峰，创下当时亚洲史上募资最快的纪录，这也让各大众筹平台火红起来。2015年达到43 978人次，增长率稍为趋缓（23.93%）。

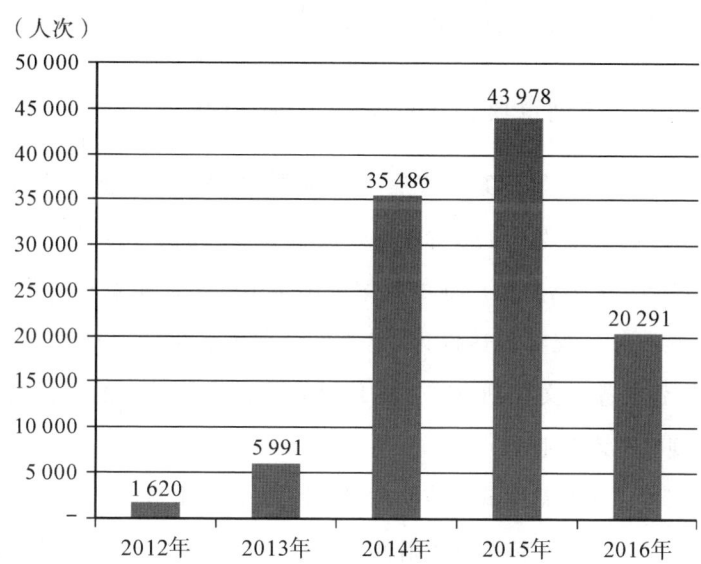

图 4-7　募集成功的赞助计划人次

近年来，众筹的目标和集资金额都持续上升。2015年总募资成功金额为8 650万元新台币，目标金额为3 695.7万元新台币，达标率高达2.34倍，比2014年增长81.91%，平均每项目募款金额44.819万元新台币，平均每人赞助金额为0.197万元新台币。集资成功项目规模显示在图4-8。

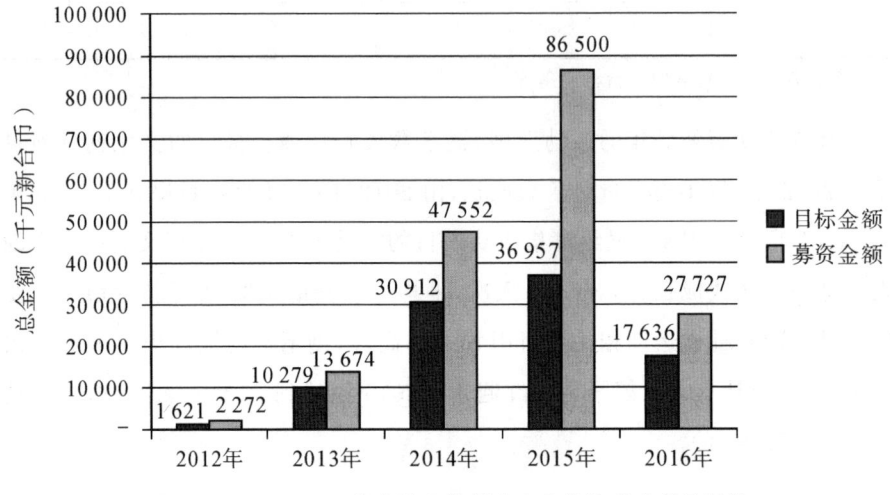

图4-8　2012—2016年台湾文化创意产业集资成功项目规模

二、台湾文化创意典型产业众筹情况分析

文化创意产业众筹提案有发展不均的现象，以出版产业为主，有174个提案（22%），流行音乐（138个，18%）、电影（135个，17%）和表演艺术（135个，17%）次之，其他产业的提案皆不足100个。本章将文化资产应用及展演设施、广告、视觉传达设计、建筑设计和创意生活等产业合并成其他类别说明，后续各项文化创意产业的统计资料以众筹成功的项目为主。

（一）视觉艺术产业

视觉艺术产业的整体募资成功率约51.28%，提案数量在2014年达到高峰，共计16个项目，募资成功率则低于五成。在募集成功的项目中，2015年提案人规划的平均目标金额为5.5万元新台币，为历年次低。平均赞助人次于2016年突破100人，募资金额于2013年为最高，平均为34.509万元新台币,如表4-14。其中,《哭泣女孩故事摄影辑》项目透过贴纸、照片、文字和录音文件呈现哭泣女孩背后的故事,哭泣女孩和读者在不同的时间点宣泄悲伤,互相疗愈和理解。

表4-14 视觉艺术产业

(单位:千元新台币)

	2012年	2013年	2014年	2015年	2016年	合计
总提案数(个)	3	8	16	9	3	39
成功项目数(个)	3	4	6	4	3	20
平均目标金额	48.33	280.00	80.52	55.00	103.33	113.91
	(45.37)	(480.12)	(99.51)	(49.99)	(87.37)	(219.10)
平均赞助人(次)	55.33	72.00	72.33	68.00	112.33	74.85
	(10.41)	(38.14)	(74.05)	(81.47)	(126.62)	(68.67)
平均募资金额	58.90	345.09	107.19	100.55	137.39	150.73
	(51.57)	(565.13)	(121.02)	(64.10)	(129.65)	(259.66)
平均回馈组合	9.67	7.00	9.00	4.50	8.67	7.75
	(0.58)	(2.94)	(8.17)	(1.73)	(1.15)	(4.81)

注:括号中的数值为标准偏差。

(二)音乐及表演艺术产业

表4-15展示音乐及表演艺术产业的众筹现况,整体募资成功率为53.38%。2015年的提案数量降低,但成功比率较2014年高出7.5%,主要原因是设定的目标金额下滑超过50%,每人次平均赞助金额则由0.11万元新台币提高至0.229万元新台币。达标率最高的项目为"新竹尖石锦屏和尖石小学合唱团比赛",由一群学生组成的合唱团屡获台湾合唱比赛优等的佳绩。希望获得资助往越南参加国际合唱大赛,获得362人次赞助,共募得超过50万元新台币的旅费。而《实时互动多媒体跨界剧场〈路〉》项目,用最新的互动多媒体技术,透过戏剧诠释历史事件,横跨艺术、信息科技和文化。

表 4-15　音乐及表演艺术产业

(单位:千元新台币)

	2012 年	2013 年	2014 年	2015 年	2016 年	合计
总提案数(个)	3	22	50	40	18	133
成功项目数(个)	3	12	25	23	8	71
平均目标金额	55.00	86.08	265.73	118.04	208.92	172.22
	(42.72)	(75.31)	(583.34)	(109.80)	(292.29)	(368.85)
平均赞助人(次)	24.00	43.92	256.76	63.74	70.38	127.42
	(24.27)	(35.96)	(1022.25)	(69.66)	(59.58)	(608.04)
平均募资金额	99.80	90.54	282.60	146.27	240.36	193.49
	(86.71)	(78.13)	(606.35)	(148.46)	(320.90)	(387.90)
平均回馈组合	7.33	6.67	6.72	7.09	8.50	7.06
	(2.08)	(3.08)	(2.54)	(2.37)	(5.93)	(3.07)

注:括号中的数值为标准偏差。

(三)工艺产业

根据表 4-16,工艺产业的提案和成功项目数皆逐步上升,整体成功率为 58.82%。从 2013 年开始,平均募资金额大幅下滑,2016 年才稍为回升。每人赞助金额由 2013 年的 0.748 万元大幅下降至 2015 年的 0.214 万元。"桧木尤克里里——坚持的在地原声"项目创下 6 小时即完售的纪录,一把由台湾原生树种桧木——来自旧料回收——与台湾专业职人所精心制作的在地原声尤克里里琴,让指尖滑过百年历史的年轮,鼻子时嗅淀积沉郁的古香,是台湾独有的骄傲琴款。"纸雕·台湾百景上河图深度的田野调查"项目,以细腻的纸雕创作与光影结合,雕出台湾众所皆知与不为人知的地方特色,以纸雕艺术超越种族、语言与地域的藩篱,将台湾的美好推展到世界各个角落。

第四章　文化创意产业发展的台湾经验

表 4-16　工艺产业

(单位:千元新台币)

	2012 年	2013 年	2014 年	2015 年	2016 年	合计
成功项目数(个)	1	1	5	8	5	20
平均目标金额	160.00	150.00	235.00	86.04	287.00	180.42
	(0.00)	(0.00)	(242.74)	(64.01)	(245.50)	(184.93)
平均赞助人(次)	110.00	95.00	63.80	55.25	124.20	79.35
	(0.00)	(0.00)	(42.83)	(34.80)	(100.12)	(61.99)
平均募资金额	234.48	710.69	285.32	118.45	434.99	274.71
	(0.00)	(0.00)	(285.15)	(94.60)	(295.28)	(256.77)
平均回馈组合	8.00	4.00	10.20	5.50	6.00	6.85
	(0.00)	(0.00)	(3.35)	(3.63)	(2.92)	(3.66)

注:括号中的数值为标准偏差。

(四)电影产业

电影产业提案数量大幅升高,提案总数仅次于出版产业和流行音乐及文化内容产业,整体成功比率约为六成。提案数、成功项目数、平均赞助人次和金额都呈现上升的趋势,显示电影产业的融资生态已悄悄产生变化,如表 4-17。虽然小额众筹无法补足拍摄资金缺口,却能作为营销策略的一环,产生正面效益。"齐柏林的《看见台湾》露天首映会"募集资金近 250 万元新台币,该部电影以禽鸟的眼看台湾——齐柏林导演试图以前所未有的壮阔角度,为台湾人展示全新的台湾面貌。此部电影总计耗资约一亿元新台币,费时近三年,累积了 400 小时的直升机飞行时数,将台湾地景的美丽与哀愁翔实地记录下来。

达标率最高的《湾生回家》是由田中实加监制的纪实电影,描述一群持有日本护照却根留台湾的"湾生"们。该片纪录 8 位湾生的故事,刻画出 1895—1946 年出生于台湾的(25 万多)这类人共同的信念——回到台湾寻根、寻回美好的过去。英国学生独立电影"JESSIE"众筹募资,描述一群面对昂贵的器材租赁费用的英国留学生们,借由众筹募资的方式,来呈现他们心中对于"社交"的思考,探讨一个人如何在失去的同时,仍然可以坚持爱、信仰与自由。点击率很高的"《老鹰想飞》院线在映 X 教育推广计划"项目,描绘孩提时的游戏——老鹰捉小鸡,已然随着岁月更迭与生态失衡,逐渐消失于孩子们的日常生活中,亲眼目睹老鹰展翅飞翔雄姿的人更是寥寥无几。为了填补生态与世代文化传承上的断层,由老鹰的困境思索人类的未来,将沈振中与老鹰相伴二十年来的所闻所见转由影像呈现。

表 4-17 电影产业

(单位:千元新台币)

	2012 年	2013 年	2014 年	2015 年	2016 年	合计
总提案数(个)	2	23	43	50	19	137
成功项目数(个)	1	14	20	34	13	82
平均目标金额	20.00	247.86	391.50	284.06	176.75	283.85
	(0.00)	(516.19)	(514.46)	(350.87)	(190.59)	(407.64)
平均赞助人(次)	16.00	144.71	153.55	252.24	139.69	189.09
	(0.00)	(318.40)	(159.31)	(490.37)	(123.49)	(354.31)
平均募资金额	22.10	313.80	455.88	439.06	272.82	390.34
	(0.00)	(654.72)	(605.08)	(711.33)	(339.40)	(620.36)
平均回馈组合	6.00	6.50	7.70	8.32	10.00	8.10
	(0.00)	(4.24)	(2.45)	(3.13)	(3.67)	(3.38)

注:括号中的数值为标准偏差。

(五)广播电视产业

广播电视产业的提案数量以 2015 年为最高,成功率仅有 31.81%,其他年度皆在 3 次以下(表 4-18)。与电影产业相比较,与日常生活较接近的广播电视仍有极大的发展空间。"你我曾听着同首歌:Rockin' Xmas Fest Pirate Radio"项目,6 个来自不同大学的学生,透过募资设立音乐广播平台,提供大家一起听音乐,给予那些没有太多舞台表演经验的学生团体一个让大众认识的机会。

第四章 文化创意产业发展的台湾经验

表 4-18 广播电视产业

(单位：千元新台币)

	2012 年	2013 年	2014 年	2015 年	2016 年	合计
总提案数(个)	0	1	3	22	0	26
成功项目数(个)	0	0	1	7	0	8
平均目标金额	0.00	0.00	5.00	114.29	0.00	100.63
	(0.00)	(0.00)	(0.00)	(260.35)	(0.00)	(244.11)
平均赞助人(次)	0.00	0.00	10.00	12.86	0.00	12.50
	(0.00)	(0.00)	(0.00)	(22.64)	(0.00)	(20.98)
平均募资金额	0.00	0.00	5.54	122.43	0.00	107.82
	(0.00)	(0.00)	(0.00)	(275.52)	(0.00)	(258.41)
平均回馈组合	0.00	0.00	5.00	5.71	0.00	5.63
	(0.00)	(0.00)	(0.00)	(1.80)	(0.00)	(1.69)

注：括号中的数值为标准偏差。

(六)出版产业

近年来，网络免费信息兴起和实体通路萎缩，导致出版产业的新书出版和总印刷量逐渐下滑。根据表 4-19，出版产业在募资平台上的提案有不错的表现，每年呈现稳定的成长，平均成功率高达 60.33%，多元的出版提案也使赞助者乐意赞助。"几米品牌 15 周年企划：前进日本大地艺术祭"项目，墨色国际所塑造的几米品牌文化形象，使几米从单纯的图文创作衍生为台湾知名的文创品牌。为纪念十五周年，特别策划此项参加"日本越后妻有大地艺术祭"活动，将经验带回台湾，转化为在地文化精神。另外"不太乖世代——台湾多元教育观点出版项目"，欲扭转"乖"与"不乖"二元对立价值观，延展二者之间更多可能性的"不太乖"，提出在现今价值混乱，标准倾斜的年代里，人与人之间无须对峙冲突，而是彼此尊重——"尊重自己的不同，也尊重别人的不同"的教育理念。

杂志类也在募资平台看见一丝曙光。如"《职人》SHOKUZiNE——让台湾看见专业募资计划"，社会企业杂志《职人》企图以"所有人都参与""书写台湾青年故事""为全台湾的孩子出版"三个面向，来破除"万般皆下品"的迷思以及迷惘抉择所造成的"专业不对口""学非所用"，营造尊重专业、接纳多元的社会环境。跨海提案的《超级香港故事：光辉岁月》，一部跨界至游戏产业的漫画——超级香港故事。募资的目的一则是希望能够将完全融合香港元素的漫画，以更完整的姿态呈现在读者面前。二来是受游戏开发公司之邀，希望能够赋予这款奠基于漫画世界观的游戏《光辉岁月》更庞大复杂的可玩性。最后，"推开《两扇门》，进入插画立体书的迷人世界"项目，由英国当地特有建筑Terraced House 所生发的立体书创作——两扇门，只要你愿意伸手推开门扉，便能看到两种不同的人生。为使更多人能够看见甚至触摸到这本量产难度与成本皆高于一般出版品的立体书，以透过群众募资的方式，让它得以实际出版。

表4-19　出版产业

（单位：千元新台币）

	2012年	2013年	2014年	2015年	2016年	合计
总提案数(个)	11	25	55	70	23	184
成功项目数(个)	8	17	32	40	14	111
平均目标金额	52.52	57.38	110.36	168.63	204.76	130.98
	(28.76)	(46.47)	(179.36)	(264.33)	(175.44)	(201.14)
平均赞助人(次)	73.13	56.06	470.53	181.95	442.86	270.93
	(47.77)	(47.50)	(1595.14)	(190.96)	(1017.64)	(938.66)
平均募资金额	84.72	73.69	413.81	245.85	538.05	293.14
	(53.61)	(51.82)	(1309.60)	(357.59)	(1071.06)	(829.52)
平均回馈组合	6.63	6.24	6.75	7.78	6.21	6.96
	(1.69)	(2.68)	(3.53)	(2.89)	(2.42)	(2.97)

注：括号中的数值为标准偏差。

(七)产品设计

产品设计产业的众筹统计资料如表4-20,募资成功的比率为55.56%。在成功的项目中,平均目标金额和平均募资金额呈现上升的趋势。其中"纸相机看见你,你看见孩子的创意未来"项目,不仅能让孩子发挥创意手绘相机外壳,亦能享受拍照那一瞬间的美好与喜悦! 为了让更多的孩子拥有记录幸福的每一刻,透过募资,将纸相机送给儿福联盟长期照顾的孩子们。

表4-20 产品设计产业

(单位:千元新台币)

	2012年	2013年	2014年	2015年	2016年	合计
总提案数(个)	1	2	4	11	9	27
成功项目数(个)	1	1	2	7	4	15
平均目标金额	22.15	30.00	47.00	175.71	147.50	131.08
	(0.00)	(0.00)	(57.98)	(185.55)	(146.60)	(152.52)
平均赞助人(次)	29.00	49.00	23.00	261.57	373.75	230.00
	(0.00)	(0.00)	(19.80)	(497.93)	(676.11)	(471.16)
平均募资金额	26.80	39.86	47.65	554.40	764.49	473.38
	(0.00)	(0.00)	(58.77)	(959.79)	(1292.76)	(913.36)
平均回馈组合	12.00	10.00	6.00	7.86	8.00	8.07
	(0.00)	(0.00)	(2.83)	(1.21)	(4.16)	(2.63)

注:括号中的数值为标准偏差。

(八)设计品牌时尚产业

设计品牌时尚产业的提案和募集成功的数量有上升的趋势。赞助提案人数和金额于2015年达到最高(表4-21)。其中"57N jeans:专为身高不高的人设计的布边牛仔裤"专案,品牌设计师有感于原色裤的魅力与市售美式和日式牛仔裤所造成的身型困扰,57N jeans致力开发设计所有5英尺7英寸以下的人,都能穿上一条优雅合身又显身材高挑的高级牛仔裤。

表 4-21　设计品牌时尚产业

(单位:千元新台币)

	2012 年	2013 年	2014 年	2015 年	2016 年	合计
总提案数(个)	3	9	9	13	8	42
成功项目数(个)	2	6	7	10	5	30
平均目标金额	20.00	54.17	65.60	126.70	227.00	107.54
	(0.00)	(28.67)	(41.53)	(143.92)	(238.00)	(137.37)
平均赞助人(次)	21.50	36.33	43.29	103.40	168.00	81.27
	(16.26)	(15.16)	(40.22)	(83.88)	(183.29)	(98.38)
平均募资金额	26.85	62.99	81.95	361.44	307.13	205.18
	(8.41)	(32.01)	(67.81)	(621.73)	(339.25)	(396.51)
平均回馈组合	8.50	8.50	6.00	6.90	10.40	7.70
	(0.71)	(2.43)	(2.00)	(3.63)	(3.29)	(3.13)

注:括号中的数值为标准偏差。

(九)数位内容产业

在 2015 年之前,数位内容产业的提案众筹成功率高达八成以上,在文化创意产业的类别中排名第一。平均赞助人次和募资金额不断创新高,在 2015 年达到最高峰,如表 4-22 所示。"普雷斯托战纪:新形态实时制战斗 RPG 手机游戏"项目,是仅由五人微型团队一手打造的台湾原创日系风手游,在游戏进度已完成 70% 的情况下进行众筹,所有资金将全数移作调整强化游戏各数据之用。如有余裕,则将用来开发新角色、关卡与更丰富的原创故事。"青少年行动编程扫盲——2015 师资培训计划"项目,学习程序设计已然成为全球性风潮,而台湾的学子们却处在新文盲的阶段,无力接轨国际。因此 LIVE-CODE 期望打造协助台湾青少年学习程序语言的教育平台。著名游戏 *Mandora*,早在制作之初,制作团队便已勾勒出结合数字与实体商品,来创造更丰富的价值与虚拟角色热潮的企图。

表 4-22 数位内容产业

(单位：千元新台币)

	2012 年	2013 年	2014 年	2015 年	2016 年	合计
总提案数(个)	1	7	19	22	5	54
成功项目数(个)	1	7	15	19	0	42
平均目标金额	50.00	193.57	170.00	257.89	0.00	210.83
	(0.00)	(361.74)	(163.48)	(327.16)	(0.00)	(278.54)
平均赞助人(次)	36.00	149.57	258.87	551.42	0.00	367.69
	(0.00)	(295.58)	(423.80)	(1734.00)	(0.00)	(1193.71)
平均募资金额	87.36	317.66	424.49	1 625.96	0.00	942.18
	(0.00)	(504.17)	(889.34)	(5890.60)	(0.00)	(3992.52)
平均回馈组合	9.00	6.43	8.40	9.00	0.00	8.36
	(0.00)	(3.99)	(4.98)	(3.96)	(0.00)	(4.30)

注：括号中的数值为标准偏差。

(十)流行音乐及文化内容产业

流行音乐及文化内容产业总提案数为138个，在文化创意产业中排第二。提案数和成功项目数呈现上升的趋势。平均赞助人次仅于2015年下滑，平均赞助金额则于2014年下滑，仍处在上升的阶段（表4-23）。"生祥乐队《围庄》概念双唱片：出版募资计划"项目，杂糅北管和朋克元素，除呼应台湾反石化业运动与庙宇文化的关联性外，亦突显当代工业污染的议题性，是制作《围庄》的初衷。然而因为高成本、高耗时的双唱片制作，加上实体唱片销售萎缩，使唱片公司难以投入。最后为秉持一贯的运动精神，决定寻求公众支持，自己发行。"回声乐团《少年的最后旅行》10周年计划"项目，我该拿什么纪念你？这是回声乐团于2005年启程的《少年的最后旅行》，在即将迈入10周年时，心底涌起的一股想要做却还不知道该怎么做的冲动。

表 4-23　流行音乐及文化内容产业

（单位：千元新台币）

	2012 年	2013 年	2014 年	2015 年	2016 年	合计
总提案数(个)	6	16	32	51	33	138
成功项目数(个)	5	7	20	34	27	93
平均目标金额	129.64	249.00	131.53	225.52	315.19	227.95
	(143.12)	(355.97)	(91.48)	(261.52)	(453.09)	(313.45)
平均赞助人(次)	55.33	72.00	113.75	68.00	112.33	89.68
	(10.41)	(38.14)	(142.97)	(81.47)	(126.62)	(100.59)
平均募资金额	156.25	272.74	150.96	408.02	423.40	333.48
	(165.70)	(373.12)	(100.16)	(830.96)	(616.40)	(617.30)
平均回馈组合	8.20	5.57	8.37	10.85	10.52	9.70
	(4.66)	(2.15)	(3.82)	(5.68)	(4.30)	(4.86)

注：括号中的数值为标准偏差。

（十一）其　他

本部分包含文化资产应用及展演设施产业、广告产业、视觉传达设计产业、建筑设计产业和创意生活产业。根据表 4-24，总提案数有 23 个，众筹成功率为 47.82%。在广告的例子中，"e-Sim 台湾社群推广计划"项目，主要是为了在波兰所开发的《e-Sim》游戏中，让占有一席之地的台湾能与世界各地一较高下，策划了一系列相关的游戏社群推广计划，并借此以不同的形式让世界各地认识台湾之美。在建筑设计方面，"FERMENT STORE——老房发酵"项目透过"发酵"所产生的无穷能量，抹去老房满身的尘埃与颓废，这是同为服饰设计的两人 Gonza 与 Yawen，为一间坐落于淡水，诞生于光复初期的老房子延续新生命而发起的提案。最后，创意生活"米兰世博外带台湾计划"项目，在可以让全世界看见台湾，"品味"台湾的米兰世博会搭建起来的台湾"外带"饮食文化的舞台，要让国际旅人尝到属于台湾的美好滋味，理解台湾农业、饮食与文化之间的深厚关联。

表 4-24 其他产业

(单位:千元新台币)

	2012 年	2013 年	2014 年	2015 年	2016 年	合计
总提案数(个)	0	4	7	11	1	23
成功项目数(个)	0	2	2	7	0	11
平均目标金额	0.00	75.00	3 196.66	217.31	0.00	733.13
	(0.00)	(35.36)	(4 431.21)	(236.26)	(0.00)	(1 866.51)
平均赞助人(次)	0.00	113.50	1 829.50	370.14	0.00	588.82
	(0.00)	(113.84)	(2 533.56)	(416.12)	(0.00)	(1 064.71)
平均募资金额	0.00	160.50	3 506.93	652.86	0.00	1 082.26
	(0.00)	(4.95)	(4 865.22)	(745.55)	(0.00)	(2 043.37)
平均回馈组合	0.00	6.50	8.50	6.00	0.00	6.55
	(0.00)	(3.54)	(2.12)	(2.38)	(0.00)	(2.46)

注:括号中的数值为标准偏差。

三、台湾文化创意产业众筹模式创新

文化创意产业主要是透过创意将文化营销给消费者,消费者从中感受到文化的情愫,产生认同。台湾文化创意业者普遍面临内需规模小、实体通路萎缩和资本不足的情况。另外,靠个人或团体的热情,仅能以文化创意制成原型,如缺乏资金和营销概念,不足以将文创商品化。有别于商品需在上市后才能产生收益,众筹网络平台针对创作者,在创意发想、创作或后期制作阶段就能获得一笔资金。募资金额屡创新高的例子,证明只要有好的创意,赞助者就愿意出资帮助创作者完成作品。本研究观察到许多文化创意商品,仅将文化印制在马克杯、明信片、衣服或月历上,并不能创造出属于自己的独特商品。"活手印"项目,将几乎绝版的铅字印刷创造新的市场,强调消费者可在"活手印"字槽中自由排列组合文字,印出自己的心情,而造成热销。因此,台湾文化创意产业众筹模式亟待创新。

(一)更新互动和粉丝经济

根据本研究的统计,每一项目进度更新高于 10 次仅有 121 个项目,绝大多数是挂零。很多进度更新最后仅报告商品已出货,少有询问赞助者使用状况和满意度,丧失为自己创造下一次提案的契机,因此平均每人提案次数仅为1.37次。除了媒体公司之外,提案次数最高为桌游的创作者,其与赞助者也有不错的互动,平均募到的金额为目标金额的171%,为自己的文创商品培养了一群粉丝。

(二)跨界新发展

文化和创意结合,可以产生许多可能。"《芙蓉歌》歌仔戏与张曼娟的初相遇,戏曲与文学的跨界剧制计划"项目,为一个活跃于酬神野台表演的一心歌仔戏团,这次决定改编台湾当代女性作家张曼娟新诠古典作品《芙蓉歌》,将它搬入剧场。希望可以借此将他们引以为傲的台湾传统文化推向各个角落。另外,原创漫画《光辉岁月》跨界至游戏产业,以呈现更庞大复杂的可玩性。

(三)具巧思的回馈品

回馈商品,不只是商品,而是一种体验,也能激起创作者和赞助者的对话。综艺节目主持人黄路梓茵,欲借由众筹发行单曲,但其回馈品并不局限于唱片,在体验式回馈方案中,例如歌者将亲手为赞助人写生日贺卡;可以跟歌者野餐、自拍、交换玩具,甚至可以进行担任歌者小助理一日体验,让粉丝可以与喜爱的歌者超近距离接触!